学术名家文丛

学术名家文丛

李埏学术文选
——中国封建经济史论集

李 埏 著

云南人民出版社
云南大学出版社

作者简介

李埏（1914.11.21—2008.5.12），男，汉族，中共党员，教授、博士生导师。1914年11月生于云南省路南县（今石林县）。1940年毕业于西南联大历史系，旋考入北京大学文科研究所，攻读研究生学业。先后师从钱穆、张荫麟、陈寅恪、姚从吾、吴晗等史学大师研治史学。1942年短期任教于浙江大学史地系，后因丁母忧，于1943年移帐云南大学，直至逝世。曾任云南大学教授会第一任主席，云南省图书馆馆长，云南大学中国封建经济史研究室主任，云南大学学术委员会委员、副主任、校学位委员会委员、校文科教师专业技术职务评定委员会主任委员等职。兼任云南省政协委员、文史资料委员会副主任、中国经济史学会顾问、中国宋史研究会副会长、云南省经济史学会理事长、云南省社会科学院历史研究所名誉所长等职。

自20世纪40年代以来，作者在中国古代史与经济史研究领域辛勤耕耘，出版《不自小斋文存》《中国古代土地国有制史》《中国封建经济史论集》《宋金楮币史系年》等学术专著；在《历史研究》《经济问题探索》《云南日报》《中国经济史研究》等报刊杂志发表数十篇重要学术文章。

作者是著名的历史学家、教育家，在中国土地制度史、商品经济史等研究领域做出了重要贡献，被誉为是"成一家之言""独树一帜"的全国知名学者，同时也是云南大学中国经济史学科和云南地方经济史研究的开创者。

总　序

中共云南省委书记　李纪恒

　　"盖文章，经国之大业，不朽之盛事。"一部承载责任与使命的好作品，必将是一部千古不朽的立言典范，也必将是一部历久弥新的传世教科书。千百年来特别是明代以来，许多贤人君子和名人大家在广袤的云岭大地耕耘、思考和写作，留下了闪光的足迹和丰厚的作品，足以飨及后进，启迪晚辈。在搜集、遴选和整理云南明代以来学术大家、学术名家著作的基础上，由云南宣传部门牵头推出了《云南文库》，这一丛书的面世诚为云南学术研究和出版界之盛事。

　　编纂《云南文库》是传承云南地域文明、提高云南文化自觉的有益尝试。"七彩云南"这片神奇的土地孕育了对中国乃至世界文明都有重要影响的古人类，造就了云南文化的丰厚积淀，从而构成了博大精深的云南文化艺术宝库。作为中华文化圈、印度文化圈和东南亚文化圈的交汇地，云南自古以来都不缺乏学贯中西的大师和博古通今的大家，从来都不缺乏魅力四射的光辉著作和壮美奇绝的文化遗存。其中，许多学术作品都凝聚了深邃的思想和超凡的智慧，体现了鲜明的地域特色和民族特色，彰显了有云南自身特点的知识谱系和学术传统。今

云南文库·学术名家文丛

天，我们将历史长河中的明珠拾起，用心记载云南学术史上的灿烂篇章，正是为了守护云南优秀的地域文化，为了汲取进一步繁荣发展云南哲学社会科学的养分和动力，进而筑牢云南文化自信的根基。

编纂《云南文库》是树立云南文化品牌、增强云南文化影响力的重要举措。云南文化是中华文化的有机组成部分，其悠久的历史文化、多彩的民族文化、独特的生态文化、包容的宗教文化，已经成为文化百花园中一枝流光溢彩、香飘四海的奇葩。千百年来，云南学者中英奇瑰伟之士以及众多寓居云南的外省学者念兹在兹，深植于云南沃土，扎根于传统文化，不懈探索、勤奋撰述，留下了一批经得住历史和实践检验的珍贵成果。特别是抗战时期，随着西南联合大学和相关研究机构的到来，昆明一时风云际会，云集了大批我国现代学术史上开宗立派的学术大师和著名专家，云南成为当时中国学术中心之一，诞生了大批学术经典。新中国成立后，云南学术研究取得很大进展，研究队伍空前壮大，学科建设卓有成效，学术成果日益丰硕，推出了一批享誉国内外的学术精品。近年来，《云南史料丛刊》《云南丛书》等一批历史文献和地方文献丛书相继刊印，云南文化的影响力和竞争力不断增强。今天，我们隆重推出《云南文库》，就是要为更多的人了解云南、熟悉云南、研究云南搭建一个平台和载体，为云南的经济社会发展、文化建设、文史学术研究等提供有益的历史借鉴，为在更广领域传播云南文化、打造云南品牌、增强云南软实力创造更好条件。

编纂《云南文库》是保障人民群众的基本文化权益的有效途径。文化建设的根本就是要用健康高雅的艺术、用智慧明辨的思想、用善良温厚的德行启迪人、引导人。编纂《云南文库》一个重要目的是丰富人民群众的精神文化生活、增进人民群众的幸福感。此次收入《云南文库》的著作，涉及哲学、历史、文学、语言、艺术、民族、宗教、政治、军事、外交等诸多方面，包含着丰富的自然、社会和人生哲理知识，体现了高度的人文关怀。阅读这些著作，有助于培育读者自尊自信、理性平和、积极向上的心态，有助于引导人们去发现、享用、珍惜世界和人生之美，能使大众的精神世界得以滋养和美化、人格得以陶冶和熏陶、心灵得以安顿和抚慰、情感得以丰富和升华，从而更好地满足人民群众多层次、多方面、多样性的审美需求。

　　编纂《云南文库》是推动云南跨越发展的必然要求。云南早在 1996 年就提出了建设"民族文化大省"的目标，是全国最早提出建设民族文化大省的省份之一。2000 年，我省正式确立了"建设绿色经济强省、民族文化大省和中国连接东南亚南亚的国际大通道"的三大目标，把文化事业和文化产业的发展纳入了全省经济社会发展战略的范畴。2009 年召开的中共云南省委八届八次全委会，作出了把云南建设成为"绿色经济强省、民族文化强省、中国面向西南开放的桥头堡"的重大决策，把云南文化建设推向了一个新的阶段。2011 年 11 月，云南省第九次党代会进一步明确了科学发展、和谐发展、跨越发展的发展主题，要求更加自觉、更加主动地推动文化大发展大繁荣。当前，云南人民正豪情满怀地沿着建设民族文化强省的道路阔步前行，具有云南特色的文化模式已经也必将进一步焕发动人而耀眼的光芒。我们将以打造《云南文库》等一批社科品牌和文化精品为契机，继承优良传统，发挥优势，突出特色，以面向现代化、面向世界、面向未来的宏大眼光，锐意进

云南文库·学术名家文丛

取，积极开展学术研究，努力创造出无愧于时代、无愧于人民、无愧于历史的优秀学术成果和文化产品，更好地弘扬以高远、开放、包容的高原情怀和坚定、担当、务实的大山品质为主要内容的云南精神。

《云南文库》最终得以发行，首先是众位先贤心血和智慧的结晶。在此，我们要对创造了云南学术精品并因此而为中华文化做出杰出贡献的学者们表示崇高的敬意！在《云南文库》的编纂过程中，相关编纂单位、出版单位和参加整理的学者，以高度的责任感和使命感，兢兢业业地做好编校和出版工作，正是有了他们的辛勤劳动和精心工作，才有如今的翰墨流芳。在此，我要诚恳地道一声，大家辛苦了！《云南文库》从构想走向现实，离不开众多读者和社会各界人士的支持，我也一并向你们表示诚挚的谢意！同时，衷心希望同志们一如既往地为云南文化建设献智献策，欢迎更多的同仁志士参与到云南文化建设的伟大事业中来！

谨为序。

云南文库·学术名家文丛

目 录
Contents

雲南文庫·學術名家文叢

经济史研究中的商品经济问题

"经济基础决定上层建筑。"这是历史唯物主义的一条基本原理，也是我们研究历史的最重要的指南。不论我们研究的是政治史、军事史、文化史、哲学史……或断代史、族别史、国别史……若要对所研究的问题穷原竟委，明其所以然，都必须求之于问题所在时代的经济基础，否则是不能正确地给以科学的说明的。马克思和恩格斯为我们研究经济基础创立了一个完整的理论体系——广义的政治经济学。我们学习和运用这一理论，可以从过去的文献资料中探索出各历史时代的经济基础是怎样构成的。这一工作是一切历史研究的基础。

但是，这一工作十分艰巨。不应要求任何专史的研究者都竭其全力去探究各时代的经济基础。只能在学术分工中让一部分研究工作者专门去从事经济史的研究，做出有价值的成果，提供大家利用。从这个意义上说，在历史科学中，经济史的研究自应受到高度的重视和鼓励，而经济史的研究者也应以高度的自信心和自豪感勇敢地担负起这一光荣的学术使命。

解放以来，在马克思主义的指引下，我国史学界在经济史方面取得了斐然可观的成果。但是，也不必隐讳，成果和要求之间还有不小距离。例如，我们过去谈某个历史时代的社会经济变动的原因，多是谈到土地所有制而止。至于土地所有制下面还有没有深藏的原因，则较少措意。两三千年当中，土地占有形态变动多次，什么原因使之从前一个形态变为后一形态，而不变为其他？这是历史研究中存在的一个问题。要解决这个问题，只有认真地学习马克思主义的广义的政治经济学。《反杜林论》这部伟大著作给我们指出了研究的途径和方向。我感到，根据恩格斯在本书政治经济学编中所指出的对象和方法，联系我们对中国古代经济史研究的状况，似乎有必要强调一下，要重视历史上交换的发展，要对商品经济加以认真的研究。为什么这样呢？这里谈一点管见。

一

政治经济学是一门什么样的科学？它研究的对象是什么？恩格斯在本章一开头就明确告诉读者：

> "政治经济学，从最广的意义上说，是研究人类社会中支配物质生活资料的生产和交换的规律的科学。"

下文他又说：

> "政治经济学作为一门研究人类各种社会进行生产和交换并相应地进行产品分配的条件和形式的科学，——这样广义的政治经济学尚有待于创造。"

这都是给政治经济学下的界说。后一说之所以和前一说有不同，我想，是因论述所及进而再作概括的。请看原书，恩格斯在讲了生产和交换之后接着指出："随着历史上一定社会的生产和交换的方式和方法的产生，随着这一社会的历史前提的产生，同时也产生了产品分配的方式和方法。""随着分配上的差别的出现，也出现了阶级差别。"还指出："分配并不仅仅是生产和交换的消极产物，它反过来又同样地影响生产和交换。"这些论点阐释完了，于是才写出上录的后一界说（附带说说，"随着"一词英译本作 with 似较胜。因为既然是"同时"，那么"随着"就不甚妥）。

综合两个界说，可知政治经济学的研究对象是什么。这些对象也就是经济史的主要内容，二者是若合符节的。恩格斯说：

> "人们在生产和交换时所处的条件，各个国家各不相同，而

在每一个国家里，各个时代又各不相同。因此，政治经济学不可能对一切国家和一切时代都是一样的。从野蛮人的弓和箭、石刀和仅仅是例外地出现的交换往来，到千匹马力的蒸汽机，到纺织机、铁路和英格兰银行，有一段很大的距离。火地岛的居民没有达到进行大规模生产和世界贸易的程度，也没有达到出现票据投机或交易所破产的程度。谁要想把火地岛的政治经济学和现代英国的政治经济学置于同一规律之下，那么，除了最陈腐的老生常谈以外，他显然不能揭示出任何东西。因此，政治经济学本质上是一门历史的科学。它所涉及的是历史性的即经常变化的材料；它首先研究生产和交换的每一个发展阶段的特殊规律，而且只有在完成这种研究以后，它才能确立为数不多的、适应一切生产和交换的、最普遍的规律。……"

请看，这不就是经济史研究工作的任务吗？恩格斯说，"政治经济学本质上是一门历史的科学。"我们似乎也可以说，经济史本质上是历史上各时代的政治经济学。恩格斯又说：

"要对资产阶级政治经济学全面地进行这样的批判，只知道资本主义的生产、交换和分配的形式是不够的。对于发生在这些形式之前的或者在比较不发达的国家内和这些形式同时并存的那些形式，同样必须加以研究和比较，至少是概括地加以研究和比较。到目前为止，总的说来，只有马克思进行过这种研究和比较，所以，到现在为止在资产阶级以前的理论经济学方面所确立的一切，我们也差不多完全应当归功于他的研究。"

这段话中的"至少是概括地"一语，英语作"at least in their main features"。由这段引录可见，经济学的研究是多么重要！我们知道，政治经济学是马克思主义的三个重要组成部分之一。根据上引恩格斯的论述，毫无疑问，一个国家应该有一个国家的政治经济学；一个国家的各个历史时代应该有各个时代的政治经济学。而要完成这个任务，没有经济史的研究为之前驱，怎么行呢？联系到我国实际，直到现在我们还没有一部完整地包括各个历史时代的政治经济学。我们的经济史研究，也没有为此提供足够的成果，因而也不可能有一部阐释"生产和交换的每一个发展阶段的特殊规律"的读物。从中国经济史研究的现状看，要达到这一目标还"任重而道远"。应该呼吁，早日采取措施，培养人才，扩大中国经济史研究工作者的队伍，大力开展这一领域的各项研究工作。

二

从以上所述看来，生产和交换是广义政治经济学中两个最基本的内容。它们是不同的，但又是密切相关联的。恩格斯有如下一段言简意赅的重要论述。

> "……生产和交换是两种不同的社会职能。没有交换，生产也能进行，没有生产，交换——正因为它开始就是产品的交换——便不能发生。这两种社会职能的每一种都处于多半是特殊的外界作用的影响之下，所以都有多半是自己的特殊的规律。但是另一方面，这两种职能在每一瞬间都互相制约，并且互相影响，以致它们可以叫作经济曲线的横坐标和纵坐标。"

因为它们是各有自己的特殊规律的，所以应该分别研究，不能把它们混为一谈。但又因为它们是互相制约、互相影响的，所以又不能顾此遗彼，知其一而不知其二。曲线是不能没有坐标的，只有纵横坐标具备才可能绘制出来。经济曲线的坐标既然是生产和交换，则二者的重要性是不言而喻的。

经济曲线是一个社会或一个时代的经济水平及其发展变化的集中表现。我们要求经济史研究者，假若他是研究经济通史的，能为我们绘制出一条自古及今的经济曲线；假若他是研究断代史的，能为我们绘制出那个时代的经济曲线。这应当是经济史研究的一个重要目标。当然，要这样做，就必须按照恩格斯所指出的方法，研究生产和交换怎样互相制约、互相影响。至于说明曲线之所以然，那就必须研究生产交换和分配的关系、它们的条件和形式等等。

为什么交换占有和生产同等重要的地位呢？要回答这个问题，不妨宏观地一瞥商品经济的历史的发展。原始公社时代是只有生产，没有交换的，即偶有之，也"仅仅是例外地出现的"，可以略而不计。那是纯粹的自然经济。到原始社会末期，交换开始有所发展。尔后，随着生产、社会分工和私有财产的逐渐增长，交换也逐渐增长。寝假，在自然经济的旁边，出现另一种形式的经济——商品经济。这样一来，两种形式的经济就长期并存。但它们并非彼此绝缘，各不相干。而是互相制约、互相影响，此进彼退、此消彼长的。不过，假若我们略去其间的曲折反复，只就总的趋势而论，那么，自然经济是由绝对的统治地位，逐渐削弱，趋于消亡；而商品经济则是由萌芽状态，逐渐增长，最后取得全面的统治地位。资本主义社会，列宁称之为"商品社会"。在这个社会里，一切都要通过交换，一切都商品化。人的劳动力，甚至人的灵魂，都成了市场上交换的商品。在某些发达的资本主义国家中，自然经济已渺乎不可复迹，它消亡了。这个长达数千年的过程，也就是恩格斯所说的，从野蛮人的弓箭石刀到机器铁路银行，乃至恩格斯所未及见的核能、飞机、托拉斯的过程，可用图示意如下。

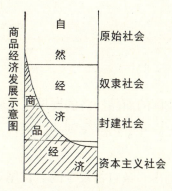

商品经济包括许多内容，但最主要的是商品生产和商品交换。任何商品，在它成为商品之前，总得生产出来，不管它是奴隶生产的，还是农奴或手工业者或雇佣工人生产的。生产出来之后，若不经过交换，也还只是产品而不是商品。只有交换才能使它具有商品的性质。因此每件商品都是生产和交换两种社会职能作用的结果；商品经济发展的轨迹就是一个社会或一个时代的经济曲线。

自然经济的历史比商品经济悠久，商品经济的前程则比自然经济远大。自然经济，虽然在历史上存在过很久，但它发展的极限却很小，比方一个农夫，当他最必要的生产资料能自给自足而有余，他就要进入商品经济的领域了（若他的剩余产品不被掠夺的话）；他的剩余产品越多，他进入商品经济领域的程度也就越深。反之，若因天灾人祸之类的外部原因，生产力遭到破坏，商品经济衰落了，那么，即使是靠商品生活的人，也不得不退回到自然经济中去。个人如此，一个社会也如此。这种事例在历史上是屡见不鲜的。正因为这样，所以经济曲线有曲折，有起伏，甚至于有反复。自然经济代表的是社会生产力水平的低下。人们之所以生活于自然经济之中，实在是不得已。当然，商品经济虽说比自然经济前程远大，但也不是无止境的。它是一个历史形态，有发生发展，也有消亡。当社会进入共产主义高级阶段之时，物质生活资料极大地丰富，实行按需分配的原则，它就完全没有存在的余地，从而经济曲线的纵坐标也将由需要代替交换了。

以上所述若当，那么，商品经济问题无疑应在经济史研究中占有头等重要的地位。

三

从历史上回顾，我国的商品经济的发展是比较迟缓的。但是，尽管迟缓，它在我国的经济史研究中仍应受到高度重视。因为发展迟缓的影响也是极为重大的。

我们现在还未能画出一条自古及今的、首尾毕具而又连续不断的经济曲线。我们甚至不知道这条经济曲线的起点应置于哪个朝代。是传说中的轩辕黄帝时代吗？还是可能存在的夏代，抑或是有史可稽的殷商？文献不足，只有留待考古学家去探索了。不过我们大略知道，直到西周，经济曲线还是相当低的。那时的农业生产工具主要是木制耒耜，而交换不过是"抱布贸丝"那样的物物交换而已。青铜器，制作虽称精美，但既不用之于生产，也不用以交换。金属货币还没有出现。（笨重的刀布要到春秋时期才获得货币职能。）我国历史很悠久，但商品经济的发轫，看来却颇迟暮。战国秦汉，由于铁器牛耕的应用，生产出现革命性的变化，交换空前扩大起来。商人资本、商人阶级迅速扩大；其代表人物，竟能与王侯分庭抗礼，名著竹帛。这是我国封建时期中，商人仅有的黄金时代。在新崛起的商品经济的冲击下，古老的、自然经济的农村公社纷纷解体；建立于其上的一整套周制也随之归于澌灭。然而好景不长，到汉武帝时代，商人阶级、商人资本、商品经济遭到了沉重打击。从此，商品经济失去了自由；它的发展势头被抑制了。

魏晋时期，商品经济遇到更大的厄运，遭受史无前例的摧残。数百年中，它奄奄一息，苟延残喘。这为自然经济的强化提供了条件，因而自然经济的世族庄园得以发展。直到唐代，商品经济才从伊壁鸠鲁的神的缝隙中苏醒过来，促使经济曲线缓缓上升。由唐至宋，商品经济的发展，相对而言，是较为显著的。其所以显著是因为商品生产有了更广阔的基础，商品流通有了更广阔的市场。秦汉时期，主要的商品生产为盐铁酒酤；唐宋时期，则增加了茶叶、陶瓷之类。同时，传统商品如丝绸，也在量上和质上大为提高。盐铁酒酤的市场主要在中原地区；丝茶陶瓷等则远销国外。中国与国外市场的联系，秦汉时唯赖西北陆上交通，唐宋以后又增加了海上运输。这些新的历史条件使得商品经济发展的趋势不可能再逆转。虽然唐宋以下的封建统治者和以前一样，依然重农抑商，但他们只能延缓商品经济的进程，而不可能完全抑制了。在此以后的国计民生中，商品经济已是一个不容忽视的财源利数。

所谓"重农抑商"，从某种意义上说，也就是重自然经济，抑商品经济。为什么历代的封建统治者那么喜欢自然经济，憎恶商品经济呢？这是有深刻原因的。简单说来就是，封建专制主义的统治是从自然经济的土壤里生长出来的。在商品经济出世以前很久，它已经确立了；它不待商品经济而生存。商品经济的兴起，不是加固它的基础，而是使它感到摇撼。因为在商品货币关系所及的地方，自然经济遭到削弱——许多劳动人手"舍本逐末"去了，不少社会财富被商人贾竖攫取去了……这势必引起商品经济和自然经济的矛盾和斗争。在这一斗争中，自然经济是相形见绌的。商品经济步步进逼，自然经济节节败退，这当然缩小专制统治者的剥削范围，和他的利害相冲突。专制统治者手中固然有强大的国家机器，可是若放任自由，它也要在商品经济面前败北的。因为自然经济的榨取手段是经济外强制（或作超经济强制），商品经济的剥削方法是经济强制。劳动者一旦卷入商品货币关系中，对他的剥削榨取手段，用经济强制较之用经济外强制就更有效率。为此，专制统治者总是使用手中的权力，压抑商品经济，保障自然经济。（例如汉高祖的"困辱"商人的措施。）压抑还不足，就用管榷之类的手段，统制商品流通，甚至是商品生产，企图把商品经济的利益全部夺取过来。从汉武帝开始，历朝统治者就是这样干的。但是他们管榷所获，并不用于再生产。同时在管榷的实施过程中，给生产者和消费者造成深重苦难。其结果只能是摧残了商品经济，害苦了广大人民，把经济曲线往下拉。

在商品经济存在的古代社会中，在我国战国以后的封建时期里，商品经济始终是一个进步的因素和力量。每当它有所发展的时候，社会就相应地向前进展。（战国时代、唐宋时代都是显著的例子。）反之，每当它衰落的时候，社会就停滞甚至后退。（例如魏晋时代就是这样。）为什么？因为它的发展和出自自然经济的传统、制度、社会组织是冰炭不相容的。只要它具有一定力量，它就要削弱或破坏那些旧的传统、制度和社会组织。因此，商业，乃至那令人诅咒的高利贷，都曾在历史上起过革命的作用。商品、货币、市场等等，就像"王谢堂前燕"那样，是只问贫富，不论贵贱的。它们是天生的嫌贫爱富的市侩，而不是趋炎附势的食客。"商品社会"是市侩的天堂，却不是食客的乐园。

商品经济的高度发展是资本主义产生的历史前提。我国封建社会的商品经济走的是一条漫长修远而崎岖多艰的道路，因此，自然经济、封建主义长期占据着统治地位，资本主义萌芽迟迟不能成长。为了阐释我国封建经济的实况及其发展变化的规律，也为了说明我国封建社会的长期性、特殊性和规律性，毫无疑义，我们应当着重中国封建经济史的研究，特别是其中的商品经济史。

应当承认，在研究中国商品经济史的途程上，和研究对象本身的经历一样，也是崎岖而多艰的。自然经济，不仅在古代的实际经济生活中，而且在那时的意识形态里，都居于统治地位。试看古代的思想家、文学家、政论家……他们对于自然经济，美化、讴歌、向往，而对于商品经济则忽视、鄙视，甚至加以无情的批判。文学名篇如《桃花源记》，至今仍脍炙人口。至于同情商贾的著作，则自司马迁写《货殖列传》以后，便成绝响。"士农工商"，商贾总是居于四民之末，不能登大雅之堂。传统的观念，使得士大夫们不屑去记载他们的活动。因此在历部书里，我们竟找不到一部记录商品经济史料的专著。直到今天，不知是由于史料的缺乏，还是由于传统观念的影响，留意经济史上商品经济问题的著作还是不多。不过"悟已往之不谏，知来者之可追"，以后一定会有很多人从事这个课题的研究的。

（原载《经济问题探索》1983 年第 3 期）

试论历史局限性

一

历史局限性，是历史唯物主义的一个重要范畴，就是历史条件对人类活动的制约作用。在人类历史上，每个时代都有它的客观存在的历史条件。人们凭借那些条件进行生产和其他历史活动，同时不能不受那些条件的制约。马克思说："人们自己创造自己的历史，但是他们并不是随心所欲地创造，并不是在他们自己选定的条件下创造，而是在直接碰到的、既定的、从过去承继下来的条件下创造。"[①] 恩格斯说："人们自己创造着自己的历史，但他们是在制约着他们的一定环境中，是在既有的现实关系的基础上进行创造的。"[②] 这明确告诉我们：人有创造性，能创造自己的历史；但同时必得受历史条件的制约，存在着历史局限性。这是对人类历史发展的高度概括，是一条通贯古今的普遍规律。依据和运用这条规律，我们于是有可能对历史发展、历史事变、历史人物……作出科学的分析和正确的阐释。

历史条件，看起来纷纭复杂，但质而言之，不外生产力和生产关系两个方面。历史唯物主义证明：人类的第一个历史活动是生产物质生活本身。为了进行生产，人们就得利用自然、改造自然、和自然界发生关系；同时人们彼此之间，必须以一定的方式结合起来共同活动和互相交换其活动，发生一定的相互关系。人对自然的关系体现为生产力；人们在生产过程中

---

① 引自《马克思恩格斯选集》第一卷，第603页。
② 引自《马克思恩格斯选集》第四卷，第506页。

的相互关系形成社会生产关系。这双重关系是生产赖以进行、社会赖以存在和发展的必要条件。人们不断发展生产力和生产关系，但只能按规律逐步地发展，不能不受既定生产力和既定生产关系的制约。这既定生产力和既定生产关系构成一定的生产方式，和最基本的历史条件。把它们的制约作用抽象出来，就叫作历史局限性。因其在一个时代是一定的，各时代是互不相同的，所以又称之为时代局限性。在原始公社时代，人们共同生产，共同分配，时代局限性对每个社会成员都一样。自从出现了阶级区别，人们进入了阶级社会以后，情形就不同了。这时，生产关系表现为阶级关系：统治阶级与被统治阶级之间的差异有如天壤之别。在这种状况下，时代局限性对不同阶级产生出不同的特征和结果。也就是说，各阶级有了自己的、别于其他阶级的局限性。这种局限性成了各阶级的属性，因而名之曰阶级局限性。为了说明这层意思，试举封建社会为例子。

我们知道，生产力怎样，生产关系就必须怎样[1]，封建社会之所以为封建社会是当时的生产力水平所决定的。当时的生产力水平只达到个体生产，因而个体生产是这个社会的首要条件，是它赖以建立的历史前提。马克思说过："手工磨产生的是封建主为首的社会，蒸汽磨产生的是工业资本家为首的社会。"[2] 手工磨象征的就是个体生产。当时，不论是在农民小块土地上，或是在地主的大田庄里，都只能进行个体生产。整个社会的运动、对立阶级的构成以至思想意识的形态……都直接间接地要受到个体生产的制约。这就是封建社会的时代局限性。但是，这个时代局限性，以及它所从出的个体生产，不是空悬于阶级之上的。它不能离开阶级而孤立存在；它制约着不同的、互相对立的阶级。阶级不同，制约的状况也不同。地主阶级利用个体生产剥削农民，但它只能采取封建剥削方式，而不能像资本家那样剥削雇佣劳动者，因为"占有首先受到必须占有的对象所制约"[3]。农民阶级不断奋起反抗地主阶级的剥削压迫，进行过无数次起义斗争，推动了历史的前进，但它不能摆脱个体生产的束缚，因而也不能摆脱

---

① 引自斯大林：《辩证唯物主义与历史唯物主义》。
② 引自《马克思恩格斯选集》第一卷，第108页。
③ 引自《马克思恩格斯选集》第一卷，第74页。

贫困。毛主席指出：我国农民，"几千年来都是个体经济，一家一户就是一个生产单位，这种分散的个体生产，就是封建统治的经济基础，而使农民自己陷于永远的穷苦"①。由此可见，农民阶级的阶级局限性和地主阶级的阶级局限性是截然不同的，二者构成了封建社会时代局限性的基本内容。

应该进一步指出，时代局限性不能空悬于各阶级之上，阶级局限性也不能游离于阶级成员之外。它是通过阶级成员的活动而显现的。举凡体现阶级意志的东西，无不是它的阶级成员活动的结果。而活动的结果所以只能是这样而不能是那样，主要的原因就是阶级局限性。马克思说："某一个阶级的个人所结成的、受他们反对另一阶级的那种共同利益所制约的社会关系，总是构成这样一种集体，而个人只是作为普通的个人隶属于这个集体，只是由于他们还处在本阶级的生存条件下才隶属于这个集体；他们不是作为个人而是作为阶级的成员处于这种社会关系中的。"②毛主席说："在阶级社会中，每一个人都在一定的阶级地位中生活，各种思想无不打上阶级的烙印。"③因此，作为阶级成员的个人总难免带有他所属阶级的阶级局限性。这样的例子，在历史上是不少的。这里，让我们从评论《水浒》所涉及的宋代历史中举两个人物：一个是地主阶级的王安石，一个是农民阶级的方腊。

王安石是一个地主阶级政治家，他的著名变法活动，近来已多论述。这里只谈一点。就是，他锐意变法的目的在于"富强"；他的抱负是要使宋神宗超越唐太宗。他不曾办到这一点，看来也不可能。因为他的新法，虽然取得不少成绩，却未能改变当时的土地占有状况，相对地增多自耕农。马克思说过，封建主的权力不在地租折的大小，而在于自耕农民的多寡④。我国秦汉时期的法家强调"农战"和"强本抑末"等政策是暗合于这一点的。道理很明白，在封建社会，只有自耕农才能提供最大量的财赋和兵卒，从而使封建国家臻于富强。唐朝之前经历了一次农民起义，沉重打击了地

① 引自《毛泽东选集》第885页。
② 引自《马克思恩格斯选集》第一卷，第83页。
③ 引自《毛泽东选集》第260页。
④ 参看《资本论》第一卷，人民出版社1963年版，第792页。

主阶级，相对增多了自耕农，因而造成唐初的强大。宋朝呢？封建所有制肆无忌惮地侵吞个体所有制，自耕农不断减少。早在王安石之前已有人提出"有田者无力可耕，有力者无田可种"，宋王朝怎能不日益贫弱呢？这个问题是任何地主阶级政治家所无力解决的，因为他们不可能在维护本阶级利益的同时革本阶级的命，王安石也不例外。这就是他的阶级局限性。

王安石用变法手段不可能解决的矛盾，农民用革命手段来解决。方腊起义提出了非常光辉的革命口号——"平等"！为了实现这个理想，方腊和广大农民进行了极为英勇的斗争，他们不仅反贪官，而且反皇帝，坚决摧毁地主阶级的政权宋王朝。他们不惜"流血丹地""伏尸百万"，一直战斗到最后全部壮烈牺牲，"无一降者"。这是多么悲壮的革命史诗啊！不仅方腊，此前的王小波、李顺，后起的钟相、杨幺，都怀抱着同样的理想，进行了同样的斗争，并且同样献出了热血和生命。也不仅宋代农民斗争如此英勇，以前以后的无数次农民革命斗争同样是可歌可泣的。这些斗争是历史发展的真正动力，推动着社会前进，但为什么总不能实现自己的阶级愿望呢？根本的原因在于我们前面引录过的、毛主席关于农民个体生产那段论述。在农民起义和农民战争得不到如同现在所有的无产阶级和共产党的正确领导以前，胜利是不可能的。这就是农民的阶级局限性。

由以上所述可以看出，阶级局限性是客观存在的。它对一个阶级及其成员的制约作用是既不依个别成员的意志为转移，也不依整个阶级的意志为转移的。

二

那么，阶级局限性能不能突破呢？

就一个阶级而言，是不能突破的。它是一个阶级的属性，是和它所属的那个阶级同生共死地相始终的。假若一个阶级要整个儿地突破它自己的阶级局限性，那么，依据我们上面所说，它就必须自行放弃它的阶级利益，放弃它之所以成为那个阶级的根本条件，例如封建地主阶级之必须放弃它的封建所有制。然而这样一来，它已经不复是原来的那个阶级，而是另一

云南文库·学术名家文丛

个阶级了。这是不可能的，历史上还不曾出现过这样的例子。奴隶主阶级不曾突破它自己的阶级局限性一变而为封建地主阶级；封建地主阶级也不曾突破它自己的阶级局限性一变而为资产阶级。正唯如此，社会变革必须经过革命，必须经过阶级斗争，新社会只能从旧社会的灭亡中产生出来。被压迫的奴隶阶级和农民阶级与统治阶级不同。它们进行阶级斗争和生产斗争，发展了社会生产，创设了新的历史条件，使得新的阶级、新的生产方式得以产生。但在得到无产阶级的领导以前，它们也不可能突破它们的阶级局限性变成另一个阶级。例如以个人占有为条件的小农，到了资本主义时代，已经不可能继续存在下去了，但他们还是不能放弃那块束缚他们的土地①。除非在无产阶级及其先锋队——共产党的领导下，才有可能进入社会主义。比如在我国，只有在中国共产党的领导下，才能组织起来，走社会主义道路。否则，他们是不可能突破他们的阶级局限性，摆脱那几千年来的穷苦的。历史证明：以往没有哪个阶级能自行突破它的阶级局限性。

但是，这绝不是说阶级局限性是天堑，任何人都不能突破。假若如此，那么新阶级诞生之际，从哪里获得它最初的阶级成员呢？近代欧洲资产阶级兴起，不就是从进入城市、转变为城关市民等级的农奴中得到它的成员吗？我们认为，作为一个阶级不能突破它的阶级性，作为阶级成员的个人则是可以突破的。因为任何阶级，不外是它的成员为了共同的利益和共同的斗争而结成的集体。假若它的某些成员，由于某种历史条件，不再隶属于他们原来的阶级而要转到新的或革命的阶级方面去，那并不是不可能的。历史上革命的先行者、新社会的先驱者，不就是这样的人物吗？我国春秋战国时期，不少领主阶级中人转到了新兴地主阶级方面，如著名的政治家商鞅、法家代表人物韩非……便是其中的佼佼者。封建社会农民大起义时，也有一些地主阶级中人转到了革命农民方面，如方腊起义军中的吕将、李自成起义军中的李岩……便是其例。这里，不妨以《水浒》中的晁盖和宋江为例来谈一谈。

《水浒》里的晁盖和宋江，按其出身来说，都是地主阶级中人，在他

① 参看《马克思恩格斯选集》第四卷《德国农民问题》。

们身上都带有地主阶级局限性。但是，当农民革命的浪潮席卷到他们身边时，他们采取了彼此截然相反的态度。晁盖是好样的，他断然突破地主阶级局限性，坚决地、至死不渝地转到了起义农民方面。当他一离开庄院，踏上黄泥岗的大路时，他便越出了地主阶级局限性；当他用朴刀斩断了捆载生辰纲的绳索时，他也就粉碎了地主阶级局限性对他的束缚。他原当保长，拥有庄院，政治地位和经济地位与刘唐三阮相悬甚远。但他不顾一切，和他们结成亲密的伙伴，这就转到了农民起义方面。宋江不是这样。他顽固地、死心塌地地站在地主阶级立场上，日夜盼望着皇帝下诏招安。别人要革命、要造反，他还加以阻拦；别人已经造反，他还晓晓不休地劝令投降。他根本不愿意突破地主阶级局限性，而且至死都在维护它。他一丝一毫也没转到起义农民方面，怎么能说他的投降是出于农民阶级的局限性呢？倒是李逵、三阮……未能从阶级立场上识别宋江的反动本质，未能从路线斗争上识别宋江的投降主义，或许可以说是农民的阶级局限性吧？

顺便指出，作为一部描写农民起义的历史小说，当然应该考虑到农民的阶级局限性。我们决不可以不达到农民阶级局限性的最高限，否则，英雄的形象就不够高大。但不能超越它，超越了就写成另一个时代，另一个阶级的英雄了。在宋代的农民起义中是有着丰富的题材的。王小波、李顺、方腊、钟相、杨幺……都留下极其悲壮的事迹。他们都是斗争不屈而失败，没有一人是为了"封妻荫子"而投降。《水浒》不取材于这些英雄人物，却塑造了一个宋江。虽然也写了晁盖，但有意抑晁扬宋，屏晁盖于一百〇八人之外。这说明，作者未能突破自己的地主阶级局限性。

还应该指出，我国历史上有许多人妄图阻止人们突破地主阶级局限性。如孔丘之作《春秋》，要使"乱臣贼子惧"，就是一例。尔后儒家之徒，连篇累牍，大讲三纲五常，也是为了这个目的。但是，怎能完全阻住呢！历史的列车奔驰向前，每过一站，总有一些先进分子要捷足先登。尤其是到近代，伟大的无产阶级登上了历史舞台，革命势力磅礴于全世界，就有更多的卓越人物，突破其阶级局限性，转到无产阶级方面来。《共产党宣言》指出："在阶级斗争接近决战的时期，统治阶级内部的、整个旧社会内部的瓦解过程，就达到非常强烈、非常尖锐的程度，甚至使得统治阶级中的一小部分人脱离统治阶级而归附于革命的阶级，即掌握着未来的阶级。所以，正像过去贵族中有一部分转到资产阶级方面一样，现在资产阶级中也有一部分人，特别是已经提高到从理论上认识整个历史运动这一水平的一部分资产阶级思想家，转到无产阶级方面来了。"这种情况，我们在学习国际共产主义运动史和现代中国革命史中已熟知，这里就不再加引述了。

由上引《共产党宣言》的论述可以体会到，一个隶属于统治阶级的人，要突破阶级局限性而转到革命阶级方面，必须通过阶级斗争。这是一个重要的历史条件。假若没有革命阶级的存在，没有阶级斗争的激荡，很难设想他会脱离自己的阶级。脱离了到哪里去呢？同时，他必须认识历史运动的水平，认识所属阶级的瓦解程度。这又是一个重要的条件——主观方面的条件。这个条件之所以重要是因为突破阶级局限性并非一件轻而易举的事情。它意味着要放弃原来的阶级地位和享有的阶级权益。这没有一定的觉悟和认识，怎么可能呢？古代人虽不能达到近代的认识高度，但也必须有所觉悟，因为时代局限性或阶级局限性都是对人的创造性而言的。创造就是前进，就是革命。一个人要前进、要革命，才产生突破局限性的问题。即使像王安石那样，并没有转到革命农民方面，但因其是一个改革家、革新派，也才有局限性问题。假若一个人是保守的，和局限性的界限离得远远的，那还谈得上什么突破？至于反动倒退的，像《水浒》里的投降派宋江，就更谈不上了。从这个意义上说，统治阶级中人要突破阶级局限性自然是不容易的，因此，在以往的时代只能有少数人才能做到；就是近代，也只可能是一小部分人。

但是，在我国今天，情况就不同了。无产阶级已经取得了阶级决战的伟大胜利：三座大山推翻了，全国人民解放了，所有制改变了，社会主义革命和社会主义建设正在深入发展……形势一片大好。在这样的环境里，党又为一切愿意突破资产阶级局限性转到无产阶级方面来的人，创设了无比优越的条件。这是历史上所未曾有的、最广阔的历史道路。在这条道路上，只要自己肯努力，就完全有希望转到无产阶级方面来。我们应该满怀信心地认真学习马克思主义、列宁主义、毛泽东思想，与工农相结合，改造自己，解放自己，彻底改变世界观，迅速转到无产阶级方面来！

三

谈到这里，必须回答一个问题：就是，既然所有别的阶级都有其阶级局限性，那么无产阶级有没有自己的阶级局限性呢？回答是，没有。为什么没有？原因是它没有私有制，反对私有制，要消灭私有制。我们回溯历史，在私有制出现之前没有所谓阶级；阶级是和私有制相伴而生的。而且不是别的，正是私有制产生了阶级。现代无产阶级以外的各阶级无不建立于私有制之上，都是私有者阶级。所不同的，只是私有制的内容各不相同而已。这些阶级的利益，归根结底，就在于维护它们的私有制、它们个人占有的私有财产。而这也就制约了他们，形成了它们的阶级局限性。这就是阶级局限性产生的根据。无产阶级与其截然有异。正如其名所示，他们是无产者。根本一无所有，同时，他们是和大生产相联系的，因而和个人占有的私有制也是绝缘的。马克思说：无产阶级的"占有只有通过联合才能得到实现，由于无产阶级所固有的本性，这种联合只能是普遍性的"。接着又说："联合起来的个人对全部生产力总和的占有，消灭着私有制。"①这就明确地指出了，无产阶级和私有制是冰炭般地不相容的。因此，无产阶级组成的政党——共产党，在它的光辉文献《共产党宣言》里指出："共产党人可以用一句话把自己的理论概括起来：消灭私有制。"试问，如此坚决而彻底地和私有制决裂的阶级，还有什么是产生阶级局限性的内在根据，还会有阶级局限性么？正唯没有，所以无产阶级"才能够获得自己的充分的、不再受限制的自主活动"②，才能够"最没有狭隘性和自私自利性"③，才能够"最有远见，大公无私，最富于革命的彻底性"④。无产阶级的历史使命是消灭一切阶级，消灭一切阶级差别，解放全人类。它的利益就是全人类的利益。在无产阶级革命中，无产者"除了贫困以外，什么也

---

① 引自《马克思恩格斯选集》第一卷，第75页。
② 引自《马克思恩格斯选集》第一卷，第74页。
③ 引自《毛泽东选集》第167页。
④ 引自《毛泽东选集》第1368页。

不会失去，而得到的则是整个祖国，整个世界"①。假若无产阶级有着阶级局限性，它还能承当这样的历史重任，实现这样伟大的阶级使命么？因此，我们认为无产阶级是没有阶级局限性的。

但是，这并不是说，无产阶级也没有时代局限性了。时代局限性是永远都有的，只是时代不同而有所不同。我们在前面说过，局限性是和创造性相对而言。因为人类有创造性，才有所谓时代局限性，假若创造停止，那还有什么局限可言。我国的登山队员战胜重重险阻，攀上珠穆朗玛峰之巅。假若他们没有那样坚强毅力，根本不想去和险阻做斗争，那么珠峰的陡峭对他们也不存在什么局限。反过来说，因为存在着局限性，才需要创造，才需要斗争。从创造性和局限性二者的关系看，它们乃是一对矛盾的两个方面。前者居于矛盾的主要方面，后者居于次要方面。单独一个方面是不可能孤立存在的。在历史局限性中，阶级局限性随着私有制和阶级的消灭而消灭，但时代局限性不会随之消灭，因为人类并不因此而停止创造，相反，还将因阶级的消灭，而有无穷的、更伟大的创造。假若我们把人类的创造性比作前进的列车，那么局限性就好似一段里程。这个列车沿着历史规律的轨道前驶，越过一程又一程。假若某一程后不再有里程了，那不是已经达到终点了么？毛主席教导我们："在生产斗争和科学实践范围内，人类总是不断发展的，自然界也总是不断发展的，永远不会停止在一个水平上。"我们回顾大约一百万年以来的人类社会发展的历史事实，难道不是这样么？展望今后的无限未来，情形也必将是这样。无产阶级是掌握着未来的阶级，它决不会停止前进，它必能不断克服前进过程中的时代局限性，使人类进到大同境域。

我国现在正处于过渡时期，许多本来是无产阶级要消灭的东西，现在不能不让其存在，有的还要强化。例如国家的权力，从无产阶级说来，是要消灭的，"但是我们现在还不要，我们现在还不能要。为什么？帝国主义还存在，国内反动派还存在，国内阶级还存在。我们现在的任务是要强化人民的国家机器"②，进一步加强无产阶级专政。又如资产阶级法权，无

云南文库·学术名家文丛

---

① 引自《马克思恩格斯选集》第一卷，第296页。
② 引自《毛泽东选集》第1365页。

产阶级也是不要的，但现在还不能立即将它消灭，而只能加以限制。……其所以如此，原因在于时间和条件。从我国悠久的历史上看，克服时代局限性的条件，没有任何时代比我们今天更优越了。在那漫长的原始公社时代，人们在极端困难的状况下同大自然做斗争，缓慢地逐渐发展生产力，改变社会结构，克服了难以想象的时代局限性。进入阶级社会以后，克服时代局限性的重任全部落在劳动人民的肩上。统治阶级残酷地剥削劳动人民，劳动人民不得不在对自然做斗争的同时，对阶级敌人做斗争。阶级斗争成了社会进步的"原动力"。是劳动人民的血和汗，克服了重重的时代局限性，使人类从一种社会经济形态进到另一种社会经济形态。"人民，只有人民，才是创造世界历史的动力。"但是，在现代无产阶级以前的阶级社会里，劳动人民有着阶级局限性的负担，受着沉重的阶级压迫，他们不可能控制自己的和社会全体成员的生存条件。现代无产阶级，"情况就完全不同了"，他们能够控制自己的和社会全体成员的生存条件[①]，能够掌握和运用历史发展的规律。他们不唯没有阶级局限性的束缚，而且有科学共产主义——马克思主义的理论武装，能够认清自己所面临的时代局限性，强有力地加以克服。我国解放以来二十多年的伟大成就，雄辩地说明了这一点。历史上劳动人民盲目地对历史局限性进行斗争的时代一去不复返了。我们面临人类最壮丽的事业，躬逢这个最伟大的时代，我们应该积极投入当前的斗争，"有所发现，有所发明，有所创造，有所前进"，在马克思主义、列宁主义、毛泽东思想的光辉照耀下，沿着社会主义革命和社会主义建设的大道，奋勇向前，永不停步！

（原载云南大学学报《思想战线》1975 年第 6 期）

---

① 参阅《马克思恩格斯选集》第一卷，第83页。

龙崇拜的起源

在已往的时代中，龙是最受人崇拜的神灵之一。现在，虽然由于整个神权的动摇和崩溃，只剩下了一些遗迹，但从那许多遗迹中仍可看见，它昔日的威灵是何等显赫！试看北京的故宫，从著名的"九龙壁"到帝后所居的宫殿和所"御用"的一切什物，几乎无一不刻画得有龙；甚至在国旗上、钱币上，也有龙。假若一个游览者，对那许多形形色色的龙，愿意不惮其烦地观察一番，那他可能会恍然觉得：传说中的"水晶宫"，大概也不过如此吧。在北京以外，龙的遗迹也不少。我们不论在哪里旅行，只要留意，便总会看到或大或小的龙王庙宇以及什么龙潭、龙泉、龙井、龙池……之类。假若说：凡有井水饮处，莫不有龙，应该不算是夸张的说法吧。为什么龙的崇拜会是这样普遍？它是何时和如何形成的？为了彻底斩断鬼神系统（神权）——这条束缚中国人民的极大绳索，有必要对这些问题考究一下。这篇文章只能陈述一下关于龙崇拜起源的初步管见，希望引起讨论，并得到批评和指正！

一、龙崇拜是什么时代产生的

要探索龙崇拜的起源，必先确定它始出现于什么时代。

大家知道，这种迷信很古老。"咏于《诗》，书于《春秋》，杂出于传记百家之书。"自周秦以来，就有龙崇拜的事实，无待证明。但殷商以前，龙是不是已经受到崇拜？看来，还不能不略作论述。现在，就让我们从殷商往上回溯。

（一）殷商时代已有了龙崇拜

根据近世学者对甲骨文字的研究，我们知道，在殷人的卜辞里，已有很多龙字。仅据孙海波：《甲骨文编》一书所著录，龙字即已多至四十有一，但还未备。如容庚：《殷契卜辞》、商承祚：《殷器佚存》……诸书中的龙字，均未收入于内。这个字的存在及其多次出现，反映了龙这个概念的存在。可证殷商时代已有了龙。

不仅如此，卜辞龙字的字形和应用还显示出更进一层的意义。从字形方面看，这字有繁体简体之别，形状不一而足。兹选摹几例 [①] 于下。

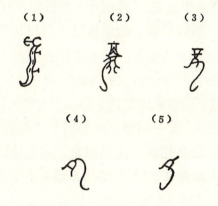

较多见的是与第三例相似的那一类型的龙字。这一类型，既不是繁到不易契刻，也不是简到与它字相混，所以卜辞中多见，并为后来的周代金文所承袭 [②]，但以与第一、二例相较，也算是简化了。由简化一事可知，龙字是殷人常用字之一。因为字之由繁趋简，古今同理，总不外是常用的缘故。卜辞中的龙字，有的用作地名，有的用作水名，有的甚至假借为别的字 [③]，还有从龙得声或得义的字。可见龙字在殷代就有多种用法。

在由龙字孳乳而出的字中，有一个特别令我注意的字，那就是 （或

---

① 参看《甲骨文编》第十一，"龙"字，或朱芳圃：《甲骨学·文字编》第十一，"龙"字。

② 参看容庚《金文编》。

③ 郭沫若《卜辞通纂》别录二引"中村兽骨"，辞曰："壬寅卜，㝔、贞若丝不雨、帝佳丝邑㚸、不若。"郭沫若先生释云，"㚸若㝔殆龙字之异，假为宠。'若丝不雨，帝佳邑宠'，乃隶晴之卜也。"

作 🔲🔲……）①。这个字从龙，从两手。罗振玉释作"莽"②，其说至确，已成定论。"莽"字所从的"廾"，即"🔲"，《说文解字》说："竦手也。"并引扬雄说"从两手"。段注："谓竦其两手，以有所奉也。"王国维释甲文"禶"字说："像两手奉酒尊于示（神）前，与祭字同义。"③ 叶玉森释卜辞"🔲羊"，说："当即奉羊之谊。他辞有云'廾牛'者，也即奉牛。"④ 郭沫若先生释"共"，谓像两手奉璧（说见下引）……诸如此类的例子均说明：甲文中的🔲，也系两手奉持之意，许叔重的解释完全可通。那么，两手奉持着龙（莽），表示什么意思呢？这个问题，前人或未暇及，今妄为之说如下：汉代有雩祭。雩必作土龙。《淮南子·齐俗训》有云："譬若刍狗土龙之始成，文以青黄、绢以绮绣，缠以蛛丝，尸祝袀袨，大夫端冕以送迎之。"近人证明，殷商已有雩祭⑤。据《淮南子·坠形训》许慎注，汤时且已作土龙⑥。其说必有所本。古又有所谓"珑"者，《说文解字》说："珑，祷旱玉也，为龙文。"珑字，《左传》昭二十九年《正义》引作"龙"。段成式《酉阳杂俎》云："安平用璧，兴事用圭，成功用璋，边成用珩，战斗用璩，城围用环，灾乱用寯，大旱用龙，大丧用琮，"珑字也作龙。是唐人犹书珑为龙。由此看来，"莽"字当系像两手奉土龙或龙璧而祷的形象。

又按，"莽"字和"共"字，也原属一字。郭沫若先生《金文丛考》页219《释共》云："金文共字作🔲（《叛共殷》）若🔲（《且乙父己卣》）。容庚云：'两手奉器，像供奉之状。'所奉何器，也泛无所指。余谓共者拱璧也……古人之用璧，盖系颈而垂于胸次，时以两手拱之，故称曰拱璧，或单称曰共。乐浪郡第九号墓，有璧在胸次，其明证也。"郭老此说，给我们以很大启发。我想，这所谓的"拱璧"就是珑。《左传》昭

① 参看《甲骨文编》卷三，4页。
② 见《殷虚书契考释》卷二，25页。罗氏在同书卷四和卷七中又释作"龚"，（按"龚"与"莽"相通，实即一字。）
③ 《戬寿堂所藏殷虚文字》35页。
④ 《殷虚书契前编集释》卷一，66页。
⑤ 参看叶玉森：《殷虚书契前编集释》卷三，21页及卷五，44页。
⑥ 《初学记》卷二《天部下·雨第一》"土龙"下注云："《淮南子》曰：土龙致雨。许慎注曰：汤遭旱，作土龙，以象云从龙也。"

二十九年，昭公使公衍"献龙辅于齐侯"。杜注："龙辅，玉名。"《正义》引《说文》珑字为说。近人丁山谓："龙辅，当即襄公二十八年传'与我其拱璧'的拱，今俗书作珙。"并引《诗·商颂·长发》（"受小球大球，为下国缀旒，何天之休。受小共大共，为下国骏厖，何天之宠。"）指出，此共与球，相对为名。毛传训所云："共，法也；球，玉也。"显然自相矛盾。球如为玉，共也该如鲁诗本作珙，珙即祷旱所用的玉珑。由此，我们可以说："珑"字和"共"字，都是像两手奉着刻画有龙纹的玉璧之形，而"龏"则为其初文。

再按，"龏"与"恭"也系一字。《说文解字》龙部云："龏，悫也。"段注："心部曰：悫，谨也。此与心部恭，音义同。"在周金铭文中，凡恭均作龏。如"龏王"即"恭王"，"龏盛鬼神"即"恭寅鬼神"，"严龏寅天命"即"严恭寅天命"……① 何以龏有悫谨之意，成为恭敬呢？当是由于引申的结果。前面引过，龏字所从的"廾"，《说文》训为"竦手"。竦，《说文》则训："敬也，自申束也。"竦手，恐怕就是后世的作揖拱手，表示恭敬之意。可以设想，当人们两手奉龙而祷的时候，态度不能不虔诚恭敬。后来加以引申，凡以这种态度待人接物的就都叫作龏，即恭。郭沫若先生释"敬"字原出于"狗"字说："甲文的苟字就是"苟"字，"苟乃象形文，亦即小篆苟字。又讹变为从艸句声之苟，其实一字也。……金文多用为敬字，……盖敬者警也，自来用狗以警夜，故假狗形之文以为敬。就其物类而言谓之狗，就其业务而言谓之敬"。② 我想，龏字由一个具体的专用名词演变为一个抽象的通用名词，也是出于相类似的道理。其所以后来转写为恭，自然不过是古今字之异。但也有其原因：因为"共"和"龏"，既如上面所说，原是一字，那么，后世虽然对二者加以区别，仍可通假。所以"龏王"在古籍中也可写作"共王"。惟共字多义，为了避免歧误，又加心以为区别，于是有写作"恭"或"慕"的。《诗·大雅·韩奕》："虔共尔位。"郑笺："古之恭字或作共。"字形虽然变得面目全非了，但逆溯字的来源，

① 见郭沫若《两周金文辞大系考释》121，214—215，247页，（并可参看同书160—162，202—208，219，250页。）

② 见《卜辞通纂考释》34—85页。

仍可看出龙的崇拜。由这一点讲来，甲文中的莽这一个字，不仅从字形上，而且从字义上，都能显示殷商时代有龙崇拜的事实。

不过，以上还只是就文字为说。假若龙在殷代已是受人崇拜的神灵，那么，这现象无疑应在卜辞中得到反映——龙应该是人们卜问的对象。有没有这样的卜辞呢？有的。下面是几则辞意彰明较著的例子。

1)《殷虚书契粹编》第483片，辞曰："……莱龙……""莱"字，王国维释"求"[1]；郭沫若先生释作"祈祀之义[2]"，应从郭说。全辞当释作对龙的祈祷。卜辞多有"莱年"之语[3]，与此同一语法。

2)《殷虚书契后编》下卷，页6，第14片，辞曰："……卜，其兄龙，丝用。壬戌……"这辞中的"兄"即"祝"字。辞意明言对龙祝祷。

3)《戬寿堂所藏殷虚文字》页5，第15片，辞曰："丁未卜龙佳若……貣于父丁十……"

4)《殷虚书契续编》卷一，第31页，第5片，辞曰："丁亥卜龙佳若""若"，罗振玉和郭沫若先生均释作"顺"[4]。"佳"即语词之"惟"。这两辞的意思是，向龙卜问，希望顺应卜者的愿望。

5)《殷虚书契后编》上卷，页30，第5片，辞曰："甲子卜亚戈⒑龙每启其启弗启又雨。"[5] 此辞中的⒑字，依丁山释作"耳"。丁谓"当为眲省渖"。眲即"闻"字。闻与问通。辞的大意是向龙卜问：是晴，还是雨？（戈即灾；每即晦；启，晴之意。）

毋庸再作更多的征引了，即此数例已能证明：龙是殷人卜问的对象之一，也即其所崇拜的百神之一。

殷商时代有龙崇拜的事实，综上所述，是可以肯定无疑了。

---

① 见《戬寿堂所藏殷虚文字》第1页，第9版及《殷先公先王续考》。
② 《卜辞通纂考释》世系，21页引金文为说，谓"明系用为祈祀之义。"34页又云："莱生，犹《大雅·生民'克禋克祀，以弗（祓）天子'也。"是又释为祓义。
③ 如《卜辞通纂》第319片，《考释》释为"贞于王亥莱年"是。
④ 罗振玉《殷虚书契考释》52页云："古诺与若为一字，故若训为顺"。郭沫若《卜辞通纂考释》76页云："若者，顺也。不若，不顺也。"
⑤ 按：此辞亦见《卜辞通纂》第393片。同书《考释》页81云："亚与⒑龙似二国名。"索引列⒑字于地名奇字。依这样解释，则"亚载⒑龙"一语，殊不易晓，今依丁释。

（二）龙崇拜始于原始社会时代末期

从上面征引的卜辞资料可以看出：龙崇拜存在于殷商，但绝非创始于殷商。其产生必远在殷商之前。单从龙字的广泛使用，就可以说明这一点。惟殷商以前的情况，没有像卜辞那样的文献可资稽考。我们要探索它，反而不得不求之于殷商以后的古人所追记的传说。自然，许多古代的传说，正如太史公所说的："其言不雅驯，荐绅先生难言之。"但是，也有很多能够显现出重要的史影，对古代社会的研究提供了可贵的资料。王国维说："古代传说存于周秦之间者，非全无根据也。"[①] 我们的看法也是这样。

当然，需要慎加别择分析。有的传说虽所托甚古，却不能据以确定殷商以前已有龙崇拜的事实。例如，《史记·封禅书》载：汉武帝好神仙，得宝鼎。齐人公孙卿对他说："黄帝采首山铜，铸鼎于荆山下。鼎既成，有龙胡髯，下迎黄帝。黄帝上骑。群臣后宫从上者七十余人。龙乃上去。余臣不得上，乃悉持龙髯，龙髯拔坠。坠黄帝之弓。百姓仰望黄帝既上天，乃抱其弓与胡髯号。故后世因名其地曰鼎湖，其弓曰乌号。"武帝听了，大为感动地说："嗟乎！吾诚得如黄帝，吾视去妻子如脱躧耳！"这个龙的故事显然是虚构的。司马迁不把它写入《五帝本纪》，足见他并不相信它。其所以又写入《封禅书》，则是用以暴露方士的迂怪荒诞和汉武帝的甘受愚弄而已。这样的传说，我们当然不宜采用，尽管它在后世流传很广。

我们所要采用的，必须是揆情度理、可信其为传自远古的传说。这种传说，依我的管见，应首推《左传》昭十七年所记的郯子之言。左氏写道：

"秋，郯子来朝，公与之宴，昭子问焉。曰：'少皞氏鸟名
官，何故也？'郯子曰：'吾祖也，我知之。昔者，黄帝氏以云
纪，故为云师而云名；炎帝氏以火纪，故为火师而火名；共工氏

---

① 王国维《戬寿堂所藏殷文字考释》2页说："夫《山海经》一书，其文不雅驯。其中人物，世亦多以子虚乌有视之；纪年亦非可尽信者。而王亥之名竟于卜辞见之，可知古代传说存于周秦之间者，非全无根据也。"

以水纪，故为水师而水名；大皞氏以龙纪，故为龙师而龙名；我
高祖少皞挚之立也，凤鸟适至，故纪于鸟，为鸟师而鸟名。……
自颛顼以来不能纪远，乃纪于近，为民师而命以民事，则不能故
也。'……"

这则记载所以有较高的价值，有几个理由：第一，《左传》这部书的
史料价值是大家都公认的。它和一般志怪述异之书不同，作者是用一种严
肃的态度来记述这件事的。第二，周代人宗法观念极强，对自己祖先的事
不敢任意捏造。郯子这里所说的与他祖先的事情有关，自然必有所本。（大
家知道，凉山彝族奴隶主无成文谱牒，但人人自幼均须背诵家谱。类能背
数十代而不误。）第三，郯子这个人，连"信而好古""不语怪力乱神"的
孔子也愿向他学习，（《左传》接着写道："仲尼闻之，见于郯子而学之。
既而告人曰：'吾闻之，天子失官，学在四夷，犹信。'"）可见是一个多闻
善述，谙于掌故的贵族，所述必较可信。第四，对于这个传说，昭子之辈
也只知其然而不知其所以然，只有郯子那样博识的人才知道，足见这个传
说非常古老。根据这些理由，可信这是一个历史的传述和追记。

杜预对这段传文的注解和孔颖达的正义都指出：郯子所说的，由颛顼
而少皞、而黄帝、而炎帝，而共工，而太皞，是"向上逆陈"的几个时代。
太皞氏最古，即伏羲氏。司马迁撰《史记》，始于黄帝，历颛顼、帝喾、尧、
舜、和夏，而至于殷。唐司马贞撰《三皇本纪》补《史记》，以太皞、女娲、
炎帝为三皇，置于黄帝之前。据此，这些人物是先后继起的一些首领。近
人章钦谓应以黄帝为先，而太皞等次之[①]。范文澜先生认为太皞并非伏羲；
伏羲是一个更早的时代[②]。对于三皇五帝说，历来多有不同意见[③]。从我的
管见看来，这是一个以黄帝为中心的时代。可能太皞、共工、炎帝在其前，
少皞、颛顼、尧、舜在其后，但都相去不甚远，可以看作同一个时代。紧
接于这个时代之后的是夏商，龙崇拜及其传说便产生于此时。

① 见所著《中华通史》甲编第一篇第二章。
② 见所著《中国通史简编》修订本第一编第一章第三节。
③ 三皇五帝之说，颇为繁琐，这里不备引。可参看近人吕思勉的《先秦史》第六章
《三皇事迹》，或夏曾佑的《中国古代史》第一章第六节《上古神话》。

《左传》里另有一则关于龙的记载，也指的是这个时代。昭二十九年载：

> "秋，龙见于绛郊。魏献子问于蔡墨曰：'吾闻之，虫莫知于龙，以其不生得也。谓之知，信乎？'对曰：'人实不知，非龙实知。古者畜龙，故国有豢龙氏，有御龙氏。'献子曰：'是二氏者，吾亦闻之，而不知其故。是何谓也？'对曰：'昔有飂叔安，有裔子曰董父，实甚好龙，能求其耆欲以饮食之。龙多归之，乃扰畜龙以服侍帝舜。帝赐之姓董，氏曰豢龙，封诸鬷川。鬷夷氏，其后也。故帝舜氏世有畜龙。及有夏孔甲、扰于有帝。帝赐之乘龙，河汉各二，各有雌雄。孔甲不能食，而未获豢龙氏。有陶唐氏既衰，其后有刘累，学扰龙于豢龙氏，以事孔甲，能饮食之。夏后嘉之，赐氏曰御龙，以更豕韦之后。龙一雌死，潜醢以食夏后。夏后飧之，既而使求之。惧而迁于鲁县。范氏其后也。'……"

蔡墨这人，据杜预的注解，是晋国太史；可知是一个熟知史事的人。他认为"人实不知，非龙实知"，"龙，水物也"，可知他又是一个龙崇拜的反对者，根本不承认龙有什么神性。这样的人，当其追述龙的历史时，除转述古来的传说外，是不会附会什么的。还有，郯子是从己身上溯及于远祖，蔡墨则是从范氏远祖而下及其后裔，所说的，都是贵族的家乘；他们自不能无所本地信口开河。由此说来，这则记载和前引一则同样，具有很高的价值。它反映出，虞夏时代的人们已有龙的观念，并不断产生着龙的传说。

除上引《左传》一书外，在先秦其他古籍中，尚多殷商以前的龙的传说。如《古本竹书纪年》辑本载："三苗将亡，……青龙生于庙……"《山海经》载：黄帝令应龙攻蚩尤于冀州之野；夏后启舞儿代，乘两龙于大乐之野；《吕氏春秋》载：禹南巡过江，黄龙负舟；……两汉古籍如《史记》、如《淮南子》等书中也有许多。这些传说，下文还要提到。这里只是说明龙崇拜产生的时代，《左传》记载的已经足以代表了，所以就不复一一引及。但应该指出一点，就是，总括那许多传说，没有一则是说到黄帝以前的。这说明什么呢？除了龙崇拜的传说到这个时代才开始出现和流行外，是无从解释的。

现在要问：这时代是什么时代呢？当然，传说邈远，不可能稽之以年。但在马克思列宁主义的社会发展学说指导之下，要推断那是一个什么样的历史发展阶段，则是可能的。事实上，史学界许多人已这样做了，而且有了一个比较一致的意见，即是，那是位于殷商奴隶制时代之前的原始公社时代。但原始公社历时很久，能不能更进一步指出，它是原始公社的什么阶段呢？关于这一点，我认为郭沫若先生主编的《中国史稿》第一册第三章《父系氏族制度·原始公社的解体》说得最切实际。它说："随着生产力的发展，产生了氏族部落内部财产的差别和因阶级分化而出现的氏族显贵，形成了各个部落间的共同利益，也形成了各个部落间的矛盾与冲突。于是近亲部落因为对内对外的关系而团结起来，结成了巩固的部落联盟。在传说中，黄河流域曾先后出现了一些著名的部落和部落联盟，如黄河中上游的黄帝和炎帝部落，黄河下游的太昊和少昊部落，和这些部落相关的有蚩尤部落。颛顼和帝喾也是强大的部落，和颛顼相关的有九黎部落。这些部落之间经过长期的斗争和联合，最后出现了以尧、舜、禹为首脑的强大部落联盟。"又说："黄帝、炎帝是当时偏于西方的部落领袖，而少昊和太昊是东方部落的有名首领。"我们完全接受这一解释，从而认为龙崇拜及其传说就是中国原始社会父系氏族公社时期的产物。

二、龙崇拜是怎样产生的

恩格斯在《布鲁诺·鲍威尔和原始基督教》一文中说："很明白，如果是自发地产生的宗教，比如说黑人的拜物教或亚利安人的普通原始宗教，其兴起并没有什么欺骗存乎其间，但在其进一步发展中，僧侣的欺骗也会很快地成为不可避免的。"[①]龙，既然出现于父系氏族公社那样早的时代，那么，可以相信，它的产生必然也是自发的，不会有什么欺骗存乎其间。从古代传说中的若干迹象看来，事情也确乎是这样。现在，我们不妨

---

① 见恩格斯：《论原始基督教史》，何封译，人民出版社1961年第1版，第2页。

探究一下，是什么原因和怎么样竟使龙成了古人崇拜的对象。

（一）龙和蛇

许多传说都反映，龙这个怪物，不唯有神性，是一个神灵，而且还有物性，又是一个水居动物。远在殷代，人们意识中的龙，就已经是这样了。前面摹写的甲骨文龙字，一望可知，是一个象形字。罗振玉解释这一个字说："《说文解字》：龙从肉从飞之形，童省声。卜辞或从♉，即许君所谓童者。从♫，象龙形，Ⴖ其首，即许误以为从肉者；ↄ其身矣。或省♉，但为首角全身之形，或又增足。"[①]叶玉森解释得更为具体。他指出：前面摹写的第一个龙字的→像龙顶肉冠，C像阔口，二像二肢，⦙像斑纹[②]。这些解释是完全正确的。试取另外几个甲骨文象形字和龙字比较，如：

虎字——甲文作🐅

马字——甲文作🐎

龟字——甲文作🐢

……

可见甲骨文字像动物形，多是惟妙惟肖，好似图画一般。由此可知，殷代人想象中的龙，必和此字所象之形近似。这个推论，因解放后得到新出土的殷代文物而获得证实。《新中国考古收获》所附"图版叁拾"，是安徽阜南出土的"商代龙虎尊"的摄影。尊上面有浮雕般的龙虎铸像。虎与实际的虎无异。龙则有着一条很长的蛇一般的身躯和一个有双角阔口的牛一般的头。这显然是一个能爬行的动物。可见在殷代人的心目中，龙既是神，又是一个动物。

传说中的龙也是这样。无神论者蔡墨说："龙，水物也。"它可以"豢"，可以"御"，可以"飨"，而且有雌雄之别（见上引《左传》）。这简直和牛马之类的家畜差不多。《论衡·龙虚篇》说："龙，马蛇之类也。"别的传说，

---

① 见《殷契书契考释·文字第五》页386—389。
② 见叶氏所编《甲骨学·文字编》第十一，"龙"字。

虽然承认龙的神性，但也不否定它的物性。一切传说都有一个共同点，即把龙说成是一种水居的生物。如《孟子·滕文公》说："当尧之时，水逆行，氾滥于中国，蛇龙居之。"《荀子·劝学篇》说："积水成渊，蛟龙生焉。"《管子·水地篇》说："龙生于水，被五色而游，故神。"……还有的说，它卵生①；有的说，它冬眠②；有的说，它同类相斗③……这些特点，在某些动物中，确实可以看到。除此之外，还有一种颇为奇异的特点，那就是《管子·水地篇》所描述的，"欲小则化为蚕蠋，欲大则藏于天下，欲尚则凌于云气，欲下则入于深泉；变化无日，上下无时。"（按：亦见《说苑》）。因为它有这种奇异的特点，所以人们把它看成鳞虫中的首领。《大戴礼·公冠篇》说："鳞虫三百六十，而龙为之长。"许慎《说文解字》综合这些说法，给龙下了一个比较完整的定义，说：

"龙，鳞虫之长；能幽能明，能细能巨，能短能长；春分而登天，秋分而潜渊。"

这一特点，给古代的人们以极大的迷惑。即令是具有唯物主义思想的唯物主义者，像王充那样的古代思想界的彗星，也只是批判了它的神性，而未能连它的物性一起加以否定。甚至于近代学者，有的还把它和古生物中的恐龙联系起来，替它附会出曾经存在过的依据④。自然，对我们说来，不论是它的神性也好，物性也好，都是荒诞不经的，因为近代生物科学告诉我们：不仅现在的动物当中，没有这样的怪物，就是自有人类以来，它也不曾存在过。（所谓恐龙，不过是古生物学家们，对中生代的一些爬行

---

① 《淮南子·泰族训》："夫蛟龙伏寝于渊，而卵剖于陵。"（"剖"，原作"割"，依王念孙校改。）

② 《易·繫辞》下："龙蛇之蛰"。《孔子家语》：龙"夏食而冬蛰"。《后汉书·张衡传》："夫玄龙迎夏则陵云而奋鳞，乐时也；涉冬则淈泥而潜蟠，避害也。"

③ 《左传》昭十九年："郑大水，龙斗于时门之外洧渊。"

④ 叶玉森说："近世地质学者考核化石，乃决定龙为古代之爬行动物。种类孔繁，或一栖，或两牺，或有翼无翼，或肢有钩爪，或颈有广鳍，其体长或至十二三丈。此征之实验者，当非若齐东野语也。吾国古以龙为四灵之一。其形虽不可考，然于契文谛察象形诸龙字，可得十之七八，……与近儒学略合。"（见《甲骨学·文字编》第十一"龙"字。）

动物，借龙之名以名之而已。它绝灭于中生代的白垩纪，距今约七千万年；而人类则是灵生代才出现的，距今约一百万年。不说自明，最早的古猿也不可能和恐龙有一面之雅，何况乎人。)

那么，为什么古人会无中生有地塑造一个龙来呢？从龙的形状和特征看来，它和蛇最相类似，大概古人就是以蛇为蓝本，依照蛇的形状和特征，再附加某些想象，而塑造出来的。很久以前，闻一多先生在它的著名论文《伏羲考》中已经指出：龙的主干部分和基本形态是蛇[1]。把现今所知道的龙的最早形象（参看《新中国考古收获》图版三十）和蛇类比较一下可知，虽然闻说的依据和论证，与本文所述不同，但它的卓见确乎是不可易的。蛇，不是也会生活在水中吗？不是也能冬眠吗？不是也可以豢养缮用吗？……所不同者，龙可以有角有足，能上天变化，而蛇不能。这些特点，显然是原始社会的古人附加到蛇身上去的。龙是蛇变成的，正因为这个缘故，所以古代传说中，蛇龙有密切的关系。如上引《孟子》："蛇龙居之。"《易·繫辞》下："龙蛇之蛰。"……都是蛇龙并举。《史记·外戚世家》褚少孙引"传曰：蛇化为龙，不变其文。"《抱朴子》："有自然之龙，有虵蝎化成之龙。"任昉《述异记》；"虺五百年代为蛟，蛟千年化为龙。"……诸如此类的说法都反映出：在古代人的观念中，龙和蛇原是同源异派的东西。（此外还有很多传说，可以说明蛇龙二者的关系，这里不再枚举。)

谈到这里，应设一问：因何、如何，古人把蛇变成了龙？这个问题，是龙这种怪物的隐秘。揭露了它，就可以看到龙的本质。让我们在下面试作解答。

（二）蛇图腾的演化

在龙崇拜出现以前，蛇早已受人崇拜。那就是蛇图腾。

现代许多人的研究证明：我国原始社会时期也有过图腾崇拜的现象。例如：商的祖先可能是玄鸟（即燕子）图腾；轩辕的祖先可能是鼋图腾；风姓的祖先可能是凤图腾；鲧的祖先可能是鳖图腾；等等。蛇也是图腾中的一种，而且从若干古代传说看来，还是最普遍的一种。这一点，已经

---

[1]　参看《闻一多全集》甲集，页26甲。

有人指出。闻一多先生说："在当初那种众图腾林立的时代，内中以蛇图腾最为强大。"① 最近，孙作云先生也说："在中国原始社会，在中原地区，有以水中动物或两栖动物作图腾的几个近亲氏族。他们结成一个联盟，其中最主要的是以蛇为图腾的蛇氏族。"② 他们的说法都很有根据，可以参看，不必复述。

这里需要特别指出的是，他们都认为：龙是蛇图腾的发展。从我的管见说来，这是十分正确的。但是，怎么样从蛇图腾发展为龙，闻说和孙说则颇有不同。闻先生的说法是这样：

"……大概图腾未合并以前，所谓龙者只是一种大蛇。这种蛇的名字便叫作'龙'。后来有一个以这种大蛇为图腾的团族兼并、吸收了许多别的形形色色的图腾团族，大蛇这才接受了兽类的四脚，马的头，鬣和尾，鹿的角，狗的爪，鱼的鳞和须，……于是便成为我们现在所知道的龙了。这样看来，龙与蛇实在可分而又不可分。说是一种东西，它们的形状看来相差很远，说是两种，龙的基调还是蛇。……③

孙先生则说：

"……蛇加以神秘化，变成图腾神物，就是龙。因此，蛇氏族也就是龙氏族。他们的大酋长就是蚩尤和禹。'禹'名'勾龙'而字形象蛇，这表示禹就是以蛇（龙）为图腾的。……"④

应该承认，这两说都持之有故，值得我们加以思考。但两说之中，似以孙说为长。因为龙为大蛇之说，虽不能完全排除其可能性，但论据终觉不足，而龙为蛇神化之说，则有颇多的传说作为佐证。如本文前引及的《史

---

① 见前引《伏羲考》。
② 见《敦煌画中的神怪像》一文，载《考古》1960年第6期。
③ 见前引《伏羲考》。
④ 见《敦煌画中的神怪像》一文，载《考古》1960年第6期。

记》《抱朴子》《述异记》便是。

但孙说也有可商之处。我认为：并非蛇变为图腾神物就是龙；而是蛇图腾在走完它的历史过程之后，转变而成了龙。龙崇拜已经是一种灵物崇拜，不是图腾。

为什么这样说呢？理由是，我们不能单凭书面传说来判断，必须衡之以古代社会发展的一般规律。

我们现在说我国古代有过什么什么图腾，都是根据古代传说中所保留的图腾遗迹来推断的。这些传说写定时已经去古很远，而原始社会又是非常长的，因此，单凭传说中的遗迹来推断，那就可能出现很大的差别。比方说，禹这个人，孙说认为他是以蛇为图腾，是蛇图腾的大酋长；根据是他的名字叫"勾龙"。他的父亲鲧，孙说则认为是鳖图腾①。此说果真，那么，禹的儿子启是什么图腾呢？假如说，鲧和禹之属于不同图腾，是由于氏族外婚制②，那么启就不是这样了吗？可不可能在两代人之间就发生如此急剧的变化呢？诚然，单凭禹之名为"勾龙"一点，未始不可说成是图腾迹象，但禹的时代很难说还是图腾流行的时代。因为殷代已有那么高度的文化，已经是奴隶制的社会，处于殷代前夕的夏代，还可能是图腾社会吗？由此可见，我们运用古代传说，必须以社会发展规律为之限度。否则就不能得其实而莫衷一是。

现在，让我们简单说一说图腾发展的过程。按照古代社会发展的一般规律，图腾是母系氏族社会所特有的现象。那时的氏族总是采用一种和自己关系密切的生物或非生物，作为自己的图腾；引以为自己的族类，认为是本氏族之所从出，加以崇拜和保护。到母系氏族社会行将结束之时，图腾也已完成了它的历史任务，而开始分化。由于图腾原包含着氏族和自然物两重观念，所以分化是向着祖先崇拜和自然崇拜两个方向发展的。当这种分化尚在欲分未分之际，常会出现半人半兽之类的奇异神像。迨至进入

---

① 见《敦煌画中的神怪像》一文，载《考古》1960年第6期。

② 见《教煌画中的神怪像》，见《敦煌画中的神怪像》一文，载《考古》1960年第6期。

父权制时代，这种分化已经完成，于是祖先神和自然神就判然为二了①。原出图腾的自然神，经过这一番变化之后，其形象和内容可能发生或多或少的变异，不复与原形完全相同，同时，由于氏族的扩大与融合，新的神灵辈出，各氏族原来的图腾就成为百神之一了。当然，其中作为主体民族的图腾，在百神中，也相应地取得比较显赫的地位。这个过程，从我的浅见看来，也正是由蛇而龙的过程。下面试引几则传说看看：

　　1）《山海经·海内经》："南方……有人曰：'苗民'；有神焉，人首蛇身，长如辕，左右有首，衣紫衣，冠旃冠，名曰'延维'。入主得而飨之，伯天下。"

　　2）王逸《楚辞·天问》注："女娲人头蛇身。"

　　3）王延寿《鲁灵光殿赋》："伏羲鳞身，女娲蛇躯。"

　　4）曹植《女娲画赞》："或云二皇，人首蛇形。"

　　5）《伪列子·黄帝篇》："庖牺氏、女娲氏……蛇身人面。"

　　6）《艺文类聚》卷二引《帝王世纪》："庖牺氏……蛇身人首。""女娲氏……亦蛇身人面。"

　　这些传说，闻著《伏羲考》已引及，并附有汉代石刻和画像。它们被写定的时代并不早，但来源却必然很古老。它们反映了，在我国原始社会中，曾经有过蛇图腾，而且正在分解。伏羲，前已说过，一说即太皞，一说在太皞前。依传统的说法，伏羲、女娲均早于黄帝。黄帝时是父系氏族已经确定，部落联盟已经很强大的时代。在这时以前，有图腾蛇神的分解；在这个时期，出现了由蛇图腾演变而成的龙。这不正是既合乎传统，又合乎规律的事吗？在这演变的过程中，龙的神性大为发展，从而获得和蛇大不相同的形象。但蛇的生物特征及其修长身躯，仍然保留下来了。于是，龙成为一个图腾残余的体现者，一个具有二重性（神性和物性）的怪物。这样的怪物，自然不可能在物质世界里找到。

_____

　　①　这一段话主要是依据杨堃先生的《原始社会史讲义》，取其大意而成。但未必尽符原意。

（三）蛇龙和水

以上，我们只叙述了现象；下面，应对那些现象给以解释，即说明：为什么老古人要把蛇奉为图腾？为什么蛇图腾会进一步演化为龙？在演化过程中，为什么龙取得的是那样一种形象和那些神性，而不是其他？

我觉得，大凡原始的宗教信仰，总是"事出有因，查无实据"的。其所以"查无实据"是由于，它是对客观世界的歪曲；而"事出有因"，则是因为那时的人还不会进行欺骗；他们信仰什么，一定有个原因。统观过去对图腾的分析，原因不外两种：一是出于恐惧，一是出于喜爱；在实际中，二者也常混合在一起，不易分别。至于所以恐惧或喜爱，归根结底，又是出于生产和生活的需要。蛇龙之所以被人奉若神明而加以崇拜，其原因也不外此。

从古文献上考察，江淮河济，称为四渎。这四渎流域，正是我们古代先民的历史舞台。而在古代，那里却遍布沼泽，充满鸟兽和龟鳖鱼蛇……看来，尤以后者为最多。孟子在追述尧时代的状况时，一则曰："当尧之时，天下犹未平。洪水横流，泛滥于天下。草木畅茂，禽兽繁殖。五谷不登，禽兽逼人。兽蹄鸟迹之道，交于中国。"再则曰；"当尧之时，水逆行，泛滥于中国。蛇龙居之，民无所定。上者为巢，下者营窟。"这种状况，不唯是可能的，而且是必然的。古人生活在这样的环境里，必须对各种大自然的威胁做斗争。不难想象，那是多么艰难啊！孟子在这两段话里，前边提到洪水并泛言禽兽，后边又提到洪水，但单称蛇龙。可见水和蛇又是很突出的。看来，古代的蛇真是不少，一直到殷代，人们还是很怕它的。卜辞常见"亡蚩"之语。郭沫若先生释蚩为"祟"。并举"贞祖辛蚩我，贞祖不蚩我"等辞为例，说："均言人鬼为祟。《庄子·天道篇》言：'其鬼不祟'，即其义。"蚩字从它，而它即蛇。郭沫若先生又说："亡蚩，或作'亡它'，乃卜辞恒语。"并引罗振玉说："罗云：即《说文》它字注'上古艸居患它（蛇），故相问无它'[①]。"郭老并存"无祟""无蛇"两辞，当何所从呢？我认为：两解并不相违。"无蛇"是初义，后来引申为"无祟"，只

---

① 郭说均见《卜辞通纂考释》。

是所指扩大而已。这样说来，古人最害怕的，最初是蛇。

古人为什么害怕蛇呢？这是可以想象的。第一，草木畅茂，蛇很多；第二，蛇能杀人，但它又不像虎豹犀象那些强有力的野兽，其杀人是不易理解的。它轻轻地啮人一下，人就可能因而伤亡，为什么它有这样的魔力呢？第三，毒蛇能杀人，而无毒蛇不能。古人不能理解，只能归之于蛇有祸人福人的意志，而这意志又是难于说明的。第四，无毒蛇可以拳养，可以飨用，它又似乎是对人有好处的……原因可能很多，总之，不外是人对这种与人有切身关系的自然力量无法理解而已。

还有，蛇和水有密切关系。古人传说：尧有九年之水患，汤有七年之旱灾。水旱之灾，自古就是频繁的。而对于古人，则不论淫雨或旱暵，都是极严重的威胁。由于生产力的低下，他们的生产和生活依赖于自然条件的程度特别大。不管是采集也好，狩猎也好，或牧畜耕稼也好，旱灾和水灾都同样要造成艰窘。特别是耕稼出现以后，水旱的影响就更使人敏感。蛇类的生活和农作物的生产，在季节上，正有若干共同的地方。如蛇的复苏、求食、交配、繁殖……也和农作物及许多植物一样，萌动于春季，而大盛于夏季。到了秋冬，它也同样不能抗御大自然的肃杀之气而归于冬眠。古人看到，在雨量很多的时候，蛇也很多；在雨量极稀的时候，蛇也极少。而且蛇也常居于水中。这一切现象之间有什么内在联系呢？古人是无法理解的。他们既不知道气候变化的规律，也不知道蛇类生活的规律。他们不能正确地理解这种联系，于是倒果为因地去说明它，误认蛇、燕等生物倒是气候的主宰或天使。这样，蛇就被人们赋以神性，成了和水有关的神灵：人们不只畏它，而且敬它了。

以上所说，自然是一种推论。因为图腾的形成远在母系氏族部落公社发展的初期[①]，对那样古老时代的一种意识形态的兴起，除依据流传下来的传说中的史影推论外，是没有更多资料可资稽考的。古代传说中把蛇和水那样密切地联系起来，依我的管见，只能作如是解释。附带指出，蛇图腾之存在于母系氏族社会，也有少许记载透露出消息。如《诗经·小雅·斯干》第六、七两章：

---

① 见杨堃：《原始社会史综合分期表》1963年第四次修订稿。

　　"下莞上簟，乃安斯寝。乃寝乃兴，乃占我梦。吉梦维何？维熊维罴，维虺维蛇。"

　　"大人占之：维熊维罴，男子之祥；维虺维蛇，女子之祥。"

　　占梦是一种极古老的传统。占者用虺和蛇来解释"女子之祥"，显然是依据自古以来的习俗。虺也是蛇（朱注："虺，蛇属"）。把虺蛇和女子联系起来，这不是母权制时代的图腾遗风是什么呢？

　　母系氏族公社时代对蛇图腾的崇拜，久而久之，表现出它的局限性。由于社会的发展，生产斗争知识的需要的增多，古人对于自然现象，也要求能够得到更广泛的理解。但是，蛇的特征越来越不能解释人们不断提出的新疑问和希冀。例如：人们盼望下雨，为什么蛇出现了而雨还不来？人们希望它飞上九霄，兴云致雨，可是却见它在地面蠕动，或甚至死于涸辙之中？人和自然斗争的力量增大了，蛇对人的危害减少了，人们日益看出它的平凡而不觉其是那么可怕了……诸如此类的现象，都使人们感到，可能冥冥中有一种比蛇更富有神力的东西在主宰着。但是，知识的幼稚和传说的因袭势力，使古人不可能抛开一切旧有的观念而另行塑造一个新的神像。他们只能依照旧有观念，缓慢地逐渐发展它、修改它。在数以千年计的漫长岁月中，人们"近取诸身、远取诸物"，终于自欺欺人地臆造出一个似蛇非蛇的龙来——它有着具体的形象和更为巨大的神力。这样的怪物，在现实世界中是看不到的。正因为如此，它能负荷着人们的幻想，脱离了现实，自如自在地飞翔。蛇是经不住社会实践的反驳的，龙就能拒绝古人所能提出的反驳。王安石《龙赋》说："龙之为物，能合能散，能潜能见，能弱能强，能微能章；惟不可见，所以莫知其向；惟不可畜，所以异于牛羊，变而不可测，幻而不可驯。……"[①] 这正如基督教兴起时，必须把它以前的上帝偶像抛弃，而只要上帝的"圣灵"一样。

　　但不能认为，古人是任意地塑造龙的形象和赋予它以神性的。不，他们是有所根据的，是以一种虔诚的态度来对待的。从龙的神性方面看，他

———————————————

　　① 　见四部丛刊《临川先生文集》卷三八。

们赋予龙的神力就是水的自然力。这就是他们的根据。或者说，就是水的自然力在他们头脑中的歪曲反映。例如：天空能降雨，所以龙能升天而周游六虚；降雨必有云，所以，"云从龙"；地上有江河湖海，所以龙能潜渊；地下有水，所以龙能隐伏深穴；……此外，还把许多与雨水有关的自然现象也想象为龙。如虹蜺、蜃气、龙卷风……都有谓之为龙的传说。甲骨文蜺字作 ⌒⌒[①] 两端是两首，很像两个龙头（甲骨文龙字像首部分，正作此形），可能殷人已把它看作龙。总之，龙是水的化身，因此尽管它飞扬跋扈，却不能离开水，就好像安泰不能离开土地一样。《楚辞·惜誓》说："神龙失水而陆居兮，为蝼蚁之所裁。"《管子·形势解》说。"蛟龙，水虫之神者也。乘于水则神立，失于水则神废。"可见龙和水是不可分的。还有，《淮南子·本经训》记载了一个传说："伯益作井，而龙登玄云，神栖昆仑。"高诱注说："伯益佐舜，初作井，凿地而求水。龙知将决川谷，漉陂池，恐见害，故登云而去，栖其神于昆仑之山。"高诱在同书《天文训》"龙举而景云属"一语下注释说："龙，水物也。云生水，故龙举而景云属。属，会也。"从我们的观点看来，这个传说反映了人只要能征服水，龙就要消失，因为龙就是水；龙的神性不是别的，就是水的不可理解的力量。

其次，让我们谈谈龙的形象。龙的形象，主要是首角从何得来的问题。我认为龙的首角是古人模拟牛头而塑造出来的。王充说，龙头象马首。这大概就是他所见的汉代无角龙像而言。我们从殷代龙虎尊上看到的则极类牛头。同时，从传说中也可以得到佐证。《帝王世纪》说："有神龙首，感女登于常羊，生炎帝，人身牛首。"[②]《伪列子·黄帝篇》说："庖牺氏、女娲氏、神农氏、夏后氏，蛇身人面，牛首虎鼻。"《春秋合诚图》说："伏羲龙身人首。"《孝经援神契》说："神农氏蛇身面牛头。"这些说法自非出于后人虚构，当是相传已久的旧闻。为什么要假借牛的首角呢？这不仅是由于牛的驯养，使古人"能取近譬"，更重要的是牛为农业生产中的重要

---

① 蜺字，从郭沫若先生释，见《卜辞通纂考释》86页，郭老并云："像雌雄二虹而两端有首。……盖古人以单出者为虹，双出者为蜺也。……凡虹蜺螮蝀字均从虫，乃视虹为有生之物。螮又作蝃，刘熙以'啜水'解之。……今卜辞……蜺既像有双首之虫形，又复明言饮〔于河〕，是则啜水之说。盖自殷代以来矣。"

② 《太平御览》卷七八引。

牲畜，古人对它特别重视和喜爱，希冀龙也能像它那样嘉惠于人。我们现在还常说"牛鬼蛇神"，看来，龙就是二者的结合。至于爪，可能是出于其他爬行类动物如鳄鱼、蜥蜴、蛇舅母……的暗示。盖人们既赋予龙那样大的神力，若没有犀利的爪牙，峥嵘的头角，耀眼的鳞甲……怎么足以相符呢。周金"邵钟"铭文有"乔乔其龙"句，孙诒让释云："乔，读为跻。《诗·大雅·崧嵩》：'四牡跻跻'。毛传云：'跻跻，壮貌'。……《明堂位》所谓'夏后氏之龙簨虡'。《考工记·梓人》说钟虡云：'必深其爪，出其目，作其鳞之而。'跻跻，即状其壮猛之容也。"① 由此可见，古人对龙的想象，是十分壮猛的。为了象征壮猛，这爪也可采自其他猛兽。

从殷代以来的龙的石刻、铸像或画像看来，龙的形状大概到唐末五代才最后定型。在这以前，有的有角，有的无角；有的有爪，有的无爪；有的有翼，有的无翼……这说明：龙是幻想的产物，不像龟蛇之类有实体可像，所以出现了很多不同的形状。

三、后　语

本文所论可以简单概括如下。

在我国原始社会的母系氏族公社时代，曾经流行过图腾崇拜，蛇图腾是其中主要的一种。蛇图腾之所以兴起和发展，当是由于人们对蛇和水旱灾害的畏惧，并把两者不正确地联系起来。随着社会的发展，到母系氏族公社行将结束之时，图腾崇拜也逐渐衰竭。图腾蛇神开始向祖先崇拜和灵物崇拜分化。到社会进入父系氏族公社以后，以蛇图腾为前身的灵物崇拜便定型成了龙崇拜。由于人们和水的关系更加密切，以及对水这种自然力量的不理解，龙于是完全成了水的化身——水神。到农业生产发展起来，水的作用更为重要，龙崇拜也就更发展。在古代传说中，三皇五帝以至大禹，无不和龙有关系。在殷墟卜辞中，龙也是重要的百神之一。总而言之，它是我们先民在和自然做斗争的过程中，水的问题在意识形态上的集中反

---

① 见《籀膏述林》卷七；亦见郭沫若：《两周金文辞大系考释》232—234页。

映。本文的大意就是如此。

从殷以后直到解放以前，虽然广大劳动人民前仆后继地不断与水作斗争，并且也取得了很多成果，但由于历代统治阶级的残酷压迫和剥削，他们始终不能充分发挥自己的力量和智慧，把水征服。加以龙在进入阶级社会以后，又打上了统治阶级的烙印，变成统治阶级欺骗麻醉人民的工具，因此，龙的崇拜不仅没有因社会经济文化的进步而稍微削弱，反而继续发展。其间虽然有一些唯物主义思想家、杰出的无神论者，如王充那样的人，曾经奋起和龙的迷信做斗争，但由于科学水平的限制，也未能取得积极的效果。在龙迷信这条绳索束缚之下，历代多少人听天由命、焚香祈祷、虚掷自己的力量和智慧，削弱了他们的阶级斗争和对自然的斗争。龙迷信这条绳索给我们民族造成的祸害，是难于估量的！幸好，伟大的中国共产党和英明的毛主席领导着全国人民，推倒了三座大山。在阶级斗争和自然斗争中，我们已经取得了光辉灿烂的胜利和成绩！请看水利建设方面，荆江分洪、根治淮水、引洮上山、腰斩黄河……数以千万计的水库，无法数得清的人工河渠……这种种伟大成就，从精神上解放了六亿人民，同时结束了几千年龙崇拜的历史！勿怪乎人民如此自豪地歌唱着；"天上没有玉皇，地上没有龙王。我就是玉皇，我就是龙王！……"龙的崇拜转化成了龙的征服；龙的小史已经翻了新页了。这一切，我将在另外的文章中去叙述。本文所陈，不过是一个小引罢了。

（原载云南《学术研究》1963 年第 9 期）

试论殷商奴隶制
向西周封建制的过渡问题

一

对于我国封建社会始于何时的问题，迄今尚无定论。我们认为，在诸种不同的说法中，西周封建社会说是正确的。但是，这一结论，尚有待于进一步充实，还有一些重要问题需要解决。其中特别值得我们注意的是，殷商的奴隶制社会是怎样转变成西周封建社会的？这个问题不解决，西周封建社会说自难令人信服。可以说，这是西周封建社会说成立的前提之一；认真讨论这个问题，是我们解决西周社会性质和古史分期问题的一个重要步骤。

我们看到史学界中不是没有关于这个问题的论述，但是还很难令我们满足。例如：范文澜同志认为，封建因素首先萌芽于灭商以前的周，其所以然，乃是"因为周世世重农；周君从经验中知道鼓舞农夫们的生产兴趣是增强生产力的一个重要条件，……这个经验的发展，就有可能把奴隶抛弃而宁愿利用农奴"[①]。这一推断是令人难于接受的，因为我们从所能知道的历史事实里，只能找到相反的事例。凉山彝族的奴隶主，长期和周遭的汉族封建剥削方式接触，奴隶来源又非常困难，可是他们却顽固地坚持奴隶制剥削，直到民主改革时为止。西藏的农奴主是这样，西双版纳的封建领主也是这样，我们不禁要问：这些剥削者也是世世重农的，何以他们如此之愚，而周君却如彼其智？显然，问题是不会这样简单，必须更进一步探索。

---

① 范文澜：《中国通史简编》修订本第一编，52—53页。

再举一例。王玉哲同志,和李亚农同志一样,认为灭商以前的周还处于氏族制阶段。他们都认为,周族灭商以后,既不能把大量殷人吸收到自己氏族组织里来,又不能用原有氏族组织去统治他们。于是怎么样呢?两人的结论恰恰相反:前者认为这是过渡到封建制,而后者则认为殷族的奴隶制于是被保存下来①。我们读过《家庭、私有制和国家的起源》的都知道,他们都是企图运用恩格斯关于古代罗马奴隶制崩溃的著名论述来解释商周之际的历史发展②。但是,他们的具体分析显然不够,所以结论才会相差得这么远。由此可见,即令认为周族在灭商前还处于氏族制社会,问题也依然没有解决。

那么,解决问题的途径何在呢?我们认为:第一,许多史学工作者避开了马克思、恩格斯所反复论述的农村公社问题是造成困难的原因之一;第二,没有紧紧抓住毛主席指示的,我国自古就是多民族国家的特点,则是造成困难的原因之二;第三,必须很好地依据《矛盾论》中的原理原则,运用辩证法,分析当时的阶级对抗和民族对抗,以及其他的历史条件,才能具体地而不是主观随意地,把问题解决。范文澜同志正确地指出:商代是没有充分发展的奴隶制,封建制首先萌芽于周。周也曾经进入了奴隶制,但也没有充分发展,便为封建制所代替。我们认为这是切合当时的实际情况的描述。但是,何以奴隶制尚未充分发展,便径向封建制过渡?这在理论上是有依据的吗?在实际上是有可能的吗?根据我们初步研究的结果,理论依据和实际可能都是有的。只要从上述三个途径加以研究,就可以获得比较圆满的解释。这篇论文,就是这样的一种尝试。

二

我们的讨论,从农村公社问题开始。

农村公社是什么?依据马克思的著名论述,它是"原生的社会形态的

① 参看王玉哲《中国上古史纲》119页,李亚农《中国的奴隶制与封建制》,42页。
② 参看恩格斯《家庭、私有制和国家的起源》第八章《德意志人的国家的形成》。

最后阶段"，①是原始形态"向次生的形态的过渡的阶段"。所谓原生形态和次生形态，按照马克思的说法，前者是建立在公有制上的社会，后者是包含着建立在奴隶制上和农奴制上的一系列的社会。因此，马克思说："农村公社时期乃是公有制向私有制、从原生形态向次生形态的过渡时期。"②

现在我们要进而设问：为什么它会构成这样一个过渡阶段或过渡时期？回答是，原因在于它所特具有的兼有公有制和私有制的二重性特征。我们无法设想，在古代的历史条件下，原始公有制社会不经历这样一个阶段而会陡然变成私有制社会。这样一个阶段实是人类社会发展之所必经，世界历史也正好证明了，它确是曾经普遍存在于古代的。

这样一种过渡性的社会形态，按常理说，它将随着过渡时期的终结而终结。可是事实并不都是如此。除了希腊雅典那样充分发展的奴隶制社会外，在许多场合，它延续下来很久，有的国家甚至延续到近代。这是什么缘故呢？马克思写道："'农村公社'所固有的二重性能够成为它的强韧的生命根源。因为，一方面，公有制以及由公有制发生的各种社会关系，使村社基础稳固，同时，私有房屋、耕地的分散经营，产物的私人占有等又使得个体获得发展。"③这是一个极重要的说明！我们是这样理解的：这里所说的个体发展就是个体经济的发展，就是私有制的发展。农村公社既然可以容纳私有制发展，或者反过来说，私有制的发展可以容许农村公社存在，那么，农村公社之长期延续就不是什么奇怪的事了。只要私有制的发展不至于将公有制的残余全部扫除，它就可以一直存在下来。因此，在奴隶制社会里，它可以存在下来；在农奴制的社会里，它也可以存在下来。不仅如此，在不同的历史条件下，它还可以或者向奴隶制社会过渡，或者向农奴制社会过渡，或者经过不充分发展的奴隶制阶段面向农奴制社会过渡。在奴隶制社会里，奴隶还可以保有自己的一点私有经济；在农奴制社会里，农奴一般都是有私有经济的。因此之故，在由未充分发展的奴隶制转变为农奴制的社会发展过程中，它可以不间断地存在下来，而它的存在

---

① 马克思《答维拉·查苏里奇的信和草稿》，见《史学译丛》，1955年第3期，23页。
② 马克思《答维拉·查苏里奇的信和草稿》，见《史学译丛》，1955年第3期，7页。
③ 马克思《答维拉·查苏里奇的信和草稿》，见《史学译丛》，1955年第3期，7页。

又为这种转变提供了顺利的条件。因此之故，假若忽略了它的阶级烙印，单从形式上或表面上观察，那就很容易把前后性质不同的社会等同起来，从而产生极大的错觉，得出极不相同的论断。

根据以上所述，联系到我国商周时期的历史发展，我们认为，问题的关键在于对当时的农村公社作何了解。

当时是不是存在着农村公社呢？我们的答复是肯定的：周代有，商代也有；而且和农村公社并存的，还有家庭公社的大量残余——"宗族组织"，即所谓的宗法制度。大体说来，以统治与被统治为分野，宗族组织存在于统治阶级之内，而村社组织则存在于被统治阶级之间。吕思勉引龚自珍"农宗"谓："'周之盛也，周公、康叔以宗封；其衰也，平王以宗徙；翼顷父、嘉父、戎蛮子皆以宗降；汉之实陵邑，以六国巨宗徙'。此古有罪者之所以必族诛也。"接着，他又指出："然谓农亦有宗则非是，'丧服传'曰：'野人曰：父母何算焉？都邑之士，则知尊祢矣；大夫及学士，则知尊祖也；诸侯及其大祖；天子及其始祖之所自出。'孟子曰：'死、徙无出乡，乡田同井，出入相友，守望相助，疾病相扶持，则百姓亲睦。'（《滕文公上》）。一有宗法，一无宗法，显然可见。"[①] 这是正确的。可惜他未说明，没有宗法的"农""野人"或者如孟子所说的"百姓"是处于什么样的社会之中。照我们的看法，他们没有宗法，但有公社。这种情形，正如民主改革前西双版纳傣族社会一样，统治的封建领主有宗族组织，而被统治的农奴则有公社。

关于周统治阶级宗族制度，即周的宗法之制，今昔学人已多所论列，虽然在某些细节上，解释未尽相同，但其存在及其大略结构是人所共知的。至于农村公社，过去因少有人论及；即最近，也还有许多史学工作者对之保持缄默。但是，不论是从一般发展规律上看，或是从商周具体史实上看，都不能否定它的存在。

据近人研究，周代的井、田、邑、丘、书社、社等都是当时农村公社的异称。吕振羽同志说："周人原来的农村公社或氏族公社，一般都叫作井、田、邑，周初以之作为封赐土地的单位，即所谓'锡田'，'锡邑'……

---

① 吕思勉：《先秦史》，283—284页。

《周礼·地官上·小司徒》说：'九夫为井，四井为邑，四邑为丘，四丘为甸，以任地事而令贡赋，凡税敛之事'。这和《孟子》所说的井田制，同样可作为《诗》'雨我公田，遂及我私'的注释。关于这种'公田'和'私田'的土地区划，由于地势及土地肥瘠等方面的差别，不可能按照井田的图式去区别。《周礼·遂人》对此的叙述是'遂人掌邦之野……辨其野之土，上地、中地、下地以颁田里，……上地夫一廛，田百晦，菜五十晦，余夫亦如之；中地夫一廛，田百晦，菜百晦，余夫亦如之；下地夫一廛，田百晦，菜百晦，余夫亦如之。'《大司徒》也说：'凡造都鄙，制其地域而封沟之，以其室数制之：不易之地家百晦，一易之地家二百晦，再易之地家三百晦。'……"[1] 这些确是周代存在农村公社的反映。若更把这类记载和商代卜辞中的某些文字联系起来，则可知商代也是有农村公社的。卜辞中有"邑"字、"丘"字，"囲"字或"田"字（即今田字）、"土"字（即今社字），……单从卜辞看，很难说这些文字的社会内容。但若从"周因于殷礼"的继承关系看去，则它们也是农村公社存在的证据无疑。郭沫若同志指出，商代已实行井田制[2]，其说甚是。我们认为那便是农村公社的主要内容及其存在的明证。依据卜辞，再看看周代文献的追记就更加明白。例如《吕氏春秋·慎大览》载："武王胜殷，与谋之士，封为诸侯；诸大夫赏以书社。"这当然是以商的书社来赏赐，可见商代也是有书社的。由以上所述，可以得出如下的论断，即经商至周，农村公社都是一直存在的。

那么，农村公社的存在是不是和奴隶制、农奴制的社会性质相矛盾呢？不。前面我们已经从理论上说明了，现在我们再看看实际的情形吧。关于当时的实际情形，吕振羽同志有如下一段描述，他说：

"……《左传》昭公九年詹桓伯说：'我自夏以后稷、魏骀、芮、岐、毕吾西土也；及武王克商，蒲如、商奄吾东土也；巴、濮、楚、邓吾南土也；肃慎、燕、亳吾北土也。'这个地区，原来是属于以下几种不同类型的。（一）周人自己原来的公有土地，

---

① 吕振羽：《论西周社会形势发展的过渡性和不平衡性》，《新建设》1959年第9期。
② 郭沫若：《奴隶制时代》，6—7页。

由原始公社制末期的各农村公社所掌握，分给公社各成员使用，并由各成员共同耕种属于公社的公地。公社须向殷朝政府纳税。周的邦畿区域及今陕西、山西、河南大部分地区内各封邦的封地，即周朝新国家的中央区域，属于这种类型。（二）原来殷朝奴隶所有者国家的'邦畿'地区，即主要为殷人居住的国有土地，分由地方和农村公社所掌握，为自由民阶级各家族所占用，由奴隶和下层自由民进行耕种，并向殷朝政府提供纳税。齐、鲁、宋、卫等封邦的封地，都属于这种类型。（三）分别属于商周朝国内各部落公有的土地：有些已进到农村公社的形式，但生产较落后，如楚、吴、越等；有些还以畜牧为主要生产，如其时散处今西北和四川境的某些部落；有些（如肃慎部落之类）似乎还处在以游猎为主要生产的阶段。……"①

我们基本上同意吕振羽同志的描述，但也有未能赞同的地方。例如：他认为周灭商时还处于原始公社制末期，而我们则以为已进入了封建制；他认为西周社会是过渡性社会，到宣王中兴封建制才确立，而我们则认为周灭商后就已经确立了。理由是：在周灭商前后，看不出周族本身的社会形态有何剧烈的变革；从灭商以至于宣王时代，也看不出有何特殊的发展。即以鲁、卫等国而论，变化也不甚显著。总之，从全面观察，幽、厉以前的西周，基本上是稳定的；以后变动才加剧起来。其所以加剧，乃是由于领主经济向地主经济过渡，而不是奴隶制向封建制过渡。

吕振羽同志提出的不平衡性论点至关重要。可以说，这是具体分析我国古代历史全貌及其运动的契机之一。从这个观点看去，我们还可以对商代的奴隶制社会进一步提出如下的特点：第一，商朝已经是一个多民族的国家。上引吕说所谓的地区的不平衡性不如说是各族间社会发展的不平衡。因为从大致看，地区间的不平衡固然存在，但是更细一些考究，同一个地区的各民族间又有着不平衡。例如，周与戎狄同处于西北地区，而其社会发展极不平衡。这种情形，直到近代犹然。如四川的西昌、凉山、木

---

① 吕振羽：《论西周社会形势发展的过渡性和不平衡性》，《新建设》1959年第9期。

里和云南的昭通、宁蒗等地，从全国看是处于同一地区（金沙江上游地区），但其间各族社会发展的差别是很大的。商代各族的分布情况，看来正是这样——是错杂居住的。这种情形，使得商代的阶级矛盾和民族矛盾交织在一起，呈现复杂的关系。其次，商朝的奴隶制，我们说，尚未充分发展；周的奴隶制也未充分发展。但是，究竟未充分到什么程度呢？看来，虽说两者都未充分发展，但程度有异，商比周要高得多。商的奴隶，大体说，有两种类型。一种是比较典型的、完全没有人身权利和私有经济，与原属的公社盖已完全割断了联系。这种奴隶，多系商王及高级贵族所有。一些低级贵族或商的同族自由民也可能有少量奴隶。郭沫若同志的研究所指称的奴隶，我们看来，即多是他们。另一种是集体地沦为奴隶，还保有自己的公社组织，所受于商朝奴隶主的剥削采取贡纳的形式；商的许多属国，就是这种类型的奴隶。日本人早川二郎所说的"种族奴隶制""贡纳制"以及我国史学家侯外庐同志所说的"集体奴隶"就是这种类型的奴隶 [1]。这两种类型奴隶之间同时并存是商的奴隶制未充分发展之证。但其趋向是往典型奴隶发展的。所以商朝对其属国进行了无数次的奴隶掠夺战争。在这个问题上，凉山彝族民主改革前的奴隶制给我们很好的参证。据调查，在凉山彝族的奴隶社会中，"呷西"等级是一无所有，人身也被其他等级所占有的典型奴隶。这种占有遍于凉山各地，广泛存在于各奴隶主家庭中。但他们并不是所谓的"家内奴隶"，因为家内劳作不占很大比重，主要是用在"娃子耕作地"的生产上。他们人数比较少。更多的是"瓦加"奴隶，平均占人口30%左右。这种奴隶，可以有点极微小的私有经济，有自己的家庭，与主人分居分食。有的还在为奴隶主服役生产之外，向奴隶主租种小块耕地。凉山彝族奴隶主，由于奴隶来源困难等特殊条件，通常强使呷西婚配成为瓦加，以保证奴隶本身的再生产。因此，凉山彝族奴隶主所主要发展的是这个等级。这个等级的奴隶不仅要抽子女补充奴隶主的呷西，同时本身也随时有被降回呷西的可能。至于他们的那点儿私有经济，更是奴隶主外府的财物，奴隶主可以任意加以掠夺。由此说来，这两个等级都属于奴隶阶级，他们的存在是奴隶制的基础。凉山还有一个等级，传

---

① 参看早川二郎著《古代社会史》和侯外庐著《中国古代社会史论》两书中有关部分。

统的称谓叫"曲诺"。原意是摆脱了奴隶隶属关系的清白人的意思。现在也有人称之为劳动者或半奴隶。这个等级有财产权利，也有较为自由的人身权利。土地以自耕为主，可以在奴隶主的土地范围内迁徙。但他们的等级地位是不稳定的。少数人（约4.16%）上升为奴隶主，占有娃子；多数人（41.16%）下降为奴隶，被别人占有；介乎二者之间是中间阶层的劳动者（54.68%）。他们可以有"家支"，唯不能与黑彝的"家支"混同，家支是家庭公社的残余的家族组织。由于凉山彝族发展的极不充分，它还一直被保留下来。他们要为黑彝奴隶主服军事劳役，要承受高利贷"杂布达"贡纳礼物。买卖土地也要通过奴隶主。由此可见，这个等级也不是自由的，也有奴隶制的烙印。由此不难看出，奴隶制的复杂构成，不仅在商代是有的，在凉山彝族也是有的。

凉山彝族奴隶制社会没有形成统一政权，而是各家支并立，因此它不可能像商朝那样有集体族奴。西双版纳民主改革前的封建领主制有如哈尼、基诺等族便是集体地保有着自己社会组织成为"召片领"的奴隶，不过西双版纳召片领统治的地区主要是领主经济，因此，这些集体族奴的存在，并不改变它的社会性质。这一事实，也可以帮助我们认识商周社会的差异。

西周社会发展的不平衡性，也需要进一步加以分析。从西周的全局来看，社会经济的发展使黄河流域地区的不平衡性缩小了。这个地区被称为"诸夏""华夏"……是国王及姬、姜诸侯国所统治的区域，基本上是农村公社的农奴制社会。广大的直接生产者——农夫，对公社而言是社员，对领主而言则是农奴。领主对他们的份地授予和赋税榨取都是通过农村公社的组织形式的。这种情形正和西双版纳民主改革前的情况一样。据调查，西双版纳的基层组织是寨。各寨有固定的区域，还保持着氏族共同的传统。外人在一定条件下也可以移入，取得居民的资格。每寨有所谓"寨公田"（纳曼），平均占耕地面积的80%以上，定期进行分配调整，有受有还。这些土地名义上是属于最高统治者召片领的，因此，按"吃田出负担"的虚构原则，各寨农民要对召片领输纳百种以上的劳役负担。召片领之下，有不止一级的统治者，最低一级是寨的头人和"大波郎"，还有一种没有寨公田的寨子，土地算是领主私庄。寨的居民叫"滚很召"，与前一种叫作"傣勐"的居民有别。他们的地位比傣勐低；负担比傣勐重；不能与傣勐通婚，不能自由迁徙。但两者尽管有这些差别，其实质均属领主的农奴则无二致。这两种居民构成的寨子，占景颇坝子的绝大多数（景颇坝子共有属"勐"的寨子四，属"翁"和属"鲁郎道叭"的寨子各六，属于"傣勐"的寨子十七，属"滚很召"的寨子六十），因此，这种社会是封建领主统治下的农奴社会；这种寨子是农村公社其表、农奴制其实的封建社会形态，以西周的社会史料和西双版纳的调查报告参读并加比较，二者不正是同一类型吗？

前面提到，在西双版纳召片领统治之下，还有哈尼、基诺等族。傣族统治者称呼哈尼族为"阿卡"，即奴隶之意，说明哈尼族曾是傣族统治者的集体奴隶。这两族在民主改革前，仍须负担傣族领主家内的一定劳役（如烧火、养马等），每年纳一定贡赋。他们的身份也是具有二重性的：对自己的公社而言是社员；对傣族领主而言，则是农奴。他们和傣勐、滚很召不同的是基诺族尚少贫富的分化，而哈尼族则贫富已有颇大的悬殊。这说明，虽然都有公社的社会形态，但发展阶段则很不相同。

由以上所述可见，奴隶制社会的奴隶和农奴制社会的农奴均可有不止一种的类型；从原始公社制向奴隶制和农奴制的过渡，也可有不止一种的情况；在未充分发展的奴隶制时期和农奴制时期，原始公社的传统，特别是家庭公社和农村公社的传统是可以存在而且可以起重大作用。马克思恩格斯的学说是放之四海而皆准的。参照我们祖国大家庭中若干兄弟民族的社会发展史，验之于我国商周的古代社会，益显见其真理的光辉。在这光辉的照耀下，迷离的古代将重新揭示出它的真实的面貌。

三

上面，我们大略叙述了对商周社会的断面的看法。现在，我们要从它的运动状态中进一步加以考察。

毛主席教导我们，矛盾存在于一切事物之中，贯彻于一切事物的始终。事物的发展运动就是矛盾的斗争。这一著名原理，同样是放之四海而皆准的，古今中外概莫能外。商周间的社会变革，自然也是如此。

根据上节所述，商周的社会构成都是复杂的，存在着不止一种矛盾。详尽分析各种矛盾，将是另一篇论文的任务。这里，我们只就有关的矛盾，特别是当时的主要矛盾及其运动，作一些必要的分析。

商朝是奴隶社会。他的主要矛盾是奴隶和奴隶主之间的阶级矛盾，这是不说自明的。问题是：商朝的奴隶社会还没有达到充分发展的阶段，而阶级矛盾就激化到使它走向灭亡，这是什么缘故呢？要解答这一个问题，必须具体分析当时阶级矛盾的特殊性及其和别的矛盾的关系。

首先我们要从奴隶的来源谈起。作为奴隶制时代的中心，奴隶阶级的运动是首要的问题，因此，奴隶的来源具有决定性的意义。我们从世界的历史上知道，一切未充分发展的、存留着大量原始公社制残余的奴隶制社会，其奴隶来源主要是靠战争掠夺。因为原始公社制的传统，顽固地制约着本族人民向奴隶转化，因而只能向他族掠夺，这是一种矛盾。它的解决有待于社会经济的进一步发展，阶级的进一步分化。具体地说，必须是交换更发展了，债务奴隶制能够彻底摧毁公社的一切联系，才有可能。在这个问题上，凉山彝族奴隶制给我们提供了具体的例证。凉山黑彝奴隶主阶级分子，即令贫困到被称为"干黑彝"的地步，其家支也不允许任何等级的人把他作为奴隶。就是白彝的曲诺，他们的家支对他们之沦为奴隶，也起一定的保障作用。因此，凉山奴隶的来源主要是靠向外抢掠。然而凉山奴隶社会的历史环境，不能让它恣意向外掠夺，因此迫使它不得不发展瓦加等级。但这里又有另一种矛盾，就是奴隶来源的困难使奴隶主不得不加重对既有奴隶的压迫和榨取。而加重压迫榨取的结果，又加剧奴隶的逃亡和反抗，以至于引起不断的冤家械斗（奴隶主之间争夺奴隶的斗争）。在这样的情况下，凉山奴隶社会虽然是未充分发展的，但它的内部矛盾和外部矛盾却是尖锐的。这就使它长期以来处于衰朽的状况，只是由于外面的封建统治也十分腐朽，所以它才苟延到近代。商代的情况，和凉山奴隶社会的情况，有相同的地方，即是商朝内部也有巨大的原始公社残余，难于从自己内部增加奴隶，不得不向本族以外进行掠夺，因而殷商一代的战争非常频繁。同样由于奴隶来源困难，对既有奴隶的榨取也异常残酷。所以就商王畿而言，内外矛盾也都尖锐。内外矛盾的尖锐就是商朝亡于周朝的主要原因。

　　周朝社会的发展，比商要落后得多。灭商时，周的社会经济，至多也只能达到商的水平。从国家力量来看，周始终未能大过于商。但是周却起而把商灭了。这是周朝代表了当时人民的愿望——反抗奴隶制的压迫，从而矛盾的发展有利周朝的斗争。

　　周当太王由豳迁岐前，大概是刚由原始公社制进入奴隶制。奴隶制的发展自然极不充分，本族的公社制也还存在（有的史学家因此认为周灭商以前一直是处于原始公社制阶段）。相邻的戎狄，大概也处于相同的阶段，因此在这个区域里，相互掠夺奴隶是不可避免的事情。这由《史记》和《孟子》所追记的太王时情况可知。从那些追记里，我们还知道，周在那样的环境里，是处于被掠夺的地位的。《史记·周本纪》这样写道：

　　　　"……古公亶父复修后稷公刘之业，积德行义，国人皆戴之。熏育戎狄攻之，欲得财物，予之，已复攻，欲得地与民。民皆怒，欲战。古公曰：'有民立君，将以利之。今戎狄所为攻战，以吾地与民。民之在我，与其在彼何异。民欲以我故战，杀人父子而君之，予不忍为。'乃与私属遂去豳，度漆沮，逾梁山，止于岐下。豳人举国扶老携弱尽复归古公于岐下。及他旁国闻古公仁，亦多归之。于是古公乃贬戎狄之俗，而营筑城郭室屋，而邑别居之。作五官有司，民皆歌乐之，颂其德。……"

　　《史记》这段记载告诉我们：（1）熏育戎狄得财物还不满足，必欲得地与民，这显然是奴隶掠夺。（2）古公（即太王）之下有两种不同身份的人。一种是国人或民，另一种是私属。前者是古公的同族人，是自由民，是公社成员，后者是古公的奴隶。奴隶是财产，所以古公要把他们带走；国人不是，所以古公只得让他们留下。国人和古公因为是同族的关系，所以温情脉脉，同仇敌忾。（3）因此，古公的君的地位是二重的：一是氏族长，一是奴隶主。从"复修后稷公刘之业"一语看来，这种身份地位已经世袭很久。（4）至岐以后，发展很迅速。去豳居岐，无疑是一转折点。范文澜同志推断周的封建制开始于此，是很合乎情理的。

　　根据以上几点分析，可以断言，周去豳之前虽已进入了奴隶制，但奴

隶制不可能发展。因为从内部说，公社制还存在；从外部说，得免于掠夺
已是幸事，哪里还能掠夺他族。前者是内部矛盾，后者是外部矛盾。在这
双重矛盾之下，周的社会向什么方向发展呢？不论是从理论上推断，或是
从史实上考察，都只有向农奴制发展的一途。为什么？因为向私有制社会
发展是必然不可移易的规律，而在当时的条件下，既不可能向奴隶制的私
有制社会发展，那当然就只有向农奴制的私有制社会发展，除此而外，不
可能更有其他。这一推断，可以从以下史实得到证明，就是若只就周族本
身而言，灭商后它并未经历什么社会变革便建立了封建制，可见封建制是
早已形成了。基于这种看法，我们便完全同意范文澜同志之说，封建制首
先产生于灭商以前的周，然后及于其他地区。

　　周的新生产关系和新社会制度一旦产生以后，就日渐发展，并且证明
它比商的奴隶制优越。从内部看，公社成员转化成农奴。并不需要剥夺其
小私有经济和公社组织；当公社成员对公社的贡纳转化为对周统治者的劳
役地租时，也不需要改变名义和形式。这样的剥削制度，和奴隶制对比起
来，是温和得多了，因此它的矛盾也呈现缓和状态。至若奴隶转化为农奴，
那当然使矛盾更趋缓和。《尚书》中说，武王灭商的战争中，纣有臣亿万，
是亿万条心，周有臣三千却只是一条心。双方阶级矛盾的激化程度是大不
相同的。从外部看，在一切被商朝征服奴役的部落部族的心目中，周的新
社会制度简直是"仁政"，太王、文王那样推行新制的人，简直是"仁人"，
因此，都来归附于周，甚至殷民也带着妻儿想逃出国境，而被纣禁止。由
此可见，周的外部矛盾，除对商之外，一般也呈现缓和的状态。不仅如此，
新的社会制度和政治还把许多小国吸引到周国的周围来。周文王之时，三
分天下有其二。这说明在新旧制度的斗争中，新制度此时已凌驾于旧制度
之上而居于主要矛盾方面的地位了。正是上述矛盾的运动，使得周以一个
小邦，竟能鬑灭大国的商而成为头一个封建王朝。

　　《史记·周本纪》还有这样的记载说：武王伐纣，"不期而会孟津者，
八百诸侯。"有名可指的，有庸、蜀、羌、髳、微、卢、彭、濮等国（此见《尚
书》）。这么多的部落部族，一致起来反抗商朝，显然不是少数统治者之间
改朝换代之争，而是广大的各族人民要求摆脱奴隶制压迫的起义。牧野之
役，商的前徒倒戈者达数十万人，同样说明人民对奴隶制的反抗斗争。这

一战争的性质，诚如毛主席所说，是"武王领导的当时的人民解放战争"①。

这样大规模的革命战争，使得商的奴隶制残暴统治垮台了，同时为封建制的胜利开辟了道路。上面说过，周所以能以一个小国灭亡庞大的商，是由于它具有新的生产关系和新的制度。换句话说，它是新的社会发展方向的代表，因此在众多反商的势力中，唯它能取得领导地位，这当然不是偶然的。但是，战争胜利的另一重大因素，乃是广大各族人民的共同斗争。其中自然也包括商族人民的斗争在内。这就使得胜利者的周，在战后的新形势下，不可能再以人民所深恶痛绝的奴隶制来进行统治，不能不易之以较奴隶制为进步、为温和的封建领主的统治。这又是一重矛盾。这重矛盾迫使武王周公不得不在姬、姜诸侯之外，同时还封建了许多异姓的诸侯国，甚至尧舜夏商的后裔，远在南方的吴越荆楚，也都践土食毛，列于诸侯。周和这些诸侯的这种关系，我们从不久以前才消灭的傣族领主和哈尼族基诸族的关系中，还依稀地可以看到它的类似的影子。

周这一次大规模封建化的历史意义是十分巨大的。它不仅把中原地区（即黄河下游地区）的社会发展导向了封建制，而且使中原四周的发展较为落后的各族，也向封建制度过渡。在周的范围内，虽然发展是不平衡的，但主导的、统治的生产关系属封建主义性质，则是确立了。

周之所以推行封建制度，固然是迫于形势，但封建制度之所以能够确立，则是由于各族尚有其内因。内因是什么呢？是农村公社和宗族组织的普遍继续存在。在灭商的战争中和战争后，不仅周与诸侯国的农村公社和宗族组织未遭破坏，即便商族的农村公社和宗族组织也依旧保留。如前面引过的《左传》定公四年载，"武王败殷，与谋之士，封为诸侯，诸大夫偿以书社。"又如《商君书·赏刑篇》说：""汤与桀战于鸣条之野，武王与纣战于牧野之中，大破九军，卒裂土封诸侯，士卒坐败阵者里有书社。"《左传》还载，周封鲁公以殷民六族，分康叔以殷民七族。一直到春秋战国，鲁还有亳社，各国都有都、邑、书社。这些记载说明，不论是战胜者或战败者，固有的农村公社和宗族组织依然存留。这种情况历史上所在多有，并不奇怪。马克思指出，印度的农村公社尽管经历多次的征服，而依然保

---

① 参看《毛泽东选集》，第四卷，第1499页。

存下来。在我国，傣族封建领主的宗族组织及其统治下的农村公社，虽历经明、清王朝的封建统治，始终也未受破坏；而基诺族的家庭公社，则又在傣族封建领主的长期统治之下，同样也存在下来。这些事实给我们以很大启发，增加了我们对周代社会构成的了解。我们认为，周灭商，封建制的扩大和确立，是有其外在根据和内在因素的。二者的交互作用，形成历史的运动，使奴隶制向封建制过渡。

我们对我国古代商周社会性质及其发展过程的初步见解大体如上述。综括言之，我们认为：商朝是未充分发展的奴隶制社会；其特征是农村公社、宗族组织和典型奴隶、种族奴隶的同时存在；周在去豳以前也是未充分发展的奴隶制社会，其不发展的程度较商更甚，公社的组织还大量存在；迁岐以后，在特殊的历史环境中没有继续向奴隶制发展，而是转向了农奴制。农奴制比奴隶制优越，它又容许农村公社继续存在，因此它发展起来了。在两种制度的斗争中，由于内因外因的作用，诸种矛盾的运动，及新事物必然战胜旧事物的规律，"小邦周"却战胜了貌似强大的商王朝。在这里，起决定作用的是要求从奴隶制下解放的各族广大人民。武王伐纣的战争，是新制度战胜旧制度的战争，是当时的人民解放战争。这证明了，一切反动派都是纸老虎，人民是历史的主人这一伟大学说是何等正确！

这一段历史进程，还证明了我国社会历史的发展，是与马克思列宁主义所揭示的一般规律相一致的，同时它又有着自己的特殊规律。这只有运用马克思列宁主义方法进行认真的具体研究，才可能求得共同的结论。

（原载《历史研究》1961 年第 3 期）

试论中国古代
农村公社的延续和解体

中国古代曾否经过农村公社？西周还有没有农村公社？这是历史研究中存在的问题。十多年前我国史学界曾有所讨论，但多局限于诠释文献记载以论证其有无。对于如何理解马克思恩格斯关于农村公社的理论，依据中国古代的经济条件，说明它的延续和解体，则似未曾见。恩格斯教导说："唯物主义历史观从下述原理出发：生产以及随生产而来的产品交换是一切社会制度的基础；在每个历史地出现的社会中，产品分配以及和它相伴随的社会之划分为阶级或等级，是由生产什么、怎样生产以及怎样交换产品来决定的。所以一切社会变迁和政治变革的终极原因，不应当在人们的头脑中、在人们对永恒的真理和正义日益增进的认识中去寻找，而应当在有关的时代的经济学中去寻找。"[①] 本文打算先陈述一下对于农村公社理论的认识，然后进而从商品经济方面谈一谈对于中国古代农村公社的管见。是否有当，请读者指教。

一、关于农村公社的理论

伟大的马克思和恩格斯十分重视古代社会历史的研究。在他们日不暇给的战斗生活中，时时注意蒐集新材料、新成果，运用他们的唯物史观，

① 《马克思恩格斯选集》第三卷第424—425页。

深入地探讨。到19世纪80年代，他们已是晚年了，还写出不少著作，系统地全面地表述他们对古代史的见解。例如，1881年，马克思对摩尔根的《古代社会》一书，作了有评论和是正的详细摘要①。与此相先后，写了"复查苏利奇的信"稿②。恩格斯说："不是别人，正是卡尔·马克思曾打算联系他的——在某种程度内我可以说是我们两人的——唯物主义的历史研究所得出的结论来阐述摩尔根的研究成果，并且只是这样来阐明这些成果的全部意义。"③马克思的逝世使这一打算未能实现。恩格斯执行亡友遗言，尽亡友未竟之志，在马克思逝世周年之际，写出集他们研究之大成的光辉巨著《家庭、私有制和国家的起源》。这部巨著刊布后45年，列宁赞叹道："这是现代社会主义主要著作之一，其中每一句话都是可信的，每一句话都不是凭空说出，而都是根据大量的历史和政治材料写成的。"④从列宁说这句话到现在，又是半个世纪了，然而它的光辉不唯不减当年，而且久而弥彰，依然是我们研究古代社会历史的指南。除此之外，恩格斯还写了《马尔克》等书。学习马克思恩格斯的这些著作，我们对农村公社可以有一个完整的认识。下面，简略地谈三点。

第一，农村公社是公有制和私有制并存的"二重性"的社会结构。

马克思在《信稿》中指出：原始公社有好多种社会结构，标志着依次进化的各个阶段。农村公社是最后一个社会阶段，它的最主要特征有以下三个：

（1）所有其他公社都是建立在自己社员的血统亲属关系上

---

① 即《摩尔根〈古代社会〉一书摘要》，在本文中简称《摘要》，据人民出版社1965年第1版。

② 即《马克思恩格斯全集》中文版第十九卷所载《给维·伊·查苏利奇的复信草稿》，在本文中简称《信稿》。《全集》标明《信稿》的三稿是1881年2月底至3月初写的。《马克思恩格斯生平事业年表》（人民出版社1976年第1版）在437页，把《摘要》的写作时间列于"1881年6月—1882年2月中"；在457页则说，《摘要》是"1880年底—1881年初"作的。未知孰是，所以这里说它和《信稿》相先后。

③ 《家庭、私有制和国家的起源》第1版序言中语。本书在本文中简称《起源》，据《马克思恩格斯选集》第四卷，人民出版社1972年第1版。

④ 《列宁选集》第四卷，人民出版社1972年第2版第143页。

的。在这些公社中，只容许有血统亲属或收养来的亲属。他们的结构是系谱树的结构。"农业公社"是最早的没有血统关系上的自由人的社会结合。

（2）在农业公社中，房屋及其附属物——园地，是农民私有的。相反，公共房屋和集体住所是远在游牧生活和农业生活形成以前时期的较古的公社的经济基础。当然，也有一些农业公社，它们的房屋虽然已经不再是集体的住所，但仍然定期改换占有者。这样，个人使用权就和公有制结合起来。但是，这样的公社仍然带有它起源的烙印，因为它们是处在由较古的公社向真正的农业公社过渡的状态。

（3）耕地是不准转卖的公共财产，定期在农业公社社员之间重分，因此，每一社员用自己的力量来耕种分给他的地，并把产品留为己有。而在较古的公社中，生产是共同进行的；共同的产品，除储存起来以备用在生产的部分外，都根据消费的需要陆续分配。①

这三个特征中，第二第三讲的都是公有和私有，即下文着重地详加阐述的"二重性"。这个二重性是农村公社的本质。参照恩格斯在《起源》等书中的论述可知，只要具备这种二重性，即使还保持血统关系，也属于农村公社。例如《起源》中讲到威尔士的农村公社时说："就其跟爱尔兰和苏格兰类似这一点来说，毫无疑问这种农村公社乃是一种氏族或氏族分支。"在《法兰克时代》中讲到日耳曼农村公社时说："这些农村公社同样是由近亲组成的。"② 由此可见，农村公社有两种：一种是摆脱了血统亲属关系的；另一种是保持着血统亲属关系的。决定的是它的二重性。我们不应一见还保持着血统亲属关系的都指为家庭公社。

第二，农村公社是从公有制向私有制过渡的必经阶段。

农村公社的二重性是从公有制向私有制转变的过程中必然产生的。马

---

① 在《信稿》和《起源》中，农村公社亦称农业公社。二者是同义语。
② 《法兰克时代》见《马克思恩格斯全集》中文本第十九卷。

克思在《信稿》里又说：

> "农业公社既然是原生的社会形态的最后阶段，所以它同时
> 也是向次生的形态过渡的阶段，即以公有制为基础的社会向以私
> 有制为基础的社会的过渡。不言而喻，次生形态包括建立在奴隶
> 制上和农奴制上的一系列社会。"

恩格斯在《起源》中多次援引马克西姆·柯瓦列夫斯基的论断说：
农村公社是从家长制家庭公社发展出来的。所谓家长制家庭公社，《起源》
指出，就是像当时还能见到的南斯拉夫"扎德鲁加"那样的大家庭公社。
这种公社的特点是，数代同堂，诸房共居，共同耕作，共同消费。它仍然
是共产制经济。《起源》最后一章还概括地写道："耕地仍然是部落的财产，
最初是交给氏族使用，后来由氏族交给家庭公社使用，最后交给个人使
用；他们对耕地或许有一定的占有权，但更多的权利是没有的。"到耕地
交给个人使用时，家庭公社便演变成为农村公社了。这是一个重要的标志。

为什么发生这种演变？斯大林正确地指出："生产力怎样，生产关系
就必须怎样。"生产关系必须适合生产力的性质和水平。又说："公共的劳
动导致生产资料和产品的公有制。""在原始公社制度下，生产关系的基础
是生产资料的公有制。这在基本上是适合当时的生产力性质。"[①] 从古代历
史上看，生产力的性质有两种：一种是集体性质的，表现为原始公社的共
同耕作；另一种是个体性质的，表现为奴隶社会封建社会的个体耕作。个
体耕作，就是《信稿》中所说的"小土地劳动"。这是私人占有的泉源、
动产积累的基础。当生产力的发展带上了个体性质，家庭公社的人口大为
增加，共同经营成为不可能的时候，耕地就得全部地或部分地交由新形成
的单个农户使用，在它们之间实行定期分配，由他们进行个体经营，生产
品归个体所有。这样，二重性便产生，公社便兼有公有和私有两种制度而
成为农村公社了。马克思在《摘要》中说："一种制度在逐渐消失，另一
种制度在逐渐出现，因此在某一期间内，两者是并存的。"农村公社的情

---

① 均见《列宁主义问题》中的《辩证唯物主义与历史唯物主义》一文。

况正是这样。它是从公有制向私有制过渡的过程中必然出现的。任何社会，只要它已发展到以私有制为基础的社会，便一定曾经走过这样的阶段。

第三，农村公社的解体或者延续是由商品经济发展的程度决定的。

有的农村公社，例如雅典的，在进入奴隶制时代的时候便解体了。而有的农村公社，例如日耳曼的，则延续千数百年，一直到近代。这是什么缘故呢？依据马克思恩格斯的论述，关键在于商品经济的发展程度。现在，我们把《信稿》（三稿）中的两段话全录如下：

"显然，农业公社所固有的这种二重性能够成为它的巨大生命力的源泉。它摆脱了牢固而狭窄的血统亲属关系的束缚，并以土地公有制以及由此而产生的各种社会关系为自己的坚实基础；同时，各个家庭单独占有房屋和园地、小土地经济和私人占有产品，促进了个人的发展，而这种发展同较古的公社机体是不相容的。"

"但是，同样明显，就是这种二重性也可能成为公社解体的萌芽。除了外来的各种破坏性影响，公社内部就有使自己毁灭的因素。土地私有制已经通过房屋及农作园地的私有渗入公社内部，这就可能变为从那里准备对公有土地进攻的堡垒。这是已经发生的事情。但是，最重要的还是私人占有的源泉——小土地劳动。它是牲畜、货币、有时甚至奴隶或农奴等动产积累的基础。这种不受公社控制的动产，个体交换的对象（在交换中，投机取巧起极大的作用）将日益强烈地对整个农村经济施加压力。这就是破坏原始的经济平等和社会平等的因素。它把别的因素带进来，引起公社内部各种利益和私欲的冲突，这种冲突，首先会破坏森林、牧场、荒地等等的公有制；一旦这些东西变成了私有制的公社附属物，也就会逐渐变成私有了。"

这些论述深刻地揭示了农村公社内部的矛盾运动。一方面是"土地公社所有制以及由此而产生的各种社会关系"；另一方面是小土地劳动，小土地经济，私人占有房屋、园地和动产。集体原则和私有原则在公社内部

云南文库·学术名家文丛

彼此对立并进行斗争。在正常的历史环境中，后者最终必然要战胜前者，因为它是发展的、进攻的，与生产力的个体性质相适合的。怎样发展进攻呢？马克思特别指出，是私有动产的积累和交换。它使"投机取巧起极大的作用"，"把别的因素带进来"，破坏平等，引起冲突，以致土地私有制取代土地公有制。这样，公社便解体了。

对于交换的发展可以导致公社解体这一点，恩格斯有更多的论述。他在《反杜林论》中说：生产和交换是两种不同的社会职能。两者互相制约，互相影响，"可以叫作经济曲线的横坐标和纵坐标"。这就告诉我们，要想知道一个社会的经济发展程度，光从生产方面观察还不够，必须同时从交换方面去观察。接着他谈到公社，说：交换使公社的产品发展成商品的形式。"公社的产品愈是采取商品的形式，就是说，产品中为自己消费的部分愈小，为交换目的而生产的部分愈大，在公社内部，原始的自发的分工被交换排挤得愈多，公社各个社员的财产状况就愈加不平等，旧的土地公有制就被埋葬得愈深，公社也就迅速地瓦解为小农的乡村。"① 由此可见，交换的发展是公社解体的必要条件。交换不发展到一定程度，公社是绝不会解体的。那么，要发展到什么程度呢？从恩格斯论述"雅典国家的产生"中可知，要发展到商品经济渗入公社内部。《起源》说：在希腊人那里，"业已出现的对畜群和奢侈品的私人占有，引起了单个人之间的交换，使产品变成了商品，这就包含着随之而来的全部变革的萌芽。"应该注意，这个"萌芽"包含的是"全部变革"，而不是局部变革；它和《信稿》所说的使公社解体的"萌芽"，正可以互相发明，是完全一致的。《起源》接着指出，从这个萌芽不久就发展出希腊人的货币和货币经济。"日益发达的货币经济，就像腐蚀性的酸类一样，渗入了农村公社的以自然经济为基础的传统的生活方式。氏族制度同货币经济绝对不能相容"；希腊人的氏族制度和农村公社解体了。

货币经济何以有这么大的作用呢？因为货币是一种强有力的社会力量；它会"把别的因素带进来"。《起源》说："当人们发明货币的时候，他们并没有想到，这样一来他们就创造了一种新的社会力量，一种整个社

---

① 见《马克思恩格斯选集》第三卷，第186页和201页。

会都要向它屈膝的普遍力量。"又说，当商人握有货币的时候，他就"叫人们知道，一切商品，从而一切商品生产者，都应该毕恭毕敬地匍匐在货币面前"。恩格斯的这些论述，像太阳一样明白，每个民族都有自己的切身体会。他还说："随着金属货币的采用，一系列的规律发生了作用，这些规律对于借金属货币进行交换的一切国家和历史时期都是适用的。"①《起源》对这些规律谈得很多。如商人、高利贷、抵押……这一切使贫富分化，破坏公社内部的平等关系。特别是与货币同时被发明出来的土地私有权，使土地也变成商品。这就不可避免地要出现"田连阡陌"的大土地所有者和"地无立锥"的贫苦农民。阶级矛盾加剧了，农村公社便被炸毁了。

但是，要达到这样的程度，有待于农业和手工业的进一步分离，而公社又有它的"坚实基础"和"巨大的生命力"，是难于破坏的，所以"一切文明民族都是带着这种公社或带着它的非常显著的残余进入历史的"。②不少民族，当其进入奴隶制或农奴制以后，商品经济和私有制一直没有达到这样的程度，所以他们的农村公社便长期地延续下来。当然，在奴隶制农奴制的统治之下，公社的地位变了。统治者掠夺或骗取了公社的土地所有权，把公社作为他们的领地、采邑，或者庄园，于是，社员为公社尽的劳动义务成了为他们服的徭役；为公益事项向公社提供的生产物变成了向他们缴纳的租赋。整个公社居于被统治的地位，不再是自由的了。但它依然存在；它的制度仍然被保持着；它还是没有解体。马克思在《资本论》中讲的多瑙河各公国、罗马尼亚各州的情形是这样③；恩格斯在《马尔克》中讲的弗里西安人、尼德兰人、萨克森人……的情形也是这样④。在亚洲还可以看到更多的例证。不过，最切近而翔实的例证莫过于我国傣族民主

---

① 见《马克思恩格斯选集》第三卷，第187页。

② 见《马克思恩格斯选集》第三卷，第187页。（译文是"一切文明民族都是从这种公社……"外文出版社1976年版的英译本作"In the tribe or village community with common ownership of land, with which……"不是"从这种公社"。而是"带着这种公社"。因无德文原本可查，觉英译为意较胜，故从之。下文说"进入历史"，当指进入"有文字记载的历史"。）

③ 参看《马克思恩格斯全集》第二十三卷第265—266页。

④ 参看《马克思恩格斯全集》第十九卷第363页。

改革前的社会了。那里有丰富的调查资料，可以证明农村公社能够延续得多么久。

"事物变化的根本原因，不是在事物的外部而是在事物的内部，在于事物内部的矛盾性"。① 农村公社的解体与否，决定的因素是它内部的商品经济和自然经济、私有制和公有制的矛盾运动。商品经济的增长，削弱自然经济，破坏公有制，使私有原则战胜集体原则。它的发展程度是农村公社解冻的气温表。

二、西周农村公社存在的原因

西周乃至春秋存在过农村公社，不少人已经提出证明。早在四十年代，侯外庐同志就在他的《中国古代社会史论》里说过："在马克思恩格斯著作里过渡期的农村公社的存在，是历史的一般规律。这里有着氏族解体过程的二元性，一方面表现在私人占有土地和共有土地不相容，他方面表现在血缘基础的社会和地域基础的社会不相容。从社会各家庭的分裂到个人成员间的分裂，从单纯种族间的分业到社会内部的分业，渐渐产生了城市和农村的第一次分裂。"这段话讲得很正确，对我们起了导夫先路的作用。只要把其中的"二元性"一语改作"二重性"，就完全是我们正要阐述的。可惜的是，他没有把这一论点辟专章集中讲述。五十和六十年代，一些同志先后刊布论著，证明西周确曾出现过农村公社。杨宽同志的《古史新探》，引证很富，作了较全面的考证诠释。与此同时，一些从事民族研究工作的同志提供了大量调查资料和研究成果，使我们对古代社会的了解，能近取譬，获得极为有力的佐证。特别是把民主改革前的傣族社会和西周社会加以比较②，西周农村公社几乎都一一得到了印证。这难道是偶然的巧合吗？尤其值得重视的是，这种比较不是和那遥远的历史上的马尔克、米尔等相比，而是和我们民族大家庭中活生生的傣族旧社会相比。这就使我们对于

---

① 《毛泽东选集》合订本，第276页，《矛盾论》中语。

② 如马曜，缪鸾和所著《从西双版纳看西周》，见云南《学术研究》1963年第1、3、5期。

西周农村公社更难于否定了。可以指望，这种比较研究继续深入下去，一定能够如恩格斯说的，"有助于我们解决最困难的争论与疑难"。现在，争论虽然尚未解决，但井田制既已为大家所承认，则农村公社的存在也应该基本上可以确定了。

综合近人的描述，西周的井田制有以下几个特点：

第一是"田里不鬻"。土地是不能买卖的。土地的所有权属于最高统治者。

第二是耕田有"公田"和"私田"之分。公田由庶人共同助耕，生产物归统治者。私田由庶人个体耕作，定期重分，生产物归耕作者。

第三是庶人的家庭已经是一夫一妻制的个体家庭。"问庶人之富，数畜以对。"他们私有牲畜之类的动产，但还不能私有地产。

第四是山林川泽之类，属于公有而共同使用。

第五是农人居住的村落叫作"邑""里""井""田""社"……其中居民或是同族的，或是不同族的，血缘关系已经松弛。

请问，这不是农村公社是什么？假如我们认为中国古代社会的发展也遵循一般规律，经过了原始社会的各阶段，那么这种制度，除了农村公社，还能归入什么类型的社会形态呢？有些史学著作把我国阶级社会的产生写成直接上承父系氏族公社，好像不曾有过农村公社似的。这就使我们难于了解：井田制的产生和存在是不是历史的必然？我国古代社会怎样从公有制过渡到私有制？马克思和恩格斯关于农村公社的理论放之中国古代还准不准？

当然，这些问题需要继续研究，但研究不宜局限于考订史实和比较同异。同样重要的是，必须进一步探索它存在的经济条件是什么。经济条件是决定性的。有农村公社存在的经济条件而不承认它存在，或者没有它存在的经济条件而要说它存在，都是违反历史发展规律，不符合历史唯物主义的原理的。只有根据经济条件，才能定不同论点之间的是非。否则农村公社有无的争论，将会见仁见智，无有休止，以至古代社会的真面目老是隐约于疑似之间。现在，我们就从这一角度来看看西周及其前夕殷商的经济情况吧。

商代历史上有一个突出的现象，就是他们曾多次迁徙，"不常厥邑"。

云南文库·学术名家文丛

这是为什么？昔人早已提出这个疑问，但未能做出满意的回答；直到最近，我们才得到合理的解释。王玉哲同志和傅筑夫同志在他们各自的论著里[①]都指出，这是由于生产力水平低下，农作粗放，人们无法恢复日益耗减的地力，不得不易居换土。这种迁徙，至盘庚而止。盘庚迁殷，商人已不愿意，所以此后就没有再迁。为什么不愿意？无疑是出于经济的原因。王书推断，至迟到盘庚时，生产技术已经改进，已进至精耕农业，农村由流动变为定居。这是对的。但似可再续一句：与生产的这种进步相应，社会形态业已由家长制家庭公社转变成"氏族分支"的农村公社。因为精耕农业必然带来小土地劳动，即个体耕作，使私人占有成为可能，从而使个体家庭成为社会的经济单位，于是就不愿再迁了。但是刚跨出粗放状态的精耕农业还不能同后世的精耕细作同日而语；个人牢固地占有小块耕地还要经历漫长的历史途程。这样，历史的法则就只能为当时的农业生产者安排农村公社这种过渡形态，而不让他们选择其他。理所当然，我们今天研究他们的历史，也不能为他们选择其他。

恩格斯在论述古代德意志人进入农村公社的过程时这样说过：已经证明，"差不多一切民族都实行过土地由氏族后来由共产制家庭公社共同耕作，……继而差不多一切民族都实行过把土地分配给单个家庭并定期实行重新分配"；"如果从凯撒到塔西佗的一百五十年间，德意志人从凯撒所明确指出的苏维汇人那里有过的共同耕作（他说，他们完全没有被分割的或私有的土地）过渡到了土地每年重新分配的个体耕作，那么这确实是个很大的进步。"德意志人就是在这个时期内定居下来，并进入农村公社的。这一过程，对我们可不可以供参考而有所启发呢？

再从商业方面看一看。商代当已有交换，但是否有真正的商业还应存疑。一些认为商代有商业的论据，主要是这么两条：一条是"商"这个字；一条是"贝"这种东西。他们说，商贾的商同商朝的商同是一字，盖商朝多有专做买卖的人，所以其人遂得"商人"之称，足证商朝已有商业。凭

---

① 王玉哲：《中国上古史纲》（上海人民出版社1959年版）第二章第一节；傅筑夫：《有关中国经济史的若干特殊问题》，见《经济研究》1978年第7期，傅著《中国经济史论丛》（即出）一书论述较详。

这一个字便可证明吗？恐怕不可以。若不能证明产生商人的经济条件，如农业和手工业之间的进一步分工，商品生产的存在，个体交换已成为社会的需要等等，而断言商人及其业务商业已经存在，那是不妥当的。这些经济条件，商代已经具备了吗？从可稽的史料看来，显然没有。或许有人会说，商之一字虽不足为据，但海贝之见于殷墟，没有商业怎么可能来到中原呢，而且它还是货币哩？这也待考。因为辗转的交换可以使它到中原，贡纳可以使它到中原，掠夺也可以使它到中原。在古代，一个地方有远方之物，不一定非经商人之手不可。至于作为货币，不能靠"锡贝""锡朋"之类的字样来证明，要看它有没有货币的职能。（"锡"非交换之意。）若不能证明它具有货币职能而谓之为货币，那也只是推测而已。当然，不能完全排除贝作为货币的可能，但即使今后能够证明它确曾当作货币使用过，那也是非常细碎的非金属铸币，显见商品交换还很微弱。商代农业生产工具主要是木制石制，水平很低，难于产生发达的商业。在这样的经济条件下，从家庭公社进到农村公社，已是一个很大的进步，怎么可能跨越农村公社，一跃而到希腊罗马那样的奴隶制社会呢？商代的奴隶制，只能是有着农村公社的东方家庭奴隶制。若没有希腊罗马那样高度的商品货币经济，而有那样发达的劳动奴隶制，按马克思恩格斯的学说而言，岂非例外？

再看看西周的情况吧。西周的社会经济比商代进步。假如说商代有农村公社的说法尚属推断，那么说西周有农村公社就决不是推断了。本文前面提及的井田制的那些特点，主要属于西周，正是农村公社存在的证明。这里，更从当时的经济条件方面来说明一下。

西周的商品经济水平还是不高的，有关的记载很少。《尚书·酒诰》有"肇牵车牛远服贾，用孝养厥父母"一语，常被人引作周初商业贸易活动之证。但是为什么要舍近求远，到远方去从事交易？这只能是因为邻近之间的分工不发展，没有交易可做；只有较远的地方，由于自然条件差异，需要迁有于无，才有交换活动。恩格斯在《法兰克时代》里说："在这些农村公社之间没有，或者几乎没有任何经济上的联系，因而每个马尔克都是自给自足的，他们自己的需要由自己生产来满足，并且邻近的各个马尔克的产品，差不多是完全相同的。因而它们之间的交换，便几乎不可能了。"周初的社会经济状况当与此相类。而且"远服贾"的目的是为了"孝养厥父母",即用于直接消费,这样看来,那些服贾的人是不是专业商贾还是疑问。周初以后,生产有较大进步,交换也自然随而发展,但速度仍很慢。直到西周末叶,我们才看到记载里有真正的商人。《左传·昭公十六年》载,晋国韩起聘郑,向郑国商人买一只玉环,子产不同意,对韩起说了一番话,其中有这么一段:"昔我先君桓公,与商人皆出自周,庸次比耦,以艾杀此地,斩之蓬蒿藜藿而共处之。世有盟誓,以相信也,曰:'尔无我叛,我无疆贾,毋或匄夺。尔有利市宝贿,我勿与知。'恃此质誓,故能自保,以至于今。"这是一则十分难得的商人资料。它告诉我们:(1)郑国这个位于商道之上,后来成为商业重镇的城市,原来是周宣王时才创建的。那些初来的商人是一批拓荒者,说明那里的商业活动才刚刚开始。(2)郑国创业的商人和郑国公室"皆出自周",而且"世有盟誓",说明他们既非平民,更不是小人奴隶,而是有贵族血统关系的人。《诗经·瞻卬》说:"如贾三倍,君子是识。"他们以及他们的后代该就是那样的"君子"。(3)商人经营的商品是玉环之类的"利市宝贿"。这类商品只可能在贵族之间流通,无疑这时期的商人首先是在这个流通过程中出现的。因为随着各地经济的发展,贵族们越来越不满足于自己封地采邑内的有限产品,希望得到远方之物。但远方为他们的政治特权所不及,在无法强夺的情况下,就只得借助于商人。而做商人的,又不能没有财力和权势,这就舍"君子"莫属了。这种商业是远距离的,是贵族的商业。它和广大的农夫庶人几乎是不相干的。"利市宝贿"之类的商品,太高贵了,不可能进入那"与世隔绝的小天地"农村公社。《诗经·氓》说:"氓之蚩蚩,抱布贸丝。"可见农民个体交换依然没有跨过物物交易的阶段;商人、商业、货币……在农村里是不存在的。由此可见,西周的商品经济还很微弱,就是它的季年,也不过如此。

在这样微弱的商品经济面前,农村公社怎么会解体呢?除非有什么暴力使它死于非命,否则它是必然要存在的。实际上,它也确乎存在下来了。直至春秋时代,土地还没有像希腊罗马那样商品化,私有财产还局限于动产。难道那时周王已经成了赘旒,礼法已经失坠,而那些敢于犯上作乱的"乱臣贼子"仍谨守"王制",不敢买卖吗?显然,除了农村公社尚未解体这一条件外，将无法做出令人信服的说明。杨宽同志考证的结论说：在西周，不论国、野、乡、遂，社会组织都是村社 [1]。这是符合实际的。不过，他在另外的文章里却一再说那是"残余"。这就未必妥当了。既然国野乡遂的社会组织全是村社，还能说是残余吗？欧洲的马尔克存在于整个中世纪，历时一千五百多年。我国傣族同胞的农村公社存在得更久，一直到民主改革。这类例子很不少，不能说是残余。它们的共同特征都是由于商品经济不发达。《反杜林论》说："东方的专制制度和东征西讨的游牧民族交相更替的统治，几千年来都对这些旧的公社无可奈何；由大工业产品的竞争引起的家庭工业的逐渐破坏，却使公社日益瓦解。"因此，西周的情况是不必引以为异的。

当然，对西周商品经济的水平也有不同的看法。有的同志把它看得很高，因而否定农村公社的存在。但是，假若我们继续考察一下春秋战国间井田制崩溃的情况，那么，对西周的商品经济水平就不可能估计得高了。

三、春秋战国间农村公社的解体

货币是商品经济发展的重要标志。我国古代最初的金属铸币，依据可靠的文献记载和出土实物，是出现于春秋时期的布币和刀币。布币如铲形，因而也被后人称为"铲币"。"布"为"镈"的假借字，原是农具。即《诗经》中"命我众人，庤乃钱镈"的"钱镈" [2]。这种铸币最初以货币身份进入流通过程时，形制很粗大，和实际使用的同名农具几乎无别。尔后越来越小，到战国后期，最小的方足布重才五六克。虽然多种多样，但形状都无大变，还是铲形。它以中州一带为中心，流行及于燕、赵、秦等地，流行的时间也很长，可以说是那时货币的主流。其次是刀币，形如刀，也是由大变小

云南文库·学术名家文丛

---

① 《古史新探》163—165页。

② 语见《臣工》篇。钱和镈都是农具。二者有何差别，说法自来不一。出土器物中又难于指称何者为钱，何者为镈。但从文字构成上看，二者恐是同形异大的铲具。因为戈有细小之意。如盏之与杯，浅之与深，残之与废，……都是大小不同而已。钱与镈，当亦类此。作为货币，本文统称为布。

（最小的只重七八克）。它最初流行于齐，后来扩及燕赵，与布币并行。在春秋战国的大部分时间和地区内，主要就是这两类货币，至少在后起的秦国环钱流行以前是这样[①]。

布币和刀币的产生和发展，具有两方面的重大意义。

一方面，它告诉我们：它是最初的货币。它的形制就清楚地表明，它是刚从一般商品中分离出来的，而不是别的什么先行铸币发展的结果。西周时期有钱镈刀铚，但一点也看不到它们有什么货币职能。那时它们不是货币，假若另有其他铸币，那么，为什么会被布币刀币这样原始的铸币所取代？我们实在不知西周时期有任何金属铸币。难道商品经济发展很高，而连金属铸造的货币都没有。这就强有力地证明了，西周的商品经济确如上述，是微弱的。它没有力量破坏井田制，使农村公社解体。

另一方面的重大意义是，布币刀币的出现，标志着春秋战国时期商品交换的发展。它宣告：货币的胜利进军开始了，井田制农村公社的末日到来了。

前面已经说过，恩格斯在《起源》中曾着重指出货币经济对氏族制度、农村公社的破坏作用。在《野蛮时代和文明时代》一章中他又概括地说，土地私有权是和货币同时被发明出来的。这些著名论断，验之于我国春秋战国时期的历史，真是若合符节！布币刀币的形制就说明了，春秋战国时期，新兴的货币经济开始渗入农村公社。也可以说，这些货币就是在这一渗入过程中被发明出来的。为什么这样讲呢？道理很明白，西周农村公社原是"与世隔绝的小天地"，一切自给自足，很少需要和外面交换。但是，当时代进入春秋之际，由于农业和手工业的发展，以及二者分工的扩大，它不能不交换了。手工业方面的重要发展是冶金业的迅速进步。首先是青铜生产的扩大；接着，在春秋战国之交，熟铁锻造和生铁铸造相继出现（这个速度是惊人的，欧洲到公元13世纪才有生铁，晚于此一千九百多年）[②]。青铜生产的扩大，使青铜不局限于制造干戈钟鼎，也可能用以制造某些品

----

① 参看彭信威：《中国货币史》（上海人民出版社1958年版）第一章第二节；毓铨：《我国古代货币的起源和发展》（科学出版社1957年版）第三—五章。

② 参看北京钢铁学院编《中国冶金简史》（科学出版杜1978年版）第二章。

种的农业工具，如钱镈刀铚之类。这些工具对农田耕作来说，是很能提高个体劳动生产率的利器，农民是当然需要的。可是农村公社的天地确实太小了，既不能每个邑里都有矿藏，也不能处处设炉铸造，生产的设备和技术是很难具备的。农民无法自给，更无法自足，只得"以粟易械器"，利用剩余产品进行交换。青铜器是那么犀利有用。它受到普遍的欢迎，成为人人乐于接受的商品。因此，人们掌握了它，不仅可以利用它的使用价值，还可以利用它的交换价值，即再用它去交换别的商品。于是，慢慢地、悄悄地，用途最广的钱镈和刀便从商品中分离出来，夺取一般等价物的特殊地位，充当交换媒介，发挥价值尺度、流通手段等各项职能，成为商品的商品——货币。钱布刀币就这样穿着农村公社的朴素服装，叫着农村公社给它的名字，进入货币流通领域。灼然可见，它本身就是货币经济渗入农村公社的见证。

在钱镈刀向货币转化的过程中，冶铁生产也逐渐发展起来了。特别是生铁冶铸技术的创造发明，使熟铁锻造和生铁铸造同时并行，铁农具的生产便大为增加，因而引起农村公社的更迅速、更深刻的变化。这种变化从两方面发生。一方面是铁犁牛耕之类的运用，提高了耕作技术和效率，扩大了耕地面积，农业生产得到较大的发展，剩余产品增多[①]。另一方面是铁器作为商品，引起更多的个体交换，使货币经济得以进一步深入农村公社。反映这一点的是，布币刀币的由大变小。因为个体交换是细碎的。它越来越频繁，自然要求货币单位相应地缩小。（当然，铸造者减重牟利也会是一个原因。）这么一来，便大有利于货币进军，钱布刀币可以广泛地、细大不遗地包含一切商品，使尺帛斗粟、一针一锥都能进行买卖了。

但是，钱布刀币虽然起自陇亩，却不是农民制造的。那么，是谁把它带到农村公社中去呢？是商人、子钱家、聚敛之臣……有的是外来的，也有的是公社内部自行分化出来的。贱买贵卖，囤积居奇、高利贷等等因素，加上"税亩""丘赋"之类的超额征取，农村公社内部的贫富分化逐渐增强，它不能不变化了。

---

① 参看中国农业科学院、南京农学院、中国农业遗产研究室编著的《中国农学史》（科学出版社1959年版）第二章。

这时，私田已停止定期重分。不知是什么时候停止的，春秋时已不见于记载。显然是随着精耕农业的进步，农民已经稳定地占有自己耕种的小块私田，获得了实际上的占有权。到了战国，更进一步，占有权潜移默化，又变成了所有权。这和当时货币经济的渗入农村公社是分不开的。农民交换得到铜制钱镈和铁制犁铧等农具，不仅要在实际耕作中突破阡陌封疆，而且不久，在土地占有关系上也要突破阡陌封疆。暴君污吏为了扩大采邑要慢其经界；个体农民为了发展私有经济也要慢其经界。从鲁宣公"初税亩"开始，井田的阡陌封疆日朘月削，一点一点地、慢慢地被突破了。战国初年，魏国的李悝作"尽地力之教"，完全据小农的个体经济立论。他指出："籴甚贵伤民，甚贱伤农。民伤则离散，农伤则国贫"。这表明农产品的商品化已影响及于城市和农村。为此，他建议行"平籴"之法，由国家来调节谷物市场的价格，保障农和民的生活。这反映，农民已经没有农村公社组织可以依靠，直接和国家发生关系了。不过他没有告诉我们，农夫一家所治的百亩之田，是占有还是所有，能不能买卖。到划时代的商鞅变法，秦国正式施行新制。"名田宅、臣妾、衣服以家次"；"开阡陌封疆"；① "除井田，民得买卖" ②。这就明确宣告，土地私有制的法定地位已经确立。同时也宣告，井田制农村公社的解体过程到此基本完结。这是一个重大的历史转折。从此土地私有制就成为土地制度的主体，大小数百次的农民革命斗争也不能把它推翻，直到中国共产党领导的伟大的土地改革运动，才彻底地、最终地把它消灭。

附带说一下，战国时期的商品经济虽然发展到前所未有的程度，足以破坏井田制度，瓦解农村公社，但是，局限性还是不小的。对于农业和家庭手工业紧密结合的个体经济，它无力彻底瓦解。农村里，基本上还是自然经济占统治地位，物物交易也未能完全排除；它对外界需求的只是它不能生产自给的盐、铁、陶器等少数几种商品。陶器必要时也可以自行生产，唯独盐铁，不交换便得不到，而又非得到不可。因此，它是盐铁的广阔市场。当时也只有盐铁才能拥有这样广阔的市场。这样，就不难理解，《史

① 《史记·商君列传》。
② 《汉书·食货志》董仲舒语。

记·货殖列传》所列豪富，以盐铁起家的竟占半数以上，尤以冶铁的为最多。这种情况到汉代还是一样，所以桑弘羊之辈搞国家垄断，主要管榷的就是盐铁；从而《盐铁论》一书之所以论盐铁，也就不是偶然的了。商品经济的这种局限性使自由的土地所有权始终未能达到近代的那样自由；私有化的程度始终不能发展到近代那样高。尤其重要的是，农村公社虽然解体了，还留下不少的残余，而且是"活生生的残余"。例如它的公田公地转化为国有土地，在秦汉以后还长期成为土地制度中的一个重要组成部分。后世不少问题，若探其渊源，都不能不追溯到农村公社。这就要求我们继续研究，把农村公社这个问题彻底弄清。

末了还要说明两点。其一，本文主旨在于从经济方面申述一下对我国古代农村公社及其解体的看法。毫无疑义，经济是决定性的最重要的原因，但也不应无视其他的原因。例如，统治者利用农村公社来进行统治，农民利用农村公社来进行反抗，都对农村公社的长期延续有所影响。又如战争的频仍，赋税的加重，对农村公社也是破坏因素。这些问题，本文未曾涉及，因为一篇文章，只能攻其一点而已。

其二，本文也未谈到西周的社会性质。这是由于农村公社这种制度，正如恩格斯说的，可以"适应千变万化的耕地占有关系"[1]；或如马克思说的，它既可以过渡到奴隶制，也可以过渡到农奴制。因此，即使把争论着的西周社会性质问题暂时撇在一边，也可以对农村公社进行讨论。而且，从研究的次第来说，倒是先要搞清楚有没有农村公社，然后才可以确定西周的社会性质。在农村公社存在的条件下，西周的社会性质只能是东方的家庭奴隶制或封建领主制。我是赞同西周封建论的，但也不敢菲薄家庭奴隶制之说，唯独难于接受把西周和希腊罗马等同起来的看法。因为这种看法不能解释二者的土地所有权运动何以截然相反：希腊罗马的土地能自由买卖，而商周春秋不能；欧洲中世纪的土地不能买卖，而秦汉以后的中国封建社会却又可以。为什么？这是有关社会经济基础和社会性质的重大问题，不应存而不论。很显然，这样的问题，只有承认农村公社的存在才能得到科学的说明。旧史关于土地能不能买卖决定于统治者所定制度的说法

---

[1] 语见《马尔克》。

是不正确的。这里，无妨体会一下《哲学的贫困》里的一段话吧。蒲鲁东认为："经过君主的神圣化以后就产生了货币；君主们占有金银，并且在上面打上了自己的印章。"马克思给他以尖锐的批评说："只有毫无历史知识的人才不知道：君主们在任何时候都不得不服从经济条件，并且从来不能向经济条件发号施令。无论是政治的立法或市民的立法，都只是表明和记载经济关系的要求而已。"两周土地制度的制定，难道不是这样吗？不论是周初统治者的立法，还是战国君臣们的变法，都只是服从当时的经济条件，记载当时经济关系的要求罢了。马克思接着还写道："究竟是君主占有了金银，盖上印章使它成为普遍的交换手段呢，还是普遍的交换手段占有了君主，让他盖上印章并授予政治上的神圣？"我们可不可以同样地说：究竟是周王占有了土地，订为王制使之不能买卖呢，还是土地不能买卖占有了周王，让他订为王制并授予政治上的神圣？正确的结论当然只能是后者。

〔附记〕　1978 年 10 月，《历史研究》编辑部和《社会科学战线》编辑部在长春召开"中国古代史分期问题学术讨论会"。作者有幸得与其盛，写了这篇发言稿。现在刊出，为的是更广泛地求得是正。

（原载云南大学学报《思想战线》1979 年第 3 期）

关于中国封建地主阶级的几个问题

在我国历史上，地主阶级居统治地位两千多年。它创立了自秦及清的整套典章制度和文化传统。其影响所及，我们今天还深深地感受到。对于这样一个阶级，不用说，我们应当给以很大的注意，认真研究它的起源和发展，以及它的特征和历史作用……这篇求是之作就是笔者关于这些问题的一个论纲。不自知其当否，特提出以供商榷。

一、地主的界说

首先，我们应当给"地主"下一个界说。

地主，虽然在历史上存在很久，但在历史文献中却未闻有一个确切的界说。直到将近五十年前，它才第一次有了科学的规定。《毛泽东选集》第一卷《怎样分析农村阶级》说：

"占有土地，自己不劳动，或只有附带的劳动，而靠剥削农民为生的，叫作地主。地主剥削的方式，主要的是收取地租，此外或兼放债，或兼雇工，或兼营工商业。但对农民剥削地租是地主剥削的主要的方式，管公堂和收学租也是地租剥削的一类。"

《选集》的题解说："这个文件，是毛泽东同志1933年10月为纠正在土地改革工作中发生的偏向、正确地解决土地问题而写的，曾由当时中央工农民主政府通过，作为划分农村阶级成分的标准。"这里说的"偏向"，主要是指错划阶级成分而言。推原所以错划之故，盖由于对地主、富农、中农等无确切界说。自从有了这个文件之后，土地改革中依靠谁、团结谁、打击谁就准确无误了。1948年5月，中共中央把它定为正式文件重新公布。1950年8月，中央人民政府政务院把它"稍加删改，并加以补充后，再行公布"，名为《关于划分农村阶级成分的决定》。其中对于地主部分，补充了何谓"二地主""其他成分兼地主"和"地主兼其他成分"……经过土改，这些成分的规定已为人们所熟知，这里可不必——引录。

学习这些文件，使我们具体而且全面地知道我国解放前农村的阶级结构，知道地主之所以为地主的主要特征：它是（1）占有土地的，（2）不劳动的，（3）以向农民收取地租为主要剥削方式的。这种生产关系就是封建的生产关系；这个阶级就是封建地主阶级。它们是中国新民主主义革命的主要对象、主要敌人之一①。伟大的土地改革运动主要就是革这个阶级的命的。经过二十多年的革命斗争，到1952年止，全国除部分少数民族地区外，已完成这一改革，封建地主阶级被打倒了。再经过近三十年的劳动改造，这个阶级的绝大多数分子已经成为自食其力的劳动者，1979年，摘掉了地主帽子，成为人民公社社员②。这样，这个阶级就从中国大地上永远消灭了。几千年的中国封建编年史至此已翻完了它的最后一页。

这里，应当提出一个问题，就是，上录文件中所说的地主（以及富农、中农等）乃是现代半封建社会里的阶级，能用以概括秦汉以降的古代地主吗？我认为能。因为从本质和主要特征而论，古之地主犹今之地主，并无二致。假如本质和主要特征都不同，那么我们统名之为地主，岂不名实混淆，自相枘凿。当然，历史上的一切事物都有发展变化，没有一成不变的。地主阶级在两千多年的长时期内当然也不会始终如一。如它对农民的经济外强制，农民对它的依附关系……前后便颇有差异。这类问题，对于了解地主以及农民的阶级状况，了解它们在历史上的运动过程，很是重要。但是，就规定它们的阶级属性而言，上述三种特征是最本质的，最一般性的。经济外强制等，即使削弱甚至消失，只要还具备上述三种特征，则地主仍然是地主。

不仅如此，经济外强制和人身依附关系的相对弱化正是地主之所以为

① 参看《毛泽东选集》第二卷《中国革命和中国共产党》。
② 参看《人民日报》1979年1月29日登载的新华社北京1月28日电。

地主的一个原因和条件。假若是很强固的话，那么地主可能就转化为领主，而受它剥削的农民则转化为农奴。旷观中外历史，封建社会共有两种形态：一种是领主制；一种是地主制。领主的剥削对象是农奴，因此领主制又称农奴制。在这种制度下，领主享有封建特权，对农奴有强固的经济外强制；农奴对领主有人身依附关系，成为领主的私属，甚至可以作为商品买卖。在领主身上，等级身份和经济地位是紧相结合的。地主制不然。地主占有土地，但一般不享有特权（除皇亲国戚等贵族和高级官僚外）。他没有与其经济地位相应的等级身份。等级身份和经济地位在他身上分离了。与此同时，贫困农民方面也出现了等级身份和经济地位分裂的状况，不过是倒转过来的。他们失去了土地，却保有"凡民""齐民"的身份。因此，没有等级特权的地主不可能把保有齐民身份的农民降为自己的农奴，但贫困了的农民又不能不忍受地主的剥削。这对双方都是矛盾的，结果是，新产生的地主以无等级特权的身份剥削农民，农民以保有齐民的身份接受剥削，封建的租佃制于是产生，地主佃农就出现了。毛泽东同志说："没有地主，就没有佃农；没有佃农，也就没有地主。"[①]从历史上看正是这样。由此而论，给地主作界说，无异于给佃农作界说；反之亦然。它们是一件事或一对矛盾的截然相反而又联结在一起的两个方面；彼此互为镜子，一方的面目和本质在对方的镜子里照得更为清晰。

或问：皇室、贵族、官僚……同属于地主阶级，不是也有特权吗？是的。按照封建制度，他们依所在等级阶梯的高下，享有或多或少的特权。但是，对于具有良人身份的贫苦农民，同样只能进行地租剥削，而不能占有其人身。同时，他们在地主阶级中是少数。构成这个阶级的主体的不是他们，而是那些为数众多、没有特权的地主。没有皇室、贵族，地主阶级还是存在如故；没有地主阶级，他们就无所依托。（辛亥革命赶跑了皇帝贵族，地主阶级却照旧存在，即是其例。）秦汉以后的社会性质不是由他们，而是由一般地主决定的。

又或问：地主的剥削对象是佃农，那么独立的自耕农就不受地主阶级的剥削了吗？回答是，地主阶级通过其国家机器，以赋役的方式剥削一切

---

① 语见《毛泽东选集》第一卷《矛盾论》。

农民，尤其是自耕农。就这个意义而言，地主阶级剥削的是整个农民阶级，自耕农亦不能外。但是，国家的公赋和地主的私租毕竟有别，公赋不仅取之于农民，而且还征及一般地主。而地主的私租则只能取自佃农。只有自耕农而无佃农，地主便不能存在；只有佃农而无自耕农，封建国家的权力便将落空。验之于我国古代，这是灼然不爽的。

总而言之，地主之所以为地主，古今一揆。远在先秦，他们便已"田连阡陌"，"四体不勤"，"见什税五"，具备了三个基本条件，因而形成一个阶级。至于其他条件，则并非是必不可少的。

二、地主是怎样产生的

春秋以前的西周社会是什么性质的社会，史学界尚未定于一说，但不是地主制的封建社会，则可说已成定论。多数人还认为，地主制产生于春秋战国之时，但如何产生，看法就不一致了。我认为，它不是出自别的，而是出自那时正在解体的农村公社，是村社成员分化出来的[①]。下面试略抒管见。

当时的农村公社通称为"邑"，成员通称为"民"，或"庶人"，即从事耕种的生产者"农夫"。很久以来，他们一直生活在井田制之下，年复一年地耕种着"公田"和"私田"。公田的收获全属公家，可说是劳动地租。此外还要交纳赋税，负担徭役。私田是份地，名义上由统治者授予，实际上由村社分给。村社按传统习俗，即所谓"井田""均田""平土"之法，平均分配给他们。"三岁更耕之，自爱其处"，换土易居。他们只有使用权，没有所有权。他们的私有财产，主要为家畜、农具、屋舍和交纳赋税之余的产品，此外便别无长物。他们终身生活在邑的小天地里，"地著为本"，被牢牢地束缚在土地之上。邑以外的世界，对他们是有若无的。贵族领主高高在上统治着他们，把邑作为自己的采邑，把他们作为自己的属民。他

---

① 云南大学学报《思想战线》1979年第3期所载拙作《试论中国古代农村公社的延续和解体》。

们的阶级属性实际上属于农奴。

应当指出，说他们实际上属于农奴，是我们今天为他们作的阶级分析，意思是他们有农奴的基本特征。至若当时，他们并不自认为"奴"，贵族领主们也不曾奴视他们。他们的身份地位是既非贵者，也非贱类的"齐民"。《汉书·食货志》颜师古注引如淳语解释"齐民"曰："齐，等也。无有贵贱，谓之齐民，若今平民矣。"平民一词也早见于先秦文献，《尚书》中即已有之。齐民平民的内容，按照自古以来的传统说法，非指单一的某一种人，而是指士农工商四民。《汉书·食货志》述殷周"平土"之制说："民受田：上田，夫百亩；中田，夫二百亩；下田，夫三百亩。岁耕种者为不易上田；休一岁者为一易中田；休二岁者为再易下田。三岁更耕者，自爱其处。农民户人已受田，其家众男为余夫，亦以口受田如此。士工商家受田，五口乃当农夫一人。此谓平土，可以为法者也。……民年二十受田，六十归田。……"又说；"士农工商，四民有业。……圣王量能授事，四民陈力受职。故朝亡废官，邑亡敖民，地亡旷土。"从这些纪述里，可以明确地看出，民庶的身份地位是什么。

还有，在我国古代的等级社会中，人们的身份不唯有贵贱之分，还有所谓良贱之别。这种分别，源远流长，一直延续到清朝。辛亥革命以后才渐归于泯灭。所谓"良"，即"良人"，"良家"之省称，和齐民、平民、凡民、士民……是同义语或近义词。秦汉以降，良人、良家成了法制上的正式用语，见于律令。他和贱人之间有着严格的界限。"抑良为贱"是犯罪行为；"放良""从良"则是允许的。良人所指，首为四民中的士和农，其次为工商（有些工商除外，如汉代之有市籍者。士农工商这个顺序带有等级性，不能倒置。）同样，良人和贵族之间有着严格的界限。在两周时期，有一条横亘于王侯卿大夫与士庶之间的鸿沟，根本不可能逾越。可以说，良人的身份也是"无有贵贱"的。

为什么齐民、良人的阶级本质为农奴，而名与实乖，却能有如此的身份地位呢？主要原因是，农村公社起了保障作用；尤其是这种公社乃是氏族分支的农村公社，血缘关系加固了这种组织，强化了这种作用。领主的专制主义统治是建立在村社的基础上的①，只能利用它，不可能破坏它，所以直到春秋战国之际，从《左传》等书中还可以看到，领主们占有、赏赐土地和人民，仍以邑为单位，并没有割裂它，更没有如后世的"食邑""食封"若干户，以户计的。在这种情况下，民庶之成为农奴，只是由于自己的邑整个儿成了领主的采邑，大家集体地落到农奴阶级地位，而不是一家一户陷落下去。因之，在邑的内部，人们的身份地位是农奴、又是齐民良人的主要原因。

以上所说，可以在我国某些少数民族社会中得到参证。解放以后，我国各民族都进行了民主改革，科学地划分出各种阶级，从而可以确知各族旧社会的阶级结构。过去的学者以四川大凉山彝族旧社会的"三滩娃子"解释商周民庶。现在看来，未必适合。所谓"三滩娃子"乃呷西、瓦加的异称，在民主改革中划为奴隶。他们毫无人身权利，生命皆悬于黑彝主子之手，不能与具有齐民良人的民庶等同。假若要在那里求其略为与民庶近似的只有曲诺。曲诺在民主改革中，除少数划为奴隶主外，绝大多数都划为"劳动者"。其所以划为"劳动者"，是因为他们既非奴隶主，又非奴隶。依我看来，他们之所以未被黑彝主子压抑为瓦加、呷西的一个重要原因是他们保有白彝家支。（何耀华同志著有专文，论述家支制度②，可参看。惟所论以黑彝家支为主，未详及白彝家支。）傣族旧社会是领主制社会。其主要生产者为"傣勐"和"滚很召"，他们的阶级属性应属农奴。"傣勐"的社会地位略高于"滚很召"，但人身的权利相同。领主土司对他们两者都不能任意生杀予夺，也不能买卖。其所以如此，农村公社的存在无疑是一个重要原因。（傣族旧社会和西周社会确乎颇多相类之处。马曜、缪鸾和同志对之作了比较研究③，给我们以不少启发。但他们只论了二者之同，未述二者之异。）从曲诺、傣勐、滚很召的昔日状况可见，血缘关系、村社组织对他们的身份地位起了多么大的作用。先秦齐民能保有那样的身份地位是毫不足异的。

① 参见《马克思恩格斯全集》第十九卷第436、445页。

② 载《中国社会科学》1981年第2期。

③ 见云南民族学院《学术论文集》（1981年版）。

春秋战国时期，社会起了剧烈的变动。这一变动的深度广度之大是我国古代所少见的。那时，由于铁犁牛耕等新的生产工具和生产技术的使用，生产和交换日益发展。刀布等金属铸币纷纷出现，货币经济到处冲击着农村公社。个体经济也发展起来，并从内部日朘月削地胀破它。"公田不治，故鲁宣公初税亩。"产品地租开始代替了劳役地租的统治地位。私田在不知不觉间渐渐成了个体家庭的私有财产。古老的井田制，衰竭了，到商鞅变法遂宣告了它的终结。从此，原来生活在农村公社里的人们摆脱了村社的束缚，但也同时失去了它的保护。士农工商，各在自己的道路上，为占有土地、获得财富而尽力奔驰。于是，齐民不齐了；贫富分化如丸走坂似地不断扩大和加深，新的阶级、新的社会矛盾，产生并发展起来。整个社会步入一个新的历史时代——封建地主统治的时代。

关于封建地主阶级的产生，有一种很流行的论点是，春秋战国时期，被统治阶级（奴隶或者农奴）不堪统治者的剥削压迫，不断进行反抗斗争——怠工、逃亡乃至暴动。统治者无法依旧剥削下去，不得已采用新的剥削方式。这样，他们便转化为地主，而被统治者也就转化成农民和手工业者。这个论点对吗？试问：此前的被统治者就不曾反抗斗争过吗？"与汝偕亡"的愤怒吼声，早著于竹帛，可知先前的被统治者也不是温顺服从的。桀纣幽厉，古人认为他们为恶唯均，并称为暴君的代表，能说桀纣的虐政逊于幽厉吗？能说春秋战国时期的暴君污吏比以前的更明智吗？从社会发展史的通例看，显然，社会发展阶段越古旧，压迫剥削越残酷。原因是，劳动生产率太低了，剩余产品只有那么一丁点儿，若不用极端残酷的经济外强制手段，是不能榨取的。凉山奴隶制社会较之汉族白族傣族的旧社会，生产力水平最低，所以其压迫剥削也最残酷。殷商杀殉那么多，西周很少，春秋战国就作俑以代了。这种现象，只能解释为，随着社会生产的进步，压迫剥削相应地有所缓解。列宁有言，资本主义对社会主义说是祸害，对奴隶制农奴制说则是福音，就是这个意思。当然，这期间被压迫剥削者的反抗斗争曾起了巨大作用，它是新社会的"助产婆"。但助产婆毕竟不是产妇，她不能使一个未妊娠的妇女弄瓦弄璋，必须待产妇妊娠期满，阵痛临盆之际，助产婆才能发挥作用。从历史上看，任何剥削阶级几乎一开始就遭受被剥削者的反抗；阶级斗争总是和阶级矛盾相终始的。但是，尽管阶级斗争持续不断，剥削阶级是不会自己否定自己、主动地转变为另一阶级的。它的阶级利益注定了它不能不是保守派，不可能由它来首创一种新剥削制度。当然，它的一些识时务的分子是会转变的，但那只有在新制度已经显露出优势的时候。即令如此，那些率先采行新制的人物也往往没有好下场。商鞅变法而竟招致杀身之祸就是明证。地主阶级由领主阶级（或奴隶主阶级）自动转化而来之说，似有未妥。我们当另寻其源。

那么，它的来源出自何处呢？出自农村公社解体，齐民贫富分化出来的富有者。《汉书·食货志》的记述正可作如是观。大家知道，《汉志》是关于我国古代经济史的极重要的著作。班固就所见先秦文献和汉人著作，抉择去取，简要地论述了自上古以迄新莽的经济状况。他虽然有贵古贱今的观点，但我们透过其美恶之辞，仍能得一概览。其上篇，以农民和土地问题为中心线索，以商鞅变法为转移点，把以前和以后作了对比叙述，并着重指出其间的变化。对于商鞅破坏井田一事，他曾两度论及。一是他自己的话：

"……及秦孝公用商君，坏井田，开阡陌，急耕战之赏，虽非古道，犹以务本之故，倾邻国而雄诸侯。然王制遂灭，僭差无度。庶人之富者累钜万，而贫者食糟糠。有国者兼州域，而弱者丧社稷。……"

又一是班氏引录董仲舒说汉武帝之语：

"……〔秦〕用商鞅之法，改帝王之制，除井田，民得买卖。富者田连阡陌，贫者无立锥之地。又专山泽之利，管山林之饶。荒淫越制，踰侈以相高。邑有人君之尊，里有公侯之富。小民安得不困。……或耕豪民之田，见什税五。故贫民常衣牛马之衣，而食犬彘之食。"

细绎班董所说，有几点值得留意：

第一，班固说的"富者""贫者"都是"庶人"。董仲舒说的"富者""贫者""豪民""贫民"都是"民"。(不是近人所说的贵族领主或贵族奴隶主。)

第二,班董都明确指出,庶民中出现"富者"和"贫者"是井田破坏以后的事。(用我们的话来说,就是农村公社解体以后的事。)井田制破坏,土地"民得买卖",于是产生了贫富差别。

第三,富者的富是"累钜万""田连阡陌";贫者的贫是"无立锥之地""食糟糠""常衣牛马之衣,而食犬彘之食。"

第四,结果是贫民"或耕豪民之田,见什税五。"

这就清楚明白地指出了地主是从哪里和怎样产生的。不说可知,那些"豪民"就是地主,那些耕豪民之田的"贫民"就是佃农。地主阶级及其经济形态到秦时已经形成了。

这种经济形态的形成,关键在于"民"的身份问题。"豪民"在他的邑里中,虽然可有"人君之尊,公侯之富",但他们不是人君,也不是公侯,仍然是个民。因为仍然是个民,没有人君公侯的身份地位和特权,所以不能凭赏赐封赠或强夺去占有土地,只能通过买卖。"贫民",虽贫困到无立锥之地,过着牛马犬彘般的生活,但他也仍然是个民。豪民贫民皆是民,贫富虽殊,身份则同,豪民虽能武断于乡曲,但缺乏合法的经济外强制的等级特权,不能把贫民压抑为奴婢僮仆。然而在私有制社会里,豪民凭借其土地必然要剥削,贫民因丧失土地不能不受剥削。民而要剥削民,显然是一种矛盾。怎样解决这种矛盾?恩格斯说得好:"经济运动会替自己开辟道路。"[①] "历史最终会把一切纳入正轨。"[②] 见什税五的租佃制度把矛盾解决了。在这种制度下,剥削者不必具有等级特权,被剥削者也不必丧失身份。"见什税五"是产品地租。从这时起,这种产品地租成为地租的合法而普遍的形式。这正好和民剥削民的情势相适应,也是民而能剥削民的一个重要条件。马克思说:"产品地租和前一形式(劳役地租)的区别在于,剩余劳动已不再在它的自然形态上,从而也不在地主或地主代表的直接监督和强制下进行。驱使直接生产者的,已经是各种关系的力量,而不是直接的强制,是法律的规定,而不是鞭子,他已经是自己负责来进行这种剩

---

① 恩格斯《致康·施来特》中语。见《马克思恩格斯选集》第四卷第482页。
② 恩格斯《致弗·梅林信》中语,见同上书第500页。

余劳动了。"又说:"这个形式也会使各个直接生产者的经济状况出现更大的差别。至少,这样的可能性已经存在,并且,这些直接生产者获得再去直接剥削别人劳动的手段的可能性已经存在。"[①] 这说得多么精辟啊!联系我国战国以后的历史,不正是这样吗?

这里还有一个问题,就是依我们以上所述,地主阶级的兴起乃是历史运动的必然结果,那么汉朝人说它出自商鞅变法,对不对呢?当然不对。任何一种社会经济形态的形成总是整整一个历史时代的事情,说它是从某年或因某人而产生,那是不合事实的。但汉朝人之如此说,也并非无故。是商鞅变法,首次给了它法定地位。从此,它有了法令依据,脱却旧制的束缚,迅速发展壮大,显著地吸引了当时和后世的注意。于是人们便以为它是从那以后开始的。应该承认,在地主阶级的发展史上,商鞅变法确是划时代的里程碑。它标志着,地主阶级在秦国一隅已经正式登上历史舞台了。统一以后,秦制成了普遍施行的制度。"汉兴,循而未改",又成了后世地主制的权舆。马端临说:"随田之在民者税之,而不复问其多寡,始于商鞅;随民之有田者税之,而不复视其丁中,始于杨炎。三代井田之良法坏于鞅;唐租庸调之良法坏于炎。二人之事,君子所羞称,而后之为国者莫不一遵其法。一或变之,则反至于烦扰无稽,而国与民俱受其病,则以古今异宜故地。"[②] 这番议论,除君子羞称之类的话属传统偏见外,所说都是正确的:指出"古今异宜"尤为有识。可见历史的必然性,古昔已有人意识到了。

三、地主阶级和中央集权制的关系

战国时期,当地主阶级成长之际,专制主义的中央集权制度也逐渐形成。在尔后的时期中,二者共处于一个社会里,同步地发展,有很密切的关系。

---

① 语见《马克思恩格斯全集》第二十五卷第895—896页。
② 见《文献通考·自序》。

我们常说，专制主义中央集权制度代表了地主阶级的利益。这是对的。它保障地主剥削农民的权利，依靠地主阶级来统治农民。但这只是事情的一个方面。另一方面，它们还有各自的、彼此互相矛盾的利益。这主要是在如何对待农民的关系上。地主阶级不剥削农民便不能生存，所以它的天性要求佃农多多益善。专制主义中央集权也要剥削农民，没有农民给它提供赋役士卒，它便不能存在，所以它要求广土众民。当然，庶民地主也有提供赋役士卒的义务，但主要的提供者是农民中的自耕农。佃农自耕农都是农民。两者之间并没有不可逾越的等级界限，他们常常互相转化。虽然较多的是自耕农转化为佃农，但佃农转化为自耕农也是常有的事。在农民总数不变的情况下，自耕农的减少，就是佃农的增加，反之亦然。若自耕农转化为佃农的多了，王朝的财源兵源就要减少，中央集权就要削弱。若倒过来，佃农转化为自耕农的多了，则地主的地租收入和劳动人手也要减少，势力也要削弱。这是一种矛盾。当然，封建王朝第一关心的是它自己的利益，是中央集权的强化，所以自秦汉起，常有王朝为此而发布诏令限制地主阶级，阻止自耕农下降。马克思说："同每个主权者一样，封建主的权力不是建立在地租的大小之上，而是建立在臣属人数的多少之上，后者又是由自耕农民的人数而定。"① 这个道理，我国古代杰出的政治家，从历代兴亡的殷鉴中，是多少能意识到的，商鞅即其人也。

商鞅变法的主要措施就是促使自耕农加多，以利于富国强兵。他"坏井田，民得买卖"，允许农民私有土地。"民有二男以上不分异者，倍其赋"，强令建立个体家庭。"僇力本业，耕织致粟帛多者，复其身"，奖励努力劳动，增多农产品和家庭手工业产品。"事末利及怠而贫者，举以为收孥"，惩罚从事非农业劳动的和因懒怠而致贫的人。这说明他要的是从事耕织本业的农民。综合这些看来，呈现在我们眼前的不就是一个自耕农的形象吗？自耕农加多可以使社会秩序变好，可以提供最优良的战士。司马迁说："行之十年，秦民大说。道不拾遗，山无盗贼，家给人足。民勇于公战，怯于私斗。乡邑大治。"这番话也许有点过美，但并非全不可信。后来荀

---

① 《资本论》郭王译本第2版第一卷第792页。参看《马克思恩格斯全集》第二十三卷第785页。

子遍观齐魏秦诸国，认为秦的社会风气和战士是最上乘的。这当然不止一个因素，但自耕农的决定性作用也于此可见了。秦从此蔚为强国，至秦始皇遂能并兼诸侯，完成空前的帝业。

但是，自耕农的经济地位是不稳定的。它分散、细碎、脆弱，一遇天灾人祸或横征暴敛便可能家破人亡，成为茕独贫民。同时，富豪地主不会满足于租佃剥削。只要可能，他们就要把贫而无告的佃农或其他农民抑为贱类，永远加以奴役。汉代去古未远，官私奴婢很多，反映那时的社会还存在着劳动奴隶制倾向。从魏晋以迄南北朝，庄园农奴制显然存在，甚至延及唐宋，还在不少地区可以看到。直到明清，地主阶级还拥有不少佃仆、世仆。这些史实说明，地主阶级总是顽固地要把贫苦的农民压抑为贱人。但是历史的主流并没有朝这个方向流去。地主阶级缺乏经济外强制等必要条件，绝大多数农民依然保持良人身份，两千多年的社会性质没有发生质的变化。

为什么是这样呢？许多人已正确指出，农民的反抗斗争是一个重要原因。每一次农民大起义都给地主阶级以沉重打击，阶级力量对比发生了变动，许多贫贱农民脱却了悲惨境地，这就有力地遏止了农民农奴化或贱人化的势头。这里还要指出的是，除此之外，另有一个也很重要的原因，那就是专制主义中央集权的限制。为了保证财源兵源，它不准许它的"王民"沦为贱类，损失课户税户；也不准许地主不经仕途而获得特权，转化为更高等级，以致削弱集权，减少赋税。它发布诏令，制定律条，建立典章制度，甚至采取非常措施，力图实现它的限制。它是一个强大的力量，它对地主阶级起着一定的制约作用。

这样，地主阶级的经济外强制权力便大大缩小了。商鞅变法令规定："怠而贫者举以为收孥。"从令文的反面看，若不是因懈怠而贫穷的，即使是贫民，官府也不能把他收为奴婢。秦始皇"更名民曰黔首"和他自己"更名号"为"皇帝"具有同样重要的意义，因为都是等级地位和身份的确定。著名的琅琊刻石文，一则曰："上农除末，黔首是富"；再则曰："忧恤黔首，朝夕不懈"；三则曰："黔首安宁，不用兵革"；可谓三致意焉。它反映出黔首的地位并不低贱。刻石文又说："尊卑贵贱，不踰次行。"泰山刻石文也提到"贵贱分明"。意思是各等级的地位严格固定、不得淆乱。黔首自然是一个等级。它的身份地位，在专制主义中央集权正式揭幕之时，已经明确规定了。

黔首在汉朝仍称民或庶人，和奴婢贱人有严格区别。《汉书·食货志》说：汉朝初建，遭大饥馑，"高祖乃令民得卖子，就食蜀汉"。这是特殊情况时的特殊措施，说明平时是不得卖子的。同书《高祖本纪》载：五年，天下已定，令"民以饥饿自卖为人奴婢者，皆免为庶人"。宣布此前的买卖无效，无异重申买卖之禁。可见即使在于戈扰攘或大局甫定之际，民庶和奴婢的区别始终是存在的。这种区别和这种禁令一直维持到清朝。当然，隐蔽的、变相的违法买卖无代无之，但公开的、大量的买卖是止绝了。后来的法制，除皇帝能没入罪人妻孥为奴婢外，别人都无此特权。新莽、后汉还一再发布诏令，放免奴婢。许多律书规定，一般凡庶只能放免奴婢从良，决不准许"抑良为贱"。这从今存的《唐律》《宋刑统》……中还可见之。

进一步观察，不仅抑良为贱不可，就是作为依附农民也不行。"隐占王民"是历朝"王法"所不许的。魏晋南北朝，门阀世族大量荫蔽户口，许多农民实际成了他们的农奴。但一俟经济恢复，中央集权重振，隋文帝便行输籍之法，大索貌阅，强令解除依附关系。宋代南方的客户，也是变相的农奴。宋仁宗一再下诏，不许地主剥夺他们的人身权利。明清的佃仆世仆，王朝也曾严令禁止。如此之类的禁令都说明中央集权阻止农民向奴隶或农奴转化；或者换句话说，阻止地主向农奴主或奴隶主转化。法禁之外，一些沿自古昔的传统和制度得到许多王朝的支持和加强，也起到了保障农民身份的作用。其著者，如北朝隋唐的均田制。它把农民固着在国有土地之上，给国家提供赋役，排斥私家剥夺他们的良人身份，这就有效地阻止了大量农民向部曲奴婢的转化，抑制了士族庄园的发展。诸如此类的法令和制度当然有损地主阶级（特别是它的上层等级）的最大利益，会加剧他们和中央集权王朝之间的矛盾。但是由于自然经济的分散性，地主阶级不能形成全国性政治联系，无力抗拒中央集权的要求。同时，在阶级斗争、民族斗争面前，他们需要皇帝代表自己，维护封建秩序。因此，他们不得不放弃控制农民的部分权力，即经济强制的权力，让这部分权力集中到中央去，自己只享有地租剥削的利益。这是地主阶级和中央集权之间的权益分配，也是在农民反抗斗争的情况下，它们不能不作出的一种妥协。

本来，依照农民的愿望，最好不丧失人身权利，不受任何剥削；依照地主的愿望，最好把佃农都压抑为贱，成为自己的私属；依照王朝的愿望，最好一切农民的劳动所获全归公府，不入地主私家。但是，这三种愿望中的每一种都和其他两种相矛盾、相抵触，只能实现其一部分。于是产生一种既非农民所愿望，也非地主和王朝所愿望的制度——租佃制度。这种制度，可以引用恩格斯的著名论点说，乃是上述诸矛盾方面的"一个总的平均数，一个总的合力"①。当然，构成这个合力的分力是否仅上述三者，它们在构成合力的过程中作用差别如何，还须作进一步探讨。这里只是提出这个问题而已。

四、地主阶级何以能够更新

最近，我国史学界有关于地主阶级更新问题的议论，是很有意义的。这个问题和地主阶级的发展变化，和中国封建社会的长期延续，都有重大关系，值得进一步探讨。

所谓更新，就是地主阶级成员新陈代谢之意。但是，不是指父死子继那样的自然代谢，而是指地主阶级成员的出入升降，即：一些原属于地主阶级的人，因丧失地主身份而转入其他阶级，而一些原非地主阶级的人，因获得地主身份而进入地主阶级；或者，一些等级地位较高的人，因家道中落而下降为较低等级，反之，一些等级地位较低的人，因家道中兴而上升为较高等级。秦汉以后，这种出入升降的事，所在多有。我们看到，农民的各阶层可以升降，地主的各阶层也可以升降。农民可以上升为地主；地主可以上升为士大夫；少数士大夫还可以上升为外戚，与皇室发生血缘联系。倒转过来也是一样。范文澜同志指出："有了农民阶级，自然要分化出富农、中农、贫农、雇农等各个阶层。但在资本主义社会出现以前，它们都是封建主义性质的，……在封建社会里，农民只能希望自己变成地

---

① 这是恩格斯在《致约·布洛赫的信》中创造的一个术语，是唯物史观的一个规律。见《马克思恩格斯选集》第四卷第478页。

主，在资本主义社会里，才能希望自己变成资本家，富农也就成为农村资产阶级。……"①范老这番话是符合历史实际的。不过他没有说，地主阶级又有哪些阶层，又希望自己变成什么。粗略地说，地主阶级可分为庶民地主②、官僚地主和贵族地主三个阶层，他们希望的是，由下层变为上层。在这些封建阶梯之间，农民和地主都不断地升降浮沉。

　　这里有一个问题：为什么这种出入升降的事是可能的？因为按常理说，封建社会里一般都有阶级和等级的界限。除极稀有的例子外，那些界限是谁也不能逾越的。不唯自下而上的逾越不可以，就是自上而下的逾越也不行。两周时期是那样，近世还保有奴隶制农奴制的兄弟民族社会也是那样。如解放前的凉山彝族旧社会，一个白彝，即使已颇富有，也不能转变为黑彝；反之，一个黑彝，即使穷困到被叫作"干黑彝"，也不能下降为白彝。黑彝的更新端赖本家支的繁衍，别的办法是没有的。这种情况，不独凉山彝族旧社会为然，其他许多民族也同样有过。秦汉以后的汉族社会，没有那么严格的界限，因此阶级等级间可以出入升降。

　　其所以没有那么严格的界限，原因非他，就是本文前面所说的，地主阶级和农民阶级皆源出于民，原属同一个等级。后来，地主阶级取得统治地位，产生了士绅、官僚、贵族以至于皇帝等享有特权的等级。但是，为数众多、构成阶级主体的庶民地主，没有特权，仍与农民同是一个等级。这样，两大阶级的分野便隐没于庶民这个等级中，从而那时的人们有分明的等级观念，没有正确的阶级意识。以农民而言，对皇室、贵族、官僚之类，他们是有强烈的异己之感的；对庶民地主（豪强恶霸除外），视线便模糊了。因为这个缘故，农民起义多以皇室、贵族、官僚、恶霸为重点打击对象；对庶民地主分子，则不唯可以允其加入，且可以让其占据领导地位。在庶民等级之内，按当时常理，只有贫富的分别，更无其他界限。而贫富又纯是经济的意义，中间也没有不可逾越的障碍。这就使得地主农民两大阶级及其各个等级之间的出入升降可以成为经常的现象。一个农民，

---

①　《中国通史简编》修订本第一编第254页。

②　这里说的"庶民地主"和某些史学家说的"庶族地主"基本相同，不过我认为这种地主不是以族而是以家为单位，他们的身份又都是民，所以改用"庶民地主"一词。

财产增值了，买田置地，就可能变为庶民地主；反之，一个庶民地主，家道中落了，地产卖尽，也可能变为贫农。最能说明这个问题的是宋代的户等制度。例如乡村五等户，其划分标准不是身份，而是财产，因为身份都一样，财产则多寡不等，而且是变动不居的。"千年田换八百主"的名句就反映了这种情况。现在一般多以一二等户应属地主，三等以下户是农民。然而不论一等二等抑或三等都是民户，都要承担赋役。第一第二等户承担的还是重难大役（衙前、里正等）。第三等户只要财产增加便被升入一二等，而一二等户若是破产也可能降为三等以下户。这其间除物力状况外，更无别的规定和限制。

庶民地主之上是官僚地主。因为官僚地主多出自庶民地主，所以二者间也是相通的。从商鞅变法起，庶民便有了一条上升的门径。商鞅定令：民"有军功者，各以率受上爵"。依此令，庶民，不论是地主或是自耕农，都可有上升的机会了。这就开了后世仕途的先河。到汉代，仕途也不限于军功了：或为郎吏，或为博士弟子，或应召对策，或察举征辟，不少人因此而致身显要，获得高官厚禄。隋唐以后的科举取士制度，更为庶民地主以至富裕农民转化为官僚地主提供了较宽的途径。此外还有卖官、爵、告身，捐科举功名等，作为正式途径的补充。通过这些途径而成为官僚的人，又有以功勋，以恩宠，以婚姻，……被授予爵位，赐予特权，上升为贵族。这类人物，自秦汉起，无代无之，是我们读史时所习见的。

以上说的是自下而上跨越等级界限的概况。可以说，那是封建等级阶梯上的一条上行道。还有下行道。不少地主，因经济的或政治的原因，破产没落，下降到较低等级，转变了阶级成分。某些达官贵人，由于触犯刑律，或由于政治事故，被黜为庶人，削籍为民，甚至被剥夺良人身份，落入贱人等级。魏晋南北朝是等级关系较凝滞的时期，但是，每经易代，变动也不小。"将军魏武之子孙，于今为庶为清门"；"旧时王谢堂前燕，飞入寻常百姓家"；……如是者不知凡几。唐宋而后，土地所有权的运动性加强，等级身份的变化随而加多加快。即令是良贱之别，也不是万世不变了（因此之故，科举考试只能查三代）。

这样，封建等级阶梯上，一些人循上行道上升，另一些人沿下行道下降，这就形成了地主阶级的新陈代谢——它的更新。这是在封建秩序平常状态下的更新。其所以可能，等级界限可以上下逾越是一个重要原因。除此之外，还有其他方式的更新，如通过农民战争或民族战争。每次农民战争都给地主阶级以沉重打击，但它不能导致新生产方式，结果是改朝换代，一批新贵和新的地主取代了旧的，地主阶级得到了一次更新，民族战争，性质和农民战争有异，但同样能给地主阶级以一定程度的更新。因为民族战争常常是民族融合的先导，而融合就意味着更新，这些通过战争方式的更新，具有不同于前一方式的特点和作用。它是敌对矛盾的斗争。在斗争中，皇室、贵族和官僚是重点打击对象。他们被打倒了，于是出现了这些等级的更新。等级越高，更新的程度越大。秦汉、西晋、隋、唐、宋、元、明、清等朝亡后的情况无不如此。

庶民地主，因为等级较低，没有政治特权，所以在这种方式的更新中，按比例说反而较小。也因此，这个等级的更新主要凭借的是经济条件（不似官僚以上诸等级的更新主要凭借的是政治条件）。它和农民、手工业者以及商贾之间，如前所述，没有等级界限的障碍，却有经济的通道。这条经济的通道，不是旁的，就是商品经济。下面，试以秦汉为例略作说明。

春秋战国之时，生产和交换有很大的发展，商品经济达到了前所未有的高度。金属铸币广泛流布，商品货币关系把社会各阶级阶层不同程度地卷了进去。地主农民的经济是自然经济，但不能与商品经济绝缘。孟子对陈相说的，农夫要"以粟易械器"，陶冶要"以械器易粟"，表明农民与手工业者交换之不可少。从《史记·货殖列传》可以看出，当时市场上的主要商品是，铁、铜、盐、酒、粟、鱼、牛、羊、马……这些商品，虽然不如"利市宝贿"的珍贵，但是拥有了非常广阔的市场，因为它是都会农村的生产生活所必需的。随着商品交换的发展，作为流通手段的货币——刀、布、环钱……也从都会流入农村。这样，农村就或深或浅地和都会联系起来，卷入商品货币关系之中。"百里不贩樵，千里不贩籴。"农村商品货币关系的强弱和距离都会（商业中心）的远近正好成反比，恰似辐射的光和热，愈远而愈弱一样。

商品货币关系是一种很强的经济力量，对旧的生产关系和分配方式，具有巨大的破坏性。恩格斯把货币经济比喻为腐蚀性酸类，确是至理。尽管我国封建社会的农村始终是自然经济统治着，但只要发生一定的商品货币关系，便要引起许多变化。其中最重要的一种变化是，商人及其资本阔入农村，加速加大了贫富分化，使贫者愈贫，富者愈富，若干农民受迫离乡轻家，背本而趋末。这种情况，战国时即已开始，以后愈演愈烈，到汉朝，已达到相当严重的程度。《汉书·食货志》选载的李悝晁错之论，提供了很好的说明。

刘悝为魏文侯作尽地力之教，说：一个五口之家、治田百亩的农夫，岁收粟一百五十石，除交十一之税及全家食用之外，余四十五担，为钱一千三百五十，用作购买衣料和支付"尝新"等费的开支，结果不足四百五十钱。疾病死丧之费和其他赋敛还不在内。这是一个自耕农平年收支的年终结算。它告诉我们：（1）一个农民一年要用几乎三分之一的粮食，作为商品，投入市场，从市场上取得货币。（2）即在正常年景下，农民收支两抵之后还不敷十分之一；若遇意外，当然就要破产。为此，李悝提出平"籴"之法，使粮食"价平"，不甚贵伤民，也不甚贱伤农。这可见，他已在运用市场供求规律了。那时的农民已经和市场发生联系，个体经济已经部分地卷入商品货币关系之中了。

平籴之法有赖于统治者的赋敛和农民的个体经济都保持静止状态。但那是不可能的，因此它不能完全阻止贫富的分化和农民的破产。破了产的农民往何处去呢？由于社会分工的扩大，他们除沦为佃农雇农之外，还有一个新的去处，那就是"背本趋末"或"舍本逐末"。所谓"末"泛指工商和其他杂业。到商鞅变法时，"事末利者"已经不少。商鞅为了加多自耕农，曾严令打击禁止。但严刑峻法的威力终敌不过经济法则的作用，所以舍本逐末的现象一直无法止绝。汉文帝时，贾谊大声疾呼："今背本而趋末食者甚众，是天下之大残也！"他要求"驱民而归之农，皆著于本"。至于如何驱法，他没有谈。

晁错在这个问题上。比贾谊高明。他说，一个五口之家的农夫，终年勤苦劳动，"其能耕者，不过百亩；百亩之收，不过百石"。而有各种负担、各项支出；还会遭水旱之灾、急政暴敛；以致"当具有者半价而贾，亡者取倍称之息，于是有卖田宅、鬻子孙，以偿债者矣。"另一方面，"商贾大者积贮倍息，小者坐列贩卖。操其奇赢，日游都市；乘上之急，所卖必倍；……亡农夫之苦，有仟伯之得。"这就是"商人所以兼并农人，农人所以流亡"的原因。晁错建议用入粟拜爵除罪的办法，使"富人有爵，农民有钱，粟有所渫"，粟贵而民愿意务农。由这篇著名的奏疏可知，当时兼并农人的主要是商人。他们兼并的方式：一是利用物价涨落，二是放高利贷。其契机则是他们有钱，农民需钱，总之是通过商品货币关系，是商品经济对农民的作用和影响。

然而商品经济的作用到此还没有完结。固然，它加深农民贫困化，迫使农民离乡轻家，外逃谋生；但同时，它在农村以外提供了工商杂业的谋生机会，甚至还给人以致富的希望，从而诱引农民去追逐它。《史记·货殖列传》说："夫用贫求富，农不如工，工不如商，刺绣文不如倚市门。此言末业，贫者之资也。"这大概是当时流行的谚语。"贫者"二字，至堪注意。它反映了当时社会的普遍情况。当然，由此而能成豪富的人是少之又少，但并非绝无仅有。《货殖列传》末段所举的、那些从事杂业的人，就是用贫求富而发迹的典型例子（虽然他们是否来自农村不可知）。唐宋以后，尤其是明清，例子就更不鲜见了。

在工商杂业中富起来的人又往何处去呢？一般地说，是往农村去。不一定是他们本人移居到那里去，但他们握有的商业资本、高利贷资本是一定要去的。这没有什么困难，因为他们和农村里的地主一样，都是庶民，没有身份等级的限制，而且在一个统一的国度里，也没有地域的限制。那时候，他们和达官显宦一样，到头来都要"归田"。他们，来自农村的也罢，出自都市的也罢，总是要把他们的钱财投向农村，多置田宅，变成地主或兼地主。《史记·货殖列传》说的"以末致财，用本守之"，就是这种现象的概括。这种现象，自秦汉开始，一直存在下去，今论之者已经不少，可以不必多谈。仅有一点还要指出的是，这么一来，商品经济的发展前途，便消失于自然经济的田园中，更不能前进了，商人兼并农人和手工业者，地主阶级又消纳了他。商业资本好像是兜了一个圈子：它通过农村市场，从农民和地主手中获取钱财，增殖了自己，但最后又回到那里去。虽然不是回到同样人的手中，却是回到同样的土地上。在漫长的封建时代里，这个圈子自然不是始终原封不动，不过动也只是螺旋式缓慢发展。因此，地主阶级的存在不能不是长期的。

五、结　语

地主阶级研究是一个很重要、很复杂的课题。本文只是从一个方面谈几点看法（当然，这些看法都是很不成熟的）。作者的基本观点是，商品经济的一定程度的发展是地主阶级产生的历史前提。西周时期，自然经济占绝对支配地位，封建生产关系只能是领主制。春秋战国时期，商品经济发展到足以瓦解农村公社，但还不能达到孕育出资本主义的程度，加上其他因素的作用，于是产生了地主阶级和租佃关系。唐代以后，随着商品经济的扩大，租佃制越来越多地排挤奴隶制和农奴制的残余，经济强制更进一步削弱了经济外强制。到明代，江南始有资本主义萌芽。商品经济在这个地区开始露出行将否定封建生产关系的端倪。假若我们要问地主制的封建社会何时走向下坡路，那么，资本主义萌芽就是它的标志。作者还企图运用恩格斯的"合力"理论，分析各种互相交错的力量和矛盾，找出租佃关系产生之所以然。但是，本文只简略地举出其荦荦大者，既未能详尽地备举各种交错的力量，更未能深入地分析它们之间的矛盾和斗争。不用说，不那么做，怎么能很好地解决问题呢。

作者还认为，地主阶级是一个"等级的阶级"。皇帝一个人独据最高一个等级（所以他曾自称"予一人"）。等而下之，最低是庶民地主。然而作为这个阶级的中坚，决定这个阶级的性质和动向的，不是握有统治权力的皇帝、贵族和官僚，而是庶民地主。这个等级因地位最低，常受上面等级的压迫，所以政治改革的呼声多发自他们的代表人物。他们和商品经济的关系较密切，因而在一些先进经济地区，出现了所谓的"经营地主"。他们和别的等级，不仅有地位差异，而且有特征和作用的不同。我们要研究地主阶级，必须先作等级分析，逐一加以探讨。对庶民地主这个等级，不唯不宜忽视，而且是应当着重考察的。

论我国的"封建的土地国有制"

引　言

　　封建制度的基础是封建土地所有制。[①]"在东方，封建的土地国有制具有很大的意义"[②] 这一命题，对东方国家之一的我国，是否也同样适用呢？应该指出，这是一个极端重要的问题。不论对它所做的答案是肯定抑是否定，都同样要对我国封建主义时期历史的研究，发生十分重大的影响。

　　在我国史学界中，首先对这问题加以系统的研究的，是侯外庐先生。在《中国封建社会土地所有制形式的问题》[③] 一文中，他指出这种土地所有制在我国整个封建主义时期中，都一直存在着。他说："秦汉以来这种土地所有制是以一条红线贯串着全部封建史。""这种生产关系是居于支配地位的。"他并进而指出这种土地所有制发生的原因，发展的阶段，以及豪强地主对土地占有性质等问题。虽然这篇文章的某些地方，还可提出来重加商榷（如"皇族土地所有制"便是，说详下），但它的基本论点，即封建的土地国有制曾在我国封建主义时期存在的说法，是很正确的。应该说，对这一点的指出，就是一个可贵的贡献。

　　但是，在我国的史学界，也不是没有不同见解的。例如，贺昌群先生在《论两汉土地占有形态的发展》[④] 一书里说："武帝时代，汉天子掌握了

　　① 斯大林：《苏联社会主义经济问题》，人民出版社1952年版，第37页。
　　② 《政治经济学教科书》，人民出版社1955年版，第46页。
　　③ 《历史研究》，1954年第1期。
　　④ 上海人民出版社1956年2月出版。此处所引，见该书32—33页。

遍布全国的大量公田，是形成封建中央集权的重要物质条件。武帝及其以后的百年间，'公田'制对于维持中央集权是起了很大作用的。"这是很精辟的见解，但是这种公田是一种什么所有制呢，作者没有论及。又如尚钺先生所主编的《中国史纲要》一书对我国封建主义时期每阶段的土地占有形式都加以论述，但对于土地国有制这一问题，也保持了缄默。此外，如1955年新版的《简明中国通史》（吕振羽先生著）和最近出版的《中国历史概要》（翦伯赞先生等著），也都没有提及。不能说，这些著作之未曾论及这一问题，是一种偶然的疏漏；很显然，这里是存在着歧异的看法的，因为对于这样一个重要的问题，我们的先进的史学工作者们是不会不加注意的。

然而，马克思、恩格斯和列宁等革命导师的指示①，以及上引《政治经济学教科书》的论断，都迫使我们对这个问题不得不作认真的考虑。同时，历史教学和历史工作的需要，也迫切地期待着我们的史学界，及早展开研究讨论，获致结果。为了这个缘故，我把自己的一些初步意见整理出来，吁请史学家们加以指正。

一、封建土地国有制和其他土地占有形式的区别②

为了讨论的方便，首先应该把封建土地占有形式的各个概念加以分别。侯外庐先生说："列宁依据马克思的分析，对于土地问题告诉我们要'了解所有权、占有权、支配权、使用权诸概念间的区别。'"③苏联《历史问题》编辑部在总结封建社会形态的基本经济规律的讨论时也说："封建制度下的占有和所有，马克思通常都是严格加以区分的。"④由此可见，对这些概念的共同了解是我们讨论一切土地问题的基础。假如在了解上有了分歧，那么也就很难求得一致的结论了。这里先从"土地所有制"谈起。

---

① 参看《马克思恩格斯论中国》，人民出版社1950年版，第13—31页；和上述侯外庐先生文。

② 《政治经济学教科书》，第193页。以"土地占有形式"概括各种封建的所有制，这里也以之为占有制、所有制等的共名。

③ 《历史研究》，1954年第1期。

④ 《史学译丛》，1955年第5期。

　　土地所有制的最基本的内容是土地所有权的问题。马克思曾不止一次地讨论到这个问题，并且对之作了最一般的界说。他说："土地所有权的前提是某一些私人独占着地体的一定部分，把它当作他们的私人意志的专有领域，排斥一切其他的人去支配它。"① 这个定义，不论是对个体经营的小土地所有者或是占有地租的大土地所有者，也不论是对近代的土地所有者或是对封建主义时期的土地所有者来说，都是同样适用的。C.Jl. 斯卡兹金同志说："因为垄断地占有地球上某些部分的土地，是资本主义生产方式以及通过各种形式来剥削群众的一切生产方式的历史前提和永恒的基础，所以在这方面封建所有制与资产阶级所有制丝毫没有区别。"② 这是完全正确的。因为倘若土地所有者不能把土地当作"私人意志的专有领域"，不能排它地、独占地去支配它，那么，土地怎么能算是他的呢。

　　也许有人说，马克思还指出土地所有权在经济上实现自己的形态就是地租。是的，马克思曾说："地租不管属于何种特殊的形态，它的一切类型，总有这个共通点：地租的占有是土地所有权由以实现的经济形态，并且地租又总是以土地所有权，以某些个别的人对于地球某些部分有所有权这一个事实，作为假定。"③ 又说："地租就是土地所有权在经济实现自己，增殖自己的形态。"④ 那么，这是不是说，假如没有地租的占有，土地所有权就不存在呢？不是的。马克思在这里只是规定地租的性质，而不是分析土地所有权的各种形态。我们从地租的占有固然可以看到土地所有权，但从土地所有权却不一定能看到地租。因为，我们知道，封建地租的构成是农民的剩余劳动或剩余产品⑤，但农民的剩余劳动或剩余产品却不一定要构成地租，要看土地所有权是在谁的手里。假如土地所有权是在独立的自耕农民手里，那么他的剩余劳动或剩余产品就归他自己所有，地租就不出现。反之，若是不在他手里，那么他的剩余劳动或剩余产品就在"地租"的名义之下为土地所有者占有了。这时，地租就成了土地所有权实现自己的经

---

① 《资本论》，第三卷，第803页，人民出版社1953年版。
② 《史学译丛》，1955年第6期。
③ 《资本论》，第三卷，第828页。
④ 同上书卷，第807页。
⑤ 《政治经济学教科书》，44页。

济形态，而土地所有权也就成了地租的假定了。因此，倘若我们把地租看为土地所有权实现自己的唯一形态，那就是片面地误解马克思的话了。马克思在《资本论》这一章的"绪言"里明明说："分析土地所有权，是在本书的范围以外。……不过在资本所生产的剩余价值一部分归于地主的限度内，方才要讨论到它。"①

也许还有人说，在《资本论》的另一个地方，马克思还提到封建土地所有权的属性。他说："在封建时代，军事上诉讼上的裁决权，是土地所有权的属性。"② 但我们应当这样去体会：这种属性乃是指的封建主手中的土地所有权的属性。因为马克思在这里所论证的是资本家在产业上的命令权。为了阐释得更明白，才把这种土地所有权的属性作为譬喻用来和产业上的命令权对举。不难推知，在封建社会里握有土地所有权而可以和资本主义社会中的"产业上的命令者"（资本家）相对的，是什么人呢？当然不是一般有着土地所有权的小所有者，而是封建主。因此，可以说，这是封建主的土地所有权的特殊属性。这种属性构成超经济强制的主要手段。没有这种属性，封建主们就不可能统治依附的农民，"他就不能强迫被分与土地而自行经营的人们来为他做工"。③

这样看来，对于土地所有权的最一般的规定，就是上面已经引及的马克思所说的"土地所有权的前提"。这也就是斯大林所说的"归谁所有"和"归谁支配"的问题。从这里，封建的土地所有制和占有制就由以判分了；假如拥有土地的人们，能够把他们拥有的土地"当作他们的私人意志的专有领域"，能够独占地、排他地支配它，那么，他们就是土地所有者，而这种土地占有形式就是"土地所有制"。反之，假若他们虽然拥有土地，但不能对土地具备这样的支配能力，那么，他们就只能是土地的占有者；而这样的土地占有形式就是"土地占有制"。

根据以上的了解，我们首先来考察一下我国封建土地国有制和封建土地占有制（或大土地占有制）的区别，这是最容易被混淆的。它们之所以

---

① 《资本论》，第三卷，第801页。
② 同上书，第一卷，第398页。
③ 《俄国资本主义的发展》，人民出版社1953年版，第161页。

容易被混淆，根源又在于封建专制帝王性质的问题。

我国整个封建主义时期的专制帝王，都是具有二重性的。一方面，他们是封建国家的唯一代表，握有无限的权威，正如马克思说的"国家（例如东方专制帝王）"①，他和"国家"可以说是同义语；另一方面，他又是一个大土地占有者，和其他权贵一样，私人占有大量土地。前一种性质是人所共知的，用不着说明。后一种性质则是比较隐晦的，需要略加论述。

在拥有国有土地的封建国家里，专制帝王是唯一的封建国家的代表，是这些土地的最高支配者。他有这样的权力：或者把国有土地置于国家的直接支配之下，或者把它们赏赐给权贵勋戚。而他自己呢，当然更可以从中攫取一大部分作为自己的私产。由于他对于作为国家所有的土地和作为他私人占有的土地，都同样具有无上的支配权力，所以两种土地的不同性质，以及由此产生的、他本人的两种不同性质，就很容易地被混同了。可是实际上两者是有区别的，而且随着私有制的发展，区别是愈来愈显著的。从《史记》、《汉书》的记载看来，远在秦汉时期，这种区别就很清晰地被人们记载了。

据《汉书》卷十九上《百官公卿表》可知，在秦汉的朝廷组织中，同时有两种掌管财赋的官：一类是以"治粟内史""大农令""大司农"为首的"掌谷货"，"供军国之用"的，另一类是以"少府"为首的"掌山海池泽之税，以给共养"的。《汉书》在"少府"之下注云："应劭曰：'名曰禁钱，以给私养，自别为藏；少者小也，故称少府'。师古曰：'大司农供军国之用，少府以养天子也。'"这里，显然可以看出，作为皇帝"私养"的税收和作为"军国之用"的"谷货"，不唯有分别的管理，而且有不同的来源，《史记·平准书》说。"山川园池市井租税之入，自天子以至于封君汤沐邑，皆各为私奉养焉，不领于天下之经费。"可见作为天子"奉养"的"租税之入"是和"封君汤沐邑"一样的，同属私有的性质，而与"天下之经费"有显著的区别。相应于这种区别，所以在设官分职上也有了大司农和少府

① 《马克思恩格斯论中国》，人民出版社1953年版，第26页；《资本论》，第三卷，第409页作"国家（例如东方的专制者）"，义同。

之类的区别。

上引《史记·平准书》的记载又见于《汉书·食货志》。但后者把"不领于天下之经费"作"不领于天子之经费。"假若不是鲁鱼亥豕之讹，那么它就给我们证明了，在汉人的意识中，二者是同义的。这正符合马克思把"东方专制帝王"当作同义语用来诠注"国家"的理论。《汉书》"天子之经费"与作为"私奉养"的"租税之入"，仍照录《史记》原文，又可见班固也和司马迁一样，是把国有和私有加以区别的。在这里，"天子"一辞既代表了国家又代表了私有主，很明白地可以看出君主的二重性。秦汉以来，这种区别仍然存在，而是愈来愈为显著的；因为大土地所有制的逐渐强化，使皇帝的私有主性质也更为突出。特别是自唐宋庄园经济发达以后，表现得尤为清楚，例如，唐代部分国有土地，采取了当时最有利的经营方式——庄园制，成立了"官庄"；同时或稍后，皇帝私人占有的土地也以同样的形式组织成为庄园。由于两者占有的性质不同，所以唐朝的统治者先后设立了"庄宅使""官使""宫苑使"和"内庄宅使""内园使""内宫苑使"等两个系统的官，分别管理两种庄园田宅。这两种并存而不同的占有形式，虽然后来有许多名称上的和制度上的变异，但实质上却是一直延续下去的。例如：宋代的省庄与御庄；明代的官庄与宫庄、皇庄。由此可见，这种国有和私有的区分不是某一朝代偶然出现的现象，而是自秦汉以来的封建主义时期里都普遍存在的事实。

列宁在《告农村贫民书》中指出，俄国那时还存在着大量的国有土地①，还是沙皇专制政体。而"沙皇的专制政体就是表示沙皇的无限权力"，一切"都由沙皇按其个人无限专制的威权独断独行"②。可是虽然如此，沙皇仍是一个"私有主"。他私人占有的土地，列宁名之为"私产"，不仅严格地把这种土地和国有土地区别开，而且把它和"亲王采地"混合计算，与教堂、庙宇等其他大土地所有主的土地并举。列宁分析当时的土地占有情况说，"私有主的一亿零九百万俄亩土地中，七百万俄亩是亲王采地，即为皇室中人的私产。沙皇与他的皇族，这是俄国的第一等地主，是最大

---

① 《告农村贫民书》，人民出版社1954年版，第20页。
② 《告农村贫民书》，人民出版社1954年版，第6页。

的地主"①。又说，"许多好的土地是在大的土地所有主手里（沙皇也包括在内）"②，由此可见，沙皇也是具有二重性的，而这种二重性，列宁是严格地加以区别的。

此外，我们还可再举苏联史学家 M·帕克分析朝鲜李氏王朝时期土地占有情况的例子③，作为参考。帕克说："在朝鲜，虽然土地占有制有各种不同的形式，可是一直到19世纪末叶，国家土地所有制的原则还保持着它的效力，根据法律的精神，认为以君王为代表的国家是最高的土地所有者。"可是另一方面，世袭的大土地占有制也同时存在。帕克又说："根据《大典通编》的资料，我们可以对大土地占有制的某些范畴得出一个概念。属于君王及其妻室、子女等人的宫廷土地（宫房田），是免除国家捐税的极大部分土地。"由此可见，朝鲜国王李氏一方面是国家的代表，同时又是一个大土地占有者，也是具有二重性的。而这种二重性，在帕克的论文里也是明显地加以区别的。

根据我国历史的实况，结合俄罗斯和朝鲜的例子，我国专制帝王"私有主"的性质是可以和他的封建国家代表的性质明显地区别的。既然如此，那么，其他大土地占有者和封建国家之间，当然更可以区别了。这种区别，从下面两点，可以鲜明地看出来。（1）大土地占有制是在土地国有制范围以内存在的。一切大土地占有者，不论在"封建阶梯"上的等级如何高，他对土地的占有权总是得自专制帝王的。所谓的封国、藩国、汤沐邑、皇庄、宫庄以及各色各样的赏田、赐田、官户田、分地、勋庄……都是这样。因此之故，他们没有对土地的最后支配权力，不能把这种土地"当作他们的私人意志的专有领域"，而任意出卖、转赠、遗传……而且每当改朝换代或宫廷政变的时候，他们的土地占有权就经常遭受剥夺。甚至在平常的时候，专制帝王也可以向他们收回土地。如此看来，他们对土地占有的性质是很明显的。（2）另一个重要的区别是地租。马克思说："假设相对出

---

① 《告农村贫民书》，人民出版社1954年版，第18页。
② 《告农村贫民书》，人民出版社1954年版，第20页。
③ 参看《史学译丛》，1955年第3期，M·帕克：《论十九世纪朝鲜的社会经济关系》一文。

现的，不是私有土地的地主，却像在亚细亚一样，是那种对于他们① 是地主同时又是主权者的国家，地租和课税就会合并在一起，或不如说，不会再有什么和这个地租形态不同的课税。"② 可见地租和课税之合并在一起与否，是判别私有土地和国有土地的一个界标。从这个界标来看我国封建的土地国有制和大土地占有制，界限是很清晰的。在土地国有制之下，农民所缴纳的只是国家的赋役，此外更没有什么"和这个地租形态不同的课税"，也没有什么和这个课税不同的地租；而在大土地占有制之下，则所缴纳的是私租，在性质上和数量上都和课税不同。照封建社会的法律规定，他们还得对国家纳赋应役（荫附避役是法所不许的），也就是说，还得缴纳"和这个地租形态不同的课税"。这说明大土地占有制的私有性，也说明它和土地国有制的不同。

由此可见，大土地占有制和土地国有制是有严格的区别的。可是，侯外庐先生在这一点把二者的区别泯灭了。他在征引了《资本论》"国家是最高的地主"的那段引文之后，接着便说："我们从中国历史看来，这样的最高地主，就是皇族地主，也即马克思指的'国家（例如东方专制帝王）'，或'君王是主要的土地所有者'"。从而侯先生把我国的土地国有制名之为"皇族土地所有制"③，在这里，"国家""专制帝王""君王"和"皇族"等概念显然是被等同起来了。而"皇族"是指什么呢？和我们习惯上所了解的一样，是指的一个集团——"皇族地主集团"④。从我们的观点看来，这个集团可以包括"君王"在内，但不能等于"国家"。它之所以能

---

① 指直接生产者而言——本文作者。

② 《资本论》，第三卷，第1032页；这则引文，吴大琨先生以为不是"对于东方'封建土地所有制'的'指示'"（见《历史研究》，1956年第3期），可是不仅吴先生所反驳的那位戚其章先生把它体会为是"对封建土地所有制"的"指示"，其他史学家们也颇有同样的看法的，我国学者如侯外庐先生（参看《历史研究》1954年第1期，苏联学者如С·Д·斯卡兹金（参看《史学译丛》1955年第6期）和Ｓ·Ф·波尔什涅夫如此说。波氏说："《资本论》第三卷第四七章这篇著作——它到现在仍被马克思主义者认为是所有研究封建社会形态的历史学家和经济学家的原理和基础。列宁在说到封建主义时，总是首先从这一章的范畴和结论出发。"（《史学译丛》，1955年第5期）。

③ 《历史研究》，1954年第1期。

④ 《历史研究》，1954年第1期。

包括"君王"在内，是因为君主也具有私有主的性质，其所以不能等于"国家"，是因为国家是整个"地主阶级的驯良的仆人"①，国有土地还不是皇帝个人的私产。至于其他皇族成员，除了通过赏赐的方式以外，更不能以国有土地为私产。而国有土地的赏赐和他们享有赏赐权利的久暂，完全是他们自己意志以外的事情。因之他们对土地的关系，和其他勋戚权幸一样，却只是占有而非所有。"皇族土地所有制"一语是不够确切的。

上面略论了土地国有制和大土地占有制的区别，下面还应当说一说大土地所有制与大土地占有制之间的差异。

二者的差异，主要还是表现在土地所有权上。和大土地占有者不同，大土地所有者是有土地所有权的。他们之取得土地主要是通过自由买卖或其他兼并的方式，而不是由于赏赐。他们对于自己所拥有的土地，可以按照自己的意志出卖、赠予、遗传、典押……任意加以支配，是受封建国家法律的保障的。还有，他们对土地的私有关系比大土地占有制更为巩固；除了极少数的例外，通常不受政权变动的影响，只有农民起义的时候，他们的土地所有权才会发生动摇。除此之外，他们是可以永久地、排他地独占土地的。他们不仅在人数上，而且在垄断土地的面积的总和上，较之大土地占有者都是为数更多的。这种土地占有形式是我国封建社会构成的主要基础。

当然，这并不是说，这两种土地占有形式在其并存的历史实际中，也和在我们观念中一样，是那么截然划开的。事实上，它们之间是纠缠不清的；大土地占有者常常"广置田园"，"强市人田宅"……大土地所有者也常常"因其富厚，交通王侯"……他们通过封建社会的各种制度，分享封建社会的各种特权，或者"把持朝政"，或者"武断乡曲"，二者共同结成一个剥削广大农民的地主阶级，站在人民的头上，正如一座"黑暗的森林"②。但是，另一方面，他们之间有时也是有矛盾的。当帝王的土地赏赐和对小农土地的掠夺，都不能满足欲壑的时候，大土地占有者也会不择手段向拥有膏腴田园的大土地所有者进攻的；或者当朝廷内外的官职爵禄均

① 列宁语，见《告农村贫民书》，第20页。
② 《告农村贫民书》，第8页。

已为大土地占有者把持殆尽，无从再挤进去的时候，大土地所有者也会和处于"封建阶梯"下层的中小土地所有者结成"朋党"，共同向大土地占有者进行政权的争夺。这一矛盾，就是许多朝代的党争的本质。

以上简略地叙述了封建的土地国有制、大土地占有制和大土地所有制三者的相互区别。除了这三种土地占有形式之外，还有小农土地所有制和残余的村社所有制（如一乡一村的公地公田之类）也是同时存在的。但是这些土地占有形式和土地国有制的区别，自来都是很清楚的，所以这里就不再加叙述了。

二、土地国有制溯源

尽管对我国奴隶占有制社会和封建主义社会的分期问题，怀抱着分歧的见解，但是对西周时期土地都属王有或国有这一历史事实，似乎各家都无异辞。例如：

1. 郭沫若先生说：

> "周代的特征是一切生产资材均为王室所有（殷代也应该是这样），所谓'普天之下莫非王土，率土之滨莫非王臣'，一切农业土地和农业劳动都是王者所有，……"[①]

2. 侯外庐先生说：

> "土地国有制是周代的特点，……"
> "……土地是西周的主要生产资料，这种生产资料的所有形态是'国有'或'曾孙田之'的氏族贵族所有制。……"[②]

[①] 《奴隶制时代》，上海新文艺出版社1952年版，15页。

[②] 《中国古代社会史论》，人民出版社1955年版，18、85页。（"氏族贵族所有制"一词，我以为应作"氏族贵族占有制"，详下。）

3. 范文澜先生说：

"……周天子自称是上天的元子（长子），上天付给他土地和臣民，因此得施行所有权。……孔子说：'天无二日，土无二王，家无二主，尊无二上'，实际意义就是土地一级一级自上而下归一个人所有。……"

"……天子是最高的土地所有者，有权向每一个生活在土地上的贵族和庶民取得贡赋，也有权向接受土地者收回土地。……"①

4. 吕振羽先生说：

"〔武王〕革命军在占领殷朝首都获得决定性胜利后，便一面解放奴隶，一面宣布土地为'王'所有，臣民都须从王所表征的革命权力的原则（《诗·北山》'溥天之下，莫非王土；率土之滨，莫非王臣。'）土地都由王的名义去册封。……这样，新的封建贵族的土地占有，便代替了原来奴隶主的国有。……"②

5. 翦伯赞先生说：

"……天子以一部分土地分赐诸侯，诸侯在国内以一部分土地（称为采邑）分赐大夫，这样就形成了一个土地所有者阶级。……"

"……周王是天下的宗子，诸侯是一国的宗子，大夫是一家的宗子。这种政治上的等级不同的宗子，就是土地大小不同的各级土地所有者。"

"……西周以来，土地完全为宗子（贵族领主）所有，不得

---

① 《中国通史简编》，修订本第一编，人民出版社1953年版，16、62页。
② 《简明中国通史》，人民出版社1955年新一版，72页。

买卖。……"①

不必作更多的征引，由上引诸说已经可以看出，虽然提法和所使用的科学术语有不一致，但土地"王有"这一事实，却是诸家共同承认的。而所谓土地"王有"，依据上引马克思的论断，实质上就是"国有"。

这种土地国有制，若要上溯到它的最早渊源，那还不止于西周，殷代就已存在了②。郭沫若先生说："殷代是在用井田方式来从事农业生产的"，"周代同样施行着井田制"。而井田"只是公家的俸田"，"这是土地国有制的骨干"③。这种制度一直到战国初年的"魏文侯当时似乎还没有废弃"④；"王有"的原则，在春秋时也还具有效力⑤。因此，可以说，土地国有制在我国的整个奴隶占有制时期里都是存在着的。

那么，到了战国时期，当井田制已经废弃之后，土地国有制是否还存在呢？答复是肯定的，不过它已经转变为新的形式——封建的土地国有制了。正如井田制是春秋以前的土地国有制的骨干一样，初期的郡县制就是这种新的土地国有制的骨干。从郡县制的创立和它初期的发展，可以看出新的封建的土地国有制的存在和演变的过程。下面试对这一点略作论述。

春秋以前的国有土地——井田，"不是给予老百姓，而是给予诸侯和百官的。诸侯和百官得到田地，再分配给农人耕种以榨取他们的血汗"⑥，除了这种占有形式之外，我们未曾看到其他的占有形式（例如国家直接占有或授予农民占有）存在于国有土地之上，因此，大土地占有制就和土地国有制完全复合在一起，而后者且为前者所掩，以致我们常把它们不加区别地等同起来，或者竟以后者代替了前者。例如上引的侯外庐先生之说，

---

① 《中国历史概要》，人民出版社1956年版，516页。（我以为这里的"所有者""所有"，都应易作"占有者""占有"，详下。）

② 除了这里引为"根据的"郭沫若先生的说法外，吕振羽先生也说殷代是土地国有制，不过他说，那时的土地国有，"实即部族所有的原则"。详见《简明中国通史》，50—51页。

③ 《奴隶翩时代》，6、15、19页。

④ 《奴隶翩时代》，35页。

⑤ 《奴隶翩时代》，15页。

⑥ 《奴隶翩时代》，16页。

就是把二者等同，因而在肯定土地国有制并特别指出不是土地私有制的同时，又把它称为"氏族贵族所有制"；而范文澜先生和翦伯赞先生则把从王到大夫都称为"土地所有者"①。但是二者毕竟是有区别的。这种区别就在于"王者虽把土地和劳力分赐给诸侯和臣下，但也只让他们有享有权而无私有权"②；他们不能把土地自由买卖③；王者有权收回或"夺取臣下的田土和人民而更易其主"④。

这种土地占有形式，到了春秋战国之世，已经表现出不能适应新的历史发展形势，和许多方面都发生矛盾了。在那许多矛盾之中，它和正在形成着的中央集权国家的矛盾是很突出的、显著的矛盾之一。春秋时的诸侯和战国时的国王们都尽力使自己的国家强大，以兼并其他的国家；可是他们所统属的封君大臣们却向他争夺土地和人民，以扩张自己的势力。列宁说："从前土地是主要势力——在农奴制时代就是如此：谁有土地，谁就有势力，有权柄。"⑤这些封君大臣们占有大量土地，具有强大的势力和权柄，从而削弱了国家的力量。吴起对楚悼王说："〔楚国〕大臣太重，封君太众，若此则上伏主而下虐民，此贫国弱兵之道也。"⑥其实这不仅楚国为然，别的国家也是一样。对于这种形势，封建的国王们是不能不作生与死的战斗的，所以一进入战国时期，他们都先后实行了变法。所谓变法，实质上就是最高的土地所有者，取消封君大臣的土地占有，而向他们收回土地所有权。同时，另一方面，对于新兼并来的土地，自然不复完全让封君大臣占有，而是越来越多地置于国家的统治之下，以便集中更多的权力。马克思说："在这里，主权就是在全国范围内集中的土地所有权。"⑦封建的国王们，从历史和现实的重复多次的教训中，已经是逐渐意识到这一真

---

① 范先生之说见《中国通史简编》修订本第一编，67页；翦先生之说见《中国历史概要》，5页，（这里所说的区别，不论当时的社会性质如何，都是不应抹去的，所以这里也引了他们二位的说法。）

② 《奴隶制时代》，15页。

③ 《中国古代社会史论》，18页。

④ 《奴隶制时代》，15页；并可参看上引范文澜先生之说。

⑤ 《告农村贫民书》，第13—14页。

⑥ 《韩非子·和氏篇》。

⑦ 《资本论》，第三卷，第1032页。

理了。因而许多国家都实施了郡县制。

从这一角度看去，"郡县制"就是相应于这种形势的需要而产生的。根据《日知录》卷二二"郡县"条所辑录，复经侯外庐先生所增益的[①]有关郡县的史料可知：有的是由于取消贵族的土地占有而产生的，如"分祈氏之田，以为七县；分羊舌氏之田，以为三县"[②]；商鞅"集小都乡邑聚为县"[③]，有的，为数更多的，是由兼并他国的土地而产生的，如楚子县陈[④]之类（这一种郡县之所以为数更多，可能是因在兼并得来的土地上设置郡县，较之在贵族占有土地上设置，更少国内传统阻力的缘故）。至于郡的产生，几乎全是由于攻战兼并而来；设置的目的最初乃是为了军事的需要[⑤]（如春申君以淮北边齐，请以为郡；燕、赵、魏均于北边置郡以拒胡、戎），因此，它多设置于边郡。姚姬传说："郡远而县近，县成聚富庶，而郡荒陋。"[⑥] 侯外庐先生引《史记》说："郡县的意义是，县指'悬而不离土地'，郡指'人以群聚为郡'。"[⑦] 可见，县的设置目的主要是为了束缚农民于土地，以便于剥削，和"群聚"拒敌的郡有异。这种郡县，在春秋时期，甚至于战国初期，尚有以为赏赐封赠的，这说明郡县的土地是属于王有。但是从郡县制的发展来看，以为赏赐的事情，可以说只是旧传统的残余影响，直属于国家的统治才是主流的现象。这从秦始皇统一之后，"不立尺土之封，分天下为郡县"的措施可以显然看出。

其次，还有一个问题不应遗漏，就是在郡县土地上的直接生产者是什么身份的人？对这个问题，郭沫若、侯外庐两先生提出了精辟的见解。郭先生根据李悝的"尽地力之教"指出，魏文侯之时，耕种"公田的农民

---

① 参看《中国古代社会史论》，91—93页。

② 《左传》昭二十八年。

③ 侯外庐先生释云："废公族单位。"见《中国古代社会史论》，97页。

④ 《左传》宣十一年。

⑤ 杨宽：《战国史》，111—112页，（谓春秋时的县和战国时的郡，设置初意都是为了国防，可参看。）

⑥ 《日知录集释》"郡县"条注。

⑦ 《日知录集释》，90页，（本文作者按，张守节"正义"赤云："郡，人所群聚也。"见《秦始皇本纪》。）

都已经解放了，就仿佛是国家佃农形态"①。侯先生说："郡县在成立的缓慢过程中发生了隶农形态，所谓'其犹隶农也'（《晋语》）。"② 又说："战国灭国设置郡县的变法……酝酿出土地小私有的形态（如李悝的经济政策……）。"③ 从这个时期以前和以后的农民身份的不同看来，这种论断是符合当时的实际情况的。这种"小土地私有形态"，从土地占有形式上说，就是国家土地所有制下的农民经济。在这种制度下的直接生产者，虽然较之奴隶是"已经解放了"，但仍然不能离开土地。"悬而不离土地曰县"，正说明"国家佃农"对土地的依附关系。由此可知，战国时期的"县"原来就是国家土地所有制形式下的土地区划。郡则有所不同，它既是为了"群聚"抗敌的军事目的而设置，而所置又多在边陲，可以设想，它原来是一种国防沿边的耕战组织，进一步才演变为边疆上的军事区划，后来又推广到内地。这样说来，县和后世的"公田""课田""均田"等性质相近，应该就是后世的这些土地制度之所由昉；"郡"和后世的"屯田""营田"等性质相近，应该就是这类制度的滥觞。

到秦统一之时，郡县制度已经有了很大发展；它已经演变成国家机器的两个正式等级；它的统治对象已经不限于局部地区和局部臣民，而是扩及一切的土地和臣民了。于是在这扩大了的新郡县制度的统治之下，就存在着其他的土地占有形式了。大封建土地所有制如以后任何时期一般，利用统一政权对私有财产的庇护，逐渐地，但一刻也不放松地，通过制度化了的土地买卖或其他特权，向国有土地进攻。其结果到了秦时，就造成董仲舒所说的"富者田连阡陌，贫者亡立锥之地"的现象，这就使得国家土地所有制相对缩小，因之，我们对土地国有制的视线，就被大土地所有制翳障了。但这只是一时期的翳障而已，农民大起义之后，它又清晰地出现于我们的视野了（这在下文还要论及）。由此可见，封建的土地国有制并非无源之水，它是有着深远的历史渊源的。

---

① 《奴隶制时代》，35页。这里的"公田"，是指"井田"而言。
② 《中国古代社会史论》，93页。
③ 《中国古代社会史论》，95页。

三、土地国有制和北方地理环境的关系

我国是一个伟大的国家，各地区的自然条件有很大的差异。毫无疑问，这种差异给予社会发展以巨大的影响。马克思指导我们："同一——就主要条件说同一的——经济基础，仍然可以由无数不同的经验上的事情，自然条件、种族关系、各种由外部发生作用的历史影响等等，而在现象上显示出无穷无尽的变异和等级差别。对于这些，只有由这各种经验上给予的事情的分析来理解。"① 根据这一原理，我们研究我国历史上的许多重大问题，都必须考虑到自然条件的差异，否则就会扞格而难通。特别是讨论与农业生产有密切关系的土地制度这样的问题，更不可不把差异的自然条件的作用估计在内。现在我们就从这一角度来考查一下我国封建土地国有制的问题。

我们知道，我国封建时期的国有土地主要是分布于北方。例如历代屯田，不仅军屯，而且民屯、商屯都在北方。又如均田，不仅北魏，而且隋唐，也是以北方为主。屯田是最纯粹的国有土地，其存在固然由于军事的需要，但军事需要何以要采取这种形式呢？南方，边疆每扩大一步，私有土地就随之扩大一步，而北方许多朝代都以政治力量移民实边，但若国家的经营一旦废弛，就会民逃而边虚。这种情况，可以说，和北方的纬度成正比，愈北而愈显然。最能说明的例子是，三国时，三国都屯田，但规模与成效，吴、蜀均不及曹魏，原因之一，就是北方的地理环境。由此可见，这不是一种偶然的现象，而是和北方自然条件的特殊性有着密切的联系的。

马克思说：

"气候和土壤条件，特别是从撒哈拉穿过阿拉伯、波斯、印度和鞑靼区直到亚洲高原最高地区的这一广袤的荒漠地带，使利用运河和水利工程进行的灌溉成了东方农业的基础。"②

恩格斯也同样指出，并且说：

---

① 《资本论》，第三卷，第1033页。
② 《马克思恩格斯列宁斯大林论水利》，人民出版社1955年版，第6页。

"在那里，人工灌溉是农业的第一个条件。"①

马克思、恩格斯的上述论点，在《政治经济学教科书》里，得到进一步的发挥。教科书说：

> "在古代东方的奴隶占有制国家中，广为流行的是土地的村社所有制式和国家所有制形式。这些所有制形式的存在是同以灌溉为基础的耕作制相联系的。在东方的江河流域，灌溉农业需要大量的劳动来建筑堤坝、水渠、蓄水池和排除积水。这就有必要在广大的地区内集中建立和使用灌溉系统。'这里农业是主要建筑在人工灌溉的基础上，而人工灌溉则是村社、各省或中央的事。'② 随着奴隶制的发展，村社的土地集中在国家手中。拥有无限权力的帝王是最高的土地所有者。"③

体会上面征引的理论，可以知道：（1）土地国有制根源于人工灌溉，（2）人工灌溉又是根源于气候和土壤条件，（3）这里所说的气候和土壤条件，是以从撒哈拉到亚洲高原最高地区的荒漠地带为代表的那一类型。根据这样认识，来看看我国的情况怎样吧。

我们所说的"北方"，就是过去习惯所指的黄河流域④。这个区域的自然特点是：在地理位置上，毗连蒙古沙漠草原，和马克思所说的"荒漠地带"紧相邻接。在气候方面，"雨量很少，平均全年只降雨400毫米，约为

---

① 马克思恩格斯列宁斯大林论水利》，人民出版社1955年版，第5页。这一句话，下引《政治经济学教科书》文中也已引及，但译文略有不同。

② 《政治经济学教科书》原注："见恩格斯《一八五三年六月六日致马克思的信》，《马克思恩格斯全集》俄文版第二一卷第四九四页"。

③ 《政治经济学教科书》，第30页。

④ 邓子恢副总理：《关于根治黄河水害和开发黄河水利的综合规划报告》（水利部编，财政经济出版社1955年版，7页）说："按过去习惯，把黄河所经青海省、甘肃省、内蒙古自治区原绥远省部分、陕西省、山西省、河南省、山东省的全境，加上同黄河密切相关的河北省全境，都称作黄河流域的范围。"

长江中游地区平均年雨量的三分之一，东南沿海地区平均年雨量的四分之一"。"有些地方由于雨量特少，如甘肃北部和内蒙古西南部，已成为沙漠区或半沙漠区"。而这很少的雨量，却又有"一半左右经常集中在夏季的七、八两月"，极不调匀。在土壤方面，这是一个黄土地区。"西起六盘山、贺兰山、北起阴山、东至太行山，南至秦岭，有一个世界上最大的黄土区域，这个区域基本上就是黄河中游地区"。而"今天的华北平原以至淮河平原主要地区都是黄河和它的支流冲积的产物"，大部分地表也为黄土所覆被，所以说，这是一个黄土地区。黄土含有丰富的矿物质，是极其宝贵的土壤。但它的结构疏松，一方面容易透水，使雨水大量流失，造成河水暴涨暴落现象。另一方面特别容易受侵蚀冲刷，使土壤也大量流失，于是在高原地区，河身便被冲刷成很深的沟壑，水由地中行，在平原地区，泥沙逐渐沉积，又造成河身淤浅，甚至高出地面的"地上河"（如黄河），而共同的结果则是，河水不易加以利用，水旱之灾频仍[①]。

这些特点，对农业生产自然要发生巨大的影响。第一，由于雨量很少，就不能不施行人工灌溉，所以灌溉自来都是黄河流域农业的基础。第二，由于水土易于流失，河水难以利用，于是不能不兴修堤坝、河渠等水利工程，建立灌溉系统。这是我国过去史不绝书的现象。例如古代关于大禹的传说，不仅歌颂他"凿龙门""疏九河"，治平了洪水，而且还歌颂他"尽力乎沟洫"。这反映"建立和使用灌溉系统"导源很早。又如在西周井田制之下，"动辄就是两千人（'千耦其耘'）或两万人（'十千维耦'）同时耕作"[②]。倘若不是由于"有必要在广大的地区内集中建立和使用灌溉系统"，那么，这就成为不可思议的夸大了。井田，当然不会像古人所想象那样的，有如几何图案一般的方块，但是它也一定相当整齐。因为从灌溉系统去了解井田，这是当时最适宜的形式；假若零乱错综，那就要浪费渠道和水利。所以它很可能就是当时的灌溉系统。这从西周以后的文献中还可以窥见它们的关系。如《左传》：襄十五年，"初、子驷为田洫，司氏、堵氏、侯氏、子师氏皆丧田焉"；襄三十年，"子产使都鄙有章，上下有服，

---

① 这一段叙述主要是根据邓副总理的报告，引文也是从其中摘录的。

② 《奴隶制时代》，16页。

田有封洫，庐井有伍"；都是田洫并举。所谓田，就是井田，至若《周礼·遂人》所说的遂沟洫浍川等制，更反映了古代灌溉系统的规模。在古代生产力很低的条件之下，要建立这样的灌溉系统，自然不是小私有者所能胜任的。假若田土都小块小块地成为私人所有，此疆彼界，各私其私，那就无从"花费大量的劳动来建筑堤坝，水渠……"等水利工程了。这样，就不难理解殷周的土地制度是土地国有制，而井田又是"土地国有制的骨干"的说法，是何等的正确了。

由此可见，我国古代在黄河流域所出现的灌溉农业的耕作制，正是那个地区的"气候和土壤条件"的必然产物；而殷周时代的土地国有制或王有制又正是与之相联系而存在的土地制度。可以说，我国古代的具体历史说明了马克思、恩格斯和《政治经济学教科书》所指出的一般规律，而这一般规律又指导我们对我国古代的具体历史能有正确的理解。

时代进入封建主义之后，社会制度已经起了严重的变革，可是黄河流域的"气候和土壤条件"并无"稍许严重的变革"。它仍然发挥它的作用，继续给予生产斗争以巨大的影响。《政治经济学教科书》说："在封建主义时代，农业起主要作用，而农业各部门中又以耕作业占主要地位。"[①] 我国的情形正是这样，因之"气候和土壤条件"的影响也主要表现在农业方面。自然，封建主义时代的生产力是进步得多了，可是在黄河流域的自然条件下，除了"集中建立和使用灌溉系统"外，也还是没有旁的适应方法（当然在规模上是更为巨大）。因此，人工灌溉仍然是那里农业的第一个条件，利用运河和水利工程进行灌溉也仍是那里农业的基础。具体的例子，如陕西的郑国渠、北渠、丰利渠……；河南的钳卢陂、召堰……；河北的督亢渠、戾陵堰……；山西的涑水渠、新绛渠以及晋祠、龙池、鼓堆等泉……都是无数顷农田的可耕条件；它们的兴废经常决定着它们灌溉所及的广大田亩的耕作或荒芜。这些水利工程，由于它们规模的巨大，不唯不是小生产者所能办，而且也不是一般的大土地所有者所能兴修的。所以，几乎毫无例外地，它们的开创者或者重修者都是封建王朝的中央或地方政府。所

---

① 《政治经济学教科书》，第42页。

以，在我国的封建朝廷里，马克思、恩格斯所说的"水利工程部[①]"总是占着重要的位置。这样，水就为封建国家所有了（在我国历史上，还不曾有过个人私有一条河渠的事）。马克思说："象水一类东西，在它归一个所有者所有，表现为土地附属物的限度内，我们是把它作为土地来理解的。"[②]在封建时期的黄河流域，可以说，水就是土地，因为在当时生产力水平的限制下，占有一块没有水的土地是没有什么意义的。必须"附属"于有水的土地才能具有经济上的价值。封建国家，就这样由于控制了水，从而控制了土地，更从而控制了土地上的人。封建土地国有制的存在，也像奴隶占有时期一样，仍然是"同以灌溉为基础的耕作制相联系的"。但是，我们不能就因此把封建的土地国有制和奴隶占有制时期的土地国有制混为一谈，因为在封建土地国有制下的直接生产者已经不是奴隶，而是"国家佃农"了。

在这里，可能有这样的疑问：在黄河流域以外的地区也有大规模的水利工程（如四川的都江堰、浙江的鉴湖……），为什么不能和黄河流域同日而语？回答还是，由于"气候和土壤条件"。黄河流域的气候和土壤既如上述，因之，那里的水利工程是极不稳定的。只要一个短期失于疏瀹，它就会很快地由湮塞而干涸，于是它所灌溉的良田沃土又以"荒地"的姿态而出现了。当这些土地还是良田沃土的时候，它可能已经变成大土地私有者的私产，可是当又复荒废和农民大起义之后，它又重新回到国家的手中，黄河流域的国有土地，就这样循环往复地存在了下来。南方不然，由于水土不那么容易流失，大规模的水利工程可以历千数百年而不废。试一检上举的都江堰、鉴湖的历史便可说明。这样，由这些水利的增修而产生的官田、官地，一旦转化为私有之后，便很难再回到国家手中。这也就部分地说明了，为什么大封建土地所有制（例如庄园）会更多地存在于南方。

据以上所述，可以断言，封建土地国有制的主要存在于北方，是和黄河流域的地理环境有密切联系的。

---

① 参看《马克思恩格斯列宁斯大林论水利》，第15、16页。
② 《资本论》，第803页。

四、土地国有制和农民大起义的关系

上面从地理环境上，说明土地国有制所以在北方存在的原因。但是，这个原因还是带一般性的；不能单靠它来解释这样的问题：为什么"地理环境方面一种稍许严重的变更都需要几百万年"[①]，而土地国有制却在封建主义时期中屡蹶屡起地不断变化着？对这个问题的解答，只能从阶级斗争中去寻求。

上文说过，在我国封建主义时期中，除了土地国有制外，还有大土地占有制、大土地所有制等与之并存；而且大土地占有制又是在土地国有制的范围内存在的。这样，封建国家自然不可能在土地国有制和大土地占有制或大土地所有制之间，树立一道绝缘的障壁，即使某些有远见的帝王，曾企图用律令和制度建立这样一道障壁，但是由于封建国家的本质就是"地主阶级底驯良的仆人"，所以这种律令制度的效力总是很有限的，而且常是很快就遭到破坏的；有许多时候，这种破坏者就是封建国家自己。例如，以大量国有土地赏赐权贵亲幸，或听任他们对国有土地蚕食鲸吞……大体说来每个朝代到了一定时期之后，由于统治政权的腐朽和权贵亲幸的增多，这种情形就更为严重。

土地国有制，就是这样日朘月削地被破坏而衰微了。大土地占有制和大土地所有制，特别是前者，却日益扩大了他们的领域。这样，一片片的国有土地及其上面的"国家佃农"，就转化成私有主的财产和依附农民。这种转变在黄河流域具有特别重大的意义，因为它的严重后果之一就是它破坏了那里的灌溉系统。

上节讲过，黄河流域的农业是以灌溉为基础的；那里的灌溉系统又必须是规模巨大的和经常修治的，为此就必须有"集中的土地所有权"——土地国有制，才能从事建立并有效使用。可是，当大土地占有制和大土地所有制代替了土地国有制之后，情形便完全不同了。第一，由于占有国有土地的私有主多是权贵亲幸之类，而权贵亲幸之类是没有组织生产的能力

---

① 《联共（布）党史简明教程》，莫斯科外国文书籍出版局1949年版，第146页。

的。他们"只是剥削者而不是任何其他的人"。^①因此，灌溉系统的经常
修治成为不可能；第二，由于他们多是占有膏腴肥沃的土地，而把贫瘠的
土地弃置，又由于灌溉系统之大，很少的占有者能占有整个灌溉系统的土
地，于是，灌溉系统就被割裂切断而遭受破坏；第三，在割裂切断的占有
情况下，加以私有主的自私天性，他们或者是"独擅水利"，或者是"以
邻为壑"，灌溉系统就更容易受到破坏；第四，更其严重的是，农民们在
私有主的残酷的压迫和剥削下，处境十分悲惨，因而，也没有可能"花费
大量的劳动来建筑堤坝、水渠……"等工程。在这些原因的共同作用之下，
若干的灌溉系统逐一破坏了，这就使广大地区的引水和排水成为不可能，
于是良田变成荒地，水旱之灾纷至沓来，无数农民就陷于绝境。

由于灌溉地区是这样的广大，所以灌溉系统破坏的结果，就使阶级矛
盾在很广泛的地区内同时激化起来；加以平原和台地的平坦地形，使"不
善于联合起来"^②的农民，较之在其他地区要易于联合些；所以每一次的
农民大起义总是以这个地区作为它的历史舞台。在我国封建主义时期的历
史上，没有这个地区农民的参加，而能出现大起义的事实，一次也没有过。
这就说明了这个地区的特殊性，同时也说明了土地国有制遭受破坏的深远
影响。

农民大起义是唯一能打击大土地占有制和大土地所有制的巨大力量。
既然每次农民大起义总是以这个地区作为历史舞台，因之，每一次农民大
起义之后，也以这个地区的地主阶级所受的打击最重。这样就使土地占有
情况发生重大变化。许多的大土地占有者和所有者在大起义的洪流中覆灭
了；原来被他们垄断的大量土地都成为"无主荒地"而解放出来了；特别
是在中央政权被摧毁的情况下，一切站在"封建阶梯"上层等级的皇族、
勋戚、臣僚……都随着他们赖以生存的皇朝的覆灭而消逝了；这样，土地
占有状况的变化就更为剧烈，所谓"地旷人稀"的情况就更为显著。但是，
这里所要特别指出的是：这些从大土地占有者和所有者垄断下解放出来的
土地，往何处去呢？农民起义和农民战争的目的是为了夺回农民们已失去

---

① С.Д·斯卡兹金语，见《封建社会历史译文集》，三联书店1955年版，146页。
② 列宁语，见《告农村贫民书》，第20页。

的土地，他们能不能在摧毁封建统治之后，便简单地、顺利地收回他们的土地呢？不可能这样。农民阶级是小私有者阶级。"农民起义是自发的。作为小生产者阶级的农民是分散的，不能提出明确的斗争纲领，建立坚固的团结一致的战斗组织"。① 因此，尽管有过许多农民起义领袖，反映农民的土地要求，提出"均贫富""均田"……的口号，但是他们不可能制定出一种他们可以实践的、具体的纲领或方案，也找不出这样一种分配的形式和领导的组织，那些口号只能成为乌托邦的、可望而不可及的愿望。历史的局限，使他们不得不走原来的老路——从许多起义领袖当中挑选出一个来，拥戴他建立一个新的王朝。"这样，就使当时的农民革命总是陷于失败，总是在革命中和革命后被地主和贵族利用了去，当作他们改朝换代的工具。"② 而农民革命斗争的果实——解放出来的土地，也就和政权一样，被他们窃取去了。

新的王朝窃取去了这些土地，怎么处置呢？从历史上考查，不外这样的三条途径：其一是赏赐给新贵们；其二是让农民自由去开垦；其三是作为国有土地：或以份地的形式授予农民去占有和使用，或以直接经营的形式，征调军民去屯种。新王朝的建立者，在黄河流域这一地区，通常是遵循第三条途径的（当然也不排斥其他的两个途径。但其他的两个途径不若在别的地区之占优势，就一个王朝的初期而言是如此）。这样的结果就是土地国有制的复苏——就使前一时期已经式微的国有土地，又扩大了它的范围，增加了它在土地占有关系上的比重。这种情形，在西汉、东汉、唐代、明代的初年，都反复出现过。特别是在唐代和明代尤其显然。如均田制，是在北魏时正式颁布施行的，但"颁布不过二三十年农民又重复逃亡了。到了东魏、北齐时期，户籍非常混乱，逃亡更为普遍。"③ "肥饶之处，悉是豪势，或借或请，编户之人，不得一垄。"④ 事实上，已经基本上遭受了破坏。可是到了唐初，又复更大规模地加以推行。这是什么原因呢？唯一的解释，就是隋末农民大起义之赐了。唐长孺先生忽略了这一点，所以

① 《政治经济学教科书》，第60页。
② 《毛泽东选集》，第二卷，第595页。
③ 唐长孺：《均田制度的产生及其破坏》，见《历史研究》1956年第2期。
④ 《通典》，卷二，"食货"，二，"田制"下

云南文库·学术名家文丛

他那篇出色的论文：《均田制度的产生及其破坏》，就只能给我们说明均田制"屡次破坏"的原因，而未能说明"屡次重建"的关键。又如元末，承宋代庄园经济发达之后，大土地占有制和所有制盛极一时①。从当时的经济发展大势上看，土地国有制已经是"其命如线"了；可是到了明初，"官田""军屯""民屯"等国有土地，又以空前的规模出现了。这又是什么原因呢？仍然是受农民大起义之赐。由此可见，土地国有制之所以长期存在是和农民大起义的阶级斗争分不开的。

五、土地国有制与中央集权的封建国家的关系

为什么封建统治者，在黄河流域地区，要更多地施行土地国有制呢？根据本文以上所述，可以看到，这是由于这个地区的"气候和土壤条件"，由于农民大起义的深远影响和由于历史传统的因袭。这些虽然都是必要条件，但还不能构成充足理由，因为这里还没有把统治者和人民的主观因素估计进去。历史上曾有过这样的朝代，虽然具备了上述条件，但由于主观因素的缺乏（这又是由于其他原因），土地国有制仍是未能施行的。例如清代初年就是这样。由此可见，这个因素是不可以忽略或低估的。

为了能够更简便地说明这个问题，我们可以先分析一下土地国有制下的农民经济。上文说过，土地国有制下的农民是"国家佃农"。但这种佃农，不论是从土地关系方面看，或是从依附关系方面看，都和私家的佃农不同。就土地关系方面而言，私家佃农一般只有使用权，而国家佃农则有一定的占有权。如均田制下的农民，依照法律规定，可以占有土地约四十年，这还是占有期限较短的。有的时期则无明文规定，占有期限可能很长，占有权也可以遗传或转让。在这种情形下，他们和那些"招徕开垦""以为永业"的小土地所有者，实质上并无什么差别。其次，就依附关系方面而言，他们所依附的是国家，而私家佃农所依附的是个别私有主。依附国家和依附个别私有主的最大不同之点，就在于前者是以律令的形式，把依附关系做成统一的制度；而后者则多受私有主个人权力和意志的支配，缺乏制度的固定性和律令的保障；一般说来，这种依附关系是更为强烈紧密的。再其

---

① 可参看尚钺主编的《中国历史纲要》，200—201和269—270页。

次，从封建剥削率而言，在土地国有制之下，剥削率通常是较轻而且是划一的。国家佃农缴纳的地租和自由农民缴纳的课税，几乎没有分别。由于这种缘故，所以许多朝代的文献，都没有把国家佃农的地租和自由农民的课税分开记载。例如汉代的赋役和唐代的租庸调就是这样。可是在私有主之下的佃农就不同了，他们所受的剥削经常是数倍或十数倍于公赋，而私有主又常是乘人之危，尽量提高剥削率的。因此，在土地国有制下的国家佃农，当这种制度行之有效的时候，其地位是优于一般私家佃农，而与独立的自耕农民一样或者是极为相近的。

由于经济地位有着这样的不同，所以农民在土地国有制和大土地占有制或大土地所有制之间，对前者就比较欢迎。假若说：农民"宁愿接受调整好的掠夺"[①]，那么，在以上几种掠夺之间，土地国有制的掠夺，应该是调整得较好的了。因此之故，它才能在历史上一再出现。不能设想，假若农民对之是采取深恶痛绝的态度，那么，它怎能一再出现，而且出现之后，阶级矛盾又是比较缓和，社会又是比较安定的呢？诚然，农民对土地的要求不是统治者"均田"之类的制度，但是"均田"之类的制度也表现了统治者一定程度的让步，否则，农民大众怎么会愿闻"均田"的口号，甚至17世纪40年代的李自成，还要提出它来呢？由此可见，这种制度之实行，在农民中是有一定条件的。可是这决不是说，农民对这种制度始终都是采取一样的态度。当统治者竭泽而渔，利用这种制度来残酷榨取税赋的时候，农民就会抛弃这种土地而去依附于大私有主，所谓"献其产于巨室"之类的现象，反而出现了。但那种现象之出现，与其说是实行土地国有制的结果，毋宁说是大土地所有制和大土地占有制破坏土地国有制的结果。

另一方面，土地国有制对于中央集权的封建国家而言，也是极为有利的。因为在这种制度下所造成的大量国有土地和自耕农民，一方面提供它以更多的课税，一方面又构成它军事力量的广大基础，这就形成了它的权力的重要支柱。而阶级矛盾的比较缓和，更使它的政权容易获得安定和巩固。为此之故，较有远见的统治者，无不采取削弱大土地占有制和大土地所有制的方针，以增大土地国有制的比重。事实也历历不爽地证明了，在

---

① С·Д·斯卡兹金语，见《封建社会历史译文集》，147页。

土地国有制比重增大的时期，封建国家就比较安定，军事威力就比较强大。如汉武帝、唐太宗、明太祖……的时代便是这样。相反，如两晋、两宋，一开始就未能掌握大量的国有土地和自耕农民，所以国势便始终积弱不振。其间虽然也出现过象宋神宗、王安石那样的锐意变法，但由于变法未能解决这个问题，所以也不能挽救国势的陵夷。从整个封建主义时期的历史上看（元、清例外），土地国有制，几乎可以当作封建国家的气压计，用它来预测国家的强弱兴衰。

还有，土地国有制又是封建国家统一的重要条件。本来，在封建主义的经济之下，封建割据是不可避免的倾向。而中央集权的政权却不是封建主们所喜欢的。例如欧洲，就是一直到了资本主义生产萌芽之后，才建立起中央集权的国家。可是我国，"自秦始皇统一中国以后，就建立了专制主义的中央集权的封建国家"[1]，这是什么原因呢？我想，主要的原因有两个：其一是由于"中国历史上的农民起义和农民战争的规模之大，是世界历史上所仅见的"[2]。个别的封建主无力对抗这样的阶级斗争，因而不能不建立中央集权的统一政权。其二则是由于土地国有制的存在，国家是最高的地主"[3]。这个地主，拥有最大的土地，因而它有力量迫使其他的地主就范，不得不接受它的"专制主义的中央集权的"统治。前面引过的列宁说的："从前土地是主要势力——在农奴制度时代就是如此：谁有土地，谁就有势力、有权柄。"[4] 这一原理，运用于我国分裂割据时期，特别明显。例如，当许多封建割据势力在为攘夺统一政权而角逐的时候，总是那拥有土地最多的最有力量，因此，它能迫使其他的封建主不是"授首"，就是"归地"，而最后完成了统一。同样的道理，这个最大的地主又迫使其他的一切地主，放弃土地所有权的属性（"军事上诉讼上的裁决权"），而集中于自己手中，以便保持专制统治的"长治久安"。我国封建主义的生产关系中，地主超经济强制之比较薄弱，其原因就在这里。

由于土地国有制对封建国家是这么有利，所以许多统治者和统治阶级

---

① 《毛泽东选集》，第二卷，第594页。
② 《毛泽东选集》，第二卷，第595页。
③ 《资本论》，第三卷，第1032页。
④ 《告农村贫民书》，第13—14页。

中人，而且每当条件具备之时，如农民大起义之后，他们就实施土地国有制了。例如明初，上距唐代均田制之崩溃已数百年，但是它一有了条件，便在更大的范围内，实行同唐代貌异实同的土地国有制。由此可见，土地国有制的屡次绝而复苏，不但有历史传统的渊源、地理环境的条件，而且还是阶级矛盾和阶级斗争的产物。

但是，我们不能把统治者的主观条件，提高到和农民大起义及地理环境等条件同等的程度。这里只要举两个实例就可以说明了。例如前已提及的三国时期，三个封建政权都实行屯田，但是不论在规模上和作用上，吴、蜀均远逊于曹魏。其所以然，并不是由于吴、蜀的统治人物不若曹魏，而是吴、蜀的条件有所不及。又如，南宋末年，贾似道以孤注一掷的手段，企图扩大国有土地——"公田"以挽救南宋的灭亡。可是由于没有农民大起义和地理环境的条件，他的"公田"终于无法成功而南宋也就不能避免最后的灭亡。《宋史》说："德祐元年三月，诏：公田最为民害，稔怨召祸十有余年。自今并给田主，令率其租户为兵，而宋祚讫矣。"[1] 由此可见，统治者的主观条件固然不可以低估，但也不能估计过高的。

结　语

由以上所述可知，本文作者认为：土地国有制在我国奴隶占有制时期和封建主义时期都一直存在着，郭沫若、侯外庐诸先生之说是正确的。它的产生是由于我们的祖先对自然的伟大斗争，即是，在黄河流域的自然条件下，为了从事农业生产而创造的、规模巨大的人工灌溉系统。这是完全符合马克思和恩格斯的学说的。它之所以长期存在，除人工灌溉的原因外，还由于伟大的阶级斗争，即是，农民阶级为了反抗残酷的剥削和压迫，而进行"世界历史上所仅见的"农民起义和农民战争，特别是黄河流域的起义和战争。当然，统治者对中央集权的要求也起了一定的辅助作用。这是问题的一面。但是还有另外一面，就是，它也发生了不小的作用；在漫长

_____

[1]　《宋史》卷一七三，"食货志"；周密：《齐东野语》，卷一七，略同。

的封建主义时期，它曾是黄河流域灌溉系统的重要保证之一。曾是我国长期成为统一国家的重要条件之一；而且曾是我国许多封建朝代繁荣昌盛的重要基础之一。因之，这是一个不可忽视的重大历史问题。对它的深入研究，可以对我国过去的"特殊的国家形态，找出最内部的秘密，它们的隐藏着的基础"[①]；也可以使我们对若干历史现象，发现它们之间的内部联系。譬如，为什么农民大起义的爆发和展开总是在北方？为什么消灭封建割据的统一势力也多是发生和成长在北方？为什么封建国家的军事威力，某些时期强大，而某些时期弱小？

但是，这一切都是历史上的陈迹了。我们今天和无限的将来，再不会看见那古老的土地国有制，重演它屡遭破坏而又屡次重建的痛苦历史了。在伟大的社会主义祖国中，农业的集体化和电气化，将使我们的黄河流域，以花园一般的芳姿，出现于新的史册。事实上，这个新的史册已经写了不少的篇章了。姑举本文属稿将竟之日，见之报端的一二例吧（1）"河南省引黄灌溉区五十四万亩小麦已经开始收割。今年是引黄灌溉区放水后的第四个丰收年，产量约比去年增加两成半"。（2）"甘肃省从今年二月间开始，约有150万人参加了大规模的小型农田水利建设工作。到五月上旬统计：全省兴修和整修的渠道有十万多条，打井二十六万多眼，掏井十万多处，修蓄水池、水库、山湾塘三万七千多个。这些水利工程可扩大灌溉面积六百万亩。较原计划超过20%，等于解放前许多年所积累的水地面积的96%。新修的水地全部投入生产后，每年可增产七亿五千多万斤粮食。甘肃省是一个十年九旱的省份，兴修水利，是农业增产和从根本上改变甘肃贫困面貌的重要关键。……"[②]由此可见，我国农民辛勤勇毅的优良传统和斗争精神，只有在今天才能得以充分地发挥。这种优良传统和斗争精神是宝贵的历史遗产，如何加以发扬，以便有助于我们今后的社会主义建设，这便是我们历史工作者的光荣任务。

最后，还得说明一下，本文中未曾对种族关系加以论列，是因为本文作者认为：（1）土地国有制的发生和长期存在是由于内部的原因，并非得

---

① 《资本论》，第三卷，第1033页。
② 见1956年6月9日《人民日报》（着重点是本文作者所加）。

自他族的输入。即如北魏的均田，也主要是依存于本文所述诸条件，而且是出于汉人的建议与筹谋。拓跋族方面的原因当然重要，但恐只能说是次要的。试看社会发展阶段落后而侵据黄河流域的种族，非止拓跋；但除拓跋外，没有实施均田制或类似均田制的。再则北魏以前和以后，国有土地都存在，可见拓跋的影响只是一时的。（2）国有土地——屯田，多在北边，当然和对塞外种族的国防有密切关系，但这个原因也是外铄的。因为国防军事的需要，不能说明何以必须采取土地国有制的形式。移民实边的政策不是也曾不止一次地实行过吗，何以私有制不能巩固？可是在南方却不是这样了。这说明，这些都不是一般性的因素。本文只讨论一般性的问题，所以便略而不详了。

1956 年 6 月 15 日于云南大学

（原载《历史研究》1956 年第 8 期）

《水浒传》中所反映的庄园和矛盾

引　言

伟大的现实主义的文学杰作是可以当作历史名著让我们学到很多东西的。恩格斯在其《致哈克纳斯的信》中，[①] 举巴尔扎克的《人间喜剧》为例说道：

> "……在他的《人间喜剧》里，给予了我们一部法国'社会'的卓越的现实主义的历史，他用编年史的方式，从1816年到1848年，一年一年地描写日益得势的资产阶级对于贵族社会的日甚一日的压迫，……他描写贵妇人……怎样让位给那些为着金钱或衣饰而嫁人的资产阶级妇女。在这个中心图画的四周，他安置了法国社会的全部历史，从这个历史里，甚至在经济的细节上（例如法国大革命后不动产和私有财产之重新分配），我所学到的东西也比从当时所有专门历史家、经济学家和统计学家的全部著作合拢起来所学到的还要多。……"

这一段宝贵的名言给我们很多的启发，使我们能以更广阔的眼界去欣赏一切伟大的文艺著作。像我国的《水浒传》这样一部真正的文学杰作，可以说在一定程度上也是给予了我们一部宋代社会的"卓越的现实主义的

---

① 见《马克思、恩格斯，列宁、斯大林文艺》，人民文学出版社1953年第2版，第18—22页。

历史"。并且可以说，从这个历史里，甚至在经济细节上，我们所学到的东西也比从当时所有专门历史家的全部著作合拢起来所学到的还要多。试看，从高踞庙堂的帝王将相，以至于引车卖浆的役夫走卒；从车马填溢的繁华都市，以至于人踪罕见的古渡荒村；一切骄奢淫逸、作奸犯科以及被侮辱与损害的人们，一切打家劫舍、劫夺法场和千军万马、斩将搴旗的种种反抗斗争……都栩栩如生地跃然纸上，而且把当时社会生活的各个侧面，有机地互相联系着，历历如绘地呈现于我们眼底。这真是一部卓越的现实主义的作品，同时也是一部卓越的现实主义的历史！有一位文学史家曾这样说："《水浒传》决不是少数人的生活的历史，也不是佳人才子的爱情的表现，它所表现的范围最为广大，时代最为长久，在中国许多长篇小说里，再没有其他一部，能具有这种特色。"① 这话是一点也不错的。

当然，《水浒传》中所描写的并非真人实事。然而，由于它的高度的现实主义成就，它逼真地给我们提供了剖视当时社会的最好标本。它描写存在于当时社会上的许多社会力量及其相互间的种种矛盾和斗争。我们可以从它里边，了解当时社会经济发展的状况以及人们的思想意识等等。但是，其中最根本的一个问题乃是庄园的问题。本文作者认为，只有从这个问题出发，才能了解《水浒传》的主题。

什么是《水浒传》的主题呢？许多人都一致指出，是农民起义斗争。这当然是正确的。可是问题并不这样简单，只要问一问《水浒传》里有那么多的庄园，每个庄园都有庄主、庄客和庄户，毫无疑问，庄主是地主，而庄客、庄户则是受庄主剥削和统治的农民，那么，为什么没有一个庄园的庄客、庄户起而反抗他们的庄主？相反，却总是和庄主一道反抗来自庄园以外的敌人？在梁山泊的好汉们中，不少就是庄主出身的人物，那是什么缘故呢？对于这类的问题，假如不把《水浒传》所反映的各种社会力量当作一个有机体来全面加以观察，假如不把对《水浒传》本身的分析和它所反映的时代结合起来研究，那就很难理解，从而就会使《水浒传》是描写农民起义斗争的这一结论，不易令人心折。反之，假如我们能够这样地进行观察和研究，那么，我们便可以理解上述的疑问，便可以更深刻地领

---

① 刘大杰：《中国文学发展史》下。

略《水浒传》的艺术的真实性，向它学到很多东西，而且藉它之助，进而通读那时的历史记录。当然，这是一个艰巨的研究工作。本文作者虽有志于此久矣，可是直到而今，尚未能跨过开蒙的阶段，因之，他所悬的目标和他所做的实际努力，在这篇初步探索的文章中，会表现出多么辽阔的距离。

可是，"不积跬步，无以至千里"，还是让我们从《水浒传》里庄园的分析，开始我们的工作吧。

上篇 《水浒传》里的庄园

在开始进行分析之前，应该说明两点：

第一，本文作者无缘得睹《水浒传》的任何珍奇古本，即近代石印铅印的，所见也极为有限。本文概以人民文学出版社1954年出版的《水浒全传》为依据。以下或省称《水浒》，或省称《全传》，以及注中所举回数，都是指的这一版本。

第二，关于《水浒传》何时成书的问题，说者纷纭。本文作者从某些文学史家之说，认为《全传》120回中，第82回以上和第111回以下两部分成书较早，可以反映宋代的社会；第83回至第110回部分显系后成，未便引以为据。因此，本文所论仅限于前两部分。

一、庄园的普遍存在

《水浒传》所反映的世界，可以说，是一个庄园的世界。故事中首先引人注目的是庄园的大量存在。举其名计有：

1. 史家庄……………………第2、3回
2. 赵家庄……………………第4回
3. 桃花庄……………………第5回
4. 柴进庄……………………第9、10、11、12回
5. 晁家庄……………………第14、18回

单就以上所录，已足见庄园为数的繁伙了。在总共92回的书中，这20个有名可指的庄园即已出现34回次，占回数37%。但这还不足尽庄园的全部。从以下几点看来，庄园的数量远比上面的统计和比例大得多。

第一，传中所反映的社会，有都会（如东京），有城市（如江州、沧州），有镇寨（如清风镇），有村落（如石碣村），以及其他等等。其中以"强人"所占据的山林和我们所讨论的庄园占最大的比重。所谓占最大的比重是这样的意思：一方面，它们的数量最多，不用说大大超过都会和城市，而且也超过镇寨和村落；另一方面，它们在故事中的地位和作用居于首要位置；许多故事都以它们为中心而展开，它们成为最重要的背景，如柴进的庄园、晁盖的庄园、史进的庄园……都是显著的例子。

---

① 曾头市主曾长官，传中未明言其有庄园，但据其有庄客一事，可推知是一个庄主。页1154云：宋江进军曾头市，"曾头市探事人探知备细，报入寨中。……曾长官便差庄客人等，将了锄头铁锹，去村口掘下十数处陷坑。……"

其次，从传中所描绘的整个图景看去，庄园占最广大的空间。自东徂西、自南至北，几乎无处不有庄园。而且像数不完的疏星似的，一个个散布在广漠的原野和崎岖的山间。例如王进子母，"在路上不觉错过了宿头。走了这一晚，不遇着一处村坊，那里去投宿是好。正没理会处，只见远远地林子里闪出一道灯光来。……当时转入林子里来看时，却是一所大庄院"（第2回）。又如桃花庄刘太公不情愿招赘小霸王周通，用鲁智深计，把女儿藏了，智深"问道：'太公，你的女儿躲过了不会？'太公道：'老汉已把女儿寄送在邻舍庄里去了。'"（第5回）又如李逵在沂岭杀了四虎，"众人扛抬下岭，就邀李逵同去请赏。一面先使人报知里正上户，都来迎接着。抬到一个大户人家，唤做曹太公庄上。"（第43回）又如祝家庄，"西边是扈家庄，东边是李家庄。"（第47回）诸如此类的描绘，给人这么一种印象，就是，处处都是庄园。

又其次，从传中对庄园的描写方式，也可看出庄园是当时最普遍而习见的。通观全书，我们可以替它抽象出这么一条体例来，就是，传中凡对平常多见的事物，总是用一段骈语，作千篇一律的叙述。例如，对于两军对阵时双方阵容的描写，对于敌对双方战将仪容的描写，对于山川形势的描写，……都是。对于庄园的描写也是如此（详下）。这说明庄园是当时一种普遍存在的、极为平常的东西。

最后，假如我们把《水浒传》当作一整个的故事看，那么，它的发生、发展和结束都未曾离开庄园。如以"王教头私走延安府"作为开端吧，史家庄便是故事展开的中心；若以"吴用智取生辰纲"才是故事的真正开始，则晁家庄便是一切事情围绕着发生的源地。以梁山泊为中心的那股反抗斗争力量，就是在这样的源地聚集起来的。在故事发展的过程中，柴进等庄园成了不可缺少的环节；而故事的顶点，则是梁山泊和祝家庄的战争。到故事结束的时候，传中又写了庄园。它说：主人公宋江和他的弟弟宋清，"在马上衣锦还乡，回归故里。……自来到山东郓城县宋家村，乡中故旧，父老亲戚，都来迎接。宋江回到庄上，……家眷庄客，都来拜见宋江。庄院田产家私什物，……亦如旧时。……宋江将庄院交割与次弟，宋清虽受官爵，只在乡中务农，奉祀宗亲香火"（第119回）。这样，梁山泊的那样一股反抗斗争力量，便最后消失于庄园里，而宋江于是不得不成为宋廷上一个无足轻重的"匹夫",被奸臣轻而易举地将他谋害了。可以说:在整个故事中,庄园像一条红线似的,从始至终地贯穿着。

综合以上几点看来,传中庄园的普遍性是显而易见的。我们说,那是一个庄园的世界,似乎并不为过。

二、庄园的景象和规模

现在我们来看看庄园的样儿吧。

1. 史家庄　王进子母"转入林子里来看时,却是一所大庄院,一周遭都是土墙,墙外却有二三百株大柳树。看那庄院,但见:

"前通官道,后靠溪冈。一周遭杨柳绿荫浓,四下里乔松青似染。草堂高起,尽按五运山庄,亭馆低轩,直造倚山临水。转屋角牛羊满地,打麦场鹅鸭成群。田园广野,负佣庄客有千人。家眷轩昂,女使儿童难计数。正是:家有余粮鸡犬饱,户多书籍子孙贤。"——(第2回)

2. 穆家庄　宋江发配江州,和两个公人,到了揭阳镇,不得投宿,只好继续赶路,"三个人当时落路来,行不到二里多路;林子背后,闪出一座大庄院来。宋江看那庄院时,但见:

"前临村坞,后倚高冈。数行杨柳绿含烟,百顷桑麻青带雨。高陇上牛羊成阵,芳塘中鹅鸭成群。正是:家有稻粱鸡犬饱,架多书籍子孙贤。"——(第37回)

3. 柴进西庄　林冲"过得桥来,一条平坦大路,早望见绿柳荫中,显出那座庄院。四下一周遭一条阔河,两岸边都是垂杨大柳。树荫中一遭粉墙。转弯来到庄前看时,好个大庄院。但见:

"门迎黄道,山接青龙,万株桃绽武陵溪,千树花开金谷苑。聚贤堂上,四时有不谢奇花;百卉厅前,八节赛长春佳景。堂悬敕额金牌,家有誓书铁券。朱甍碧瓦,掩映着九级高堂,画栋雕梁,真乃三微精舍。仗义疏财欺卓茂,招贤纳士胜田文。"——(第9回)

4. 柴进东庄　宋江弟兄投奔柴进,柴进时在东庄,"庄客慌忙便领了宋江,宋清,径投东庄来。没三个时辰,早来到东庄,宋江看时,端的好一座庄院,十分幽雅。但见:

"门迎阔港,后倚高峰。数千株槐柳疏林,三五处招贤客馆。深院内

云南文库·学术名家文丛

牛羊骡马，芳塘中凫鸭鸡鹅①。仙鹤庭前戏跃，文禽院内优游。疏财仗义，人间今见孟尝君。济困扶倾，赛过当时孙武子。正是：家有余粮鸡犬饱，户无差役子孙贤。"——（第22回）

5. 李家庄　"杜兴便引杨雄、石秀来到李家庄上。杨雄看时，真个好大庄院。外面周回一遭阔港粉墙，傍岸有数百株合抱不交的大柳树。门外一座吊桥，接着庄门。入得门来，到厅前，两边有二十余座枪架，明晃晃的插满军器。"——（第47回）

6. 祝家庄　这是最大的一个庄院。杨雄、石秀、时迁投宿祝家店，店小二对石秀说道：

"前面那座高山，便唤做独龙冈山。山前有一座另巍巍冈子。便唤做独龙冈。上面便是主人家住宅。这里方圆三百里，却唤做祝家庄。"——（第46回）

后来杨雄、石秀跟李应去祝家庄索取时迁，来到独龙冈前，作者道：

"原来祝家庄又盖得好，占着这座独龙山冈，四下一遭阔港。那庄正造在冈上。有三座城墙，都是顽石垒砌的，约高二丈。前后两座庄门，两条吊桥。墙里四边，都盖窝铺。"——（第47回）

梁山泊和祝家庄的战争爆发后，宋江亲自做先锋，"于路着人探路，直到独龙冈前。宋江勒马看那祝家庄时，果然雄壮。古人有篇诗赞，便见那祝家庄气象。但见：

"独龙山前独龙冈，独龙冈上祝家庄，绕冈一带长流水，周遭环匝皆垂杨。墙内森森罗剑戟，门前密密排刀枪。飘扬旗帜惊鸟雀，纷纭矛盾生光芒。强弓硬弩当要路，灰瓶砲石护垣墙。对敌尽皆雄壮士，当锋都是少年郎。……"

"宋江转过独龙冈后面来。看那祝家庄时，后面都是铜墙铁壁，把得严整。"——（第48回）

---

① 《全传》校勘云："全传本、芥子园本作'转屋角牛羊满地，打麦场鹅鸭成群。'"

这是一个中世纪碉堡的典型形象。看样儿，在这个碉堡的四周，在方圆三百里的范围内，还有着不止一个的村落：祝家店所在地是一个，钟离老人所在的又是一个，传里写道：

"且说石秀挑着柴担先入去。行不到二十来里。只见路径曲折多杂，四下里湾环相似，村落丛密，难认路头。……石秀又挑着柴，便望酒店门前歇了。……"

石秀在这里遇见了钟离老人。"老人道：'……我说与你：俺这里唤做祝家庄，村冈上便是祝朝奉衙……'"——（第46回）

可见这个庄园的规模非常广大，简直像是一个小小的王国。当然，这样的庄园是不多的，最多的是史家庄、穆家庄、孔家庄 ① 那样规模的庄园。

庄院的内部，传中没有细致的描写。综合在各庄院中所见，一般都有草堂、后园、打麦场；有的还有书院、西轩、客房；有的有中堂后堂之分，有的有前院后院之别；有的有阁儿、亭子，有的有小房、门房；像祝家庄那样的大庄院，里面还有特设的监房。何心先生所著《水浒研究》一书，对这些都有分类的记述，可以参看。

在庄园内部，除庄主外，还有他所役属的庄客；在外部，则聚居着庄户。通常情况是，一个庄园就是一个村落，如史家庄、穆家庄、宋家庄，等等。史家庄有三四百庄户，三四十个庄客（第2回），大概是一般的规模。祝家庄特别大，店小二说它"方圆三百里"，钟离老人说它"有一两万人家"（第47回），杜兴说它"有一二千了得的庄客"（第47回）。传中庄园的景象和规模大致如此。

三、庄园内部的生产关系

一个庄园的组成部分主要是这样的三种人：（1）庄主；（2）庄客；（3）庄户。这三种人以外，有的庄园有"主管"，如晁盖庄（第14回）、柴进庄（第

云南文库·学术名家文丛

---

① 第32回，页496—497：孔亮们提了武行者回庄，"转过侧首墙边一所大庄院，两下都是高墙粉壁，垂柳乔松，围绕着庄院。"情景类似。

22回）、李应庄（第47回）；有的庄园有"门馆先生"，如李应庄（第47圆）；有的庄园有"针工"，如柴进庄（第23回）；但都不必备。因此，我们现在分析庄园内部的生产关系只论述前三者之间的关系。

先说庄主。

庄主，如名所示，是一庄之主。综合传中对各个庄主的描述，可以看出他们具有这样的特点：第一，他们都是地主，占有土地，并剥削庄客等人。正如骈语中所说的，他们一方面是"田园广野"，另一方面拥有"负佣庄客"。庄客之外，受他们剥削统治的还有庄户和佃户。庄户不一定有土地的租佃关系，佃户则是佃种庄主土地的农民（均详下）。第二，在户等上，庄主是负担职役的上户。如晁盖，传说："原来那东溪村保正，姓晁名盖，祖是本县本乡富户。"（第14回）；当生辰纲事发，何观察到郓城捉拿晁盖等人时，宋江敷衍他道："晁盖那厮，奸顽役户，……"（第18回）。上户才能充保正，保正是一种职役，所以说是役户。又如宋江，当郓城县知县要捉拿他时，对朱同、雷横说："你等可多带人，去宋家村宋大户庄上，搜捉犯人宋江来。"（第22回）而宋江所任的"押司"本来也是一种职役。史家庄史太公在华阴县当"里正"（第2回）；史太公死后，史大郎仍继续当下去，所以当和陈达见阵时，他说："我家见当里正，正要来捉拿你这伙贼。"（第2回）此外如李逵在沂岭杀了四虎，"众人扛抬下岭，就邀李逵同去请赏。一面先使人报知里正上户。"（第43回）后来，他和燕青闹了东京，来到荆门镇刘太公庄时，对燕青说："这大户人家，却不强似客店多少！"（第73回）。诸如此类，都说明庄主的身份是服职役的上户，是当时的庶人地主。《全传》中，只有柴进、祝朝奉等是例外。第三，特别值得注意的是，每一庄只有一个庄主。这是庄园之所以为庄园，异于一般村落的一个重要特征。

其次，说庄客。

每个庄园都有庄客。其数自数十、数百至数千不等（如史家庄、赵家庄、毛太公庄……有庄客数十；扈家庄、李庄有数百；祝家庄有一二千）。他们直接役属于庄主，为庄主服各种劳役。试举史家庄为例：

"……王教头来到〔史家〕庄前，敲门多时，只见一个庄客出来。王进放下担儿，与他施礼，〔说了来意〕……庄客道：
"既是如此，且等一等，待我去问太公去，……"……庄客入去
多时，出来说道："庄主太公，教你两个入来。"王进……随庄
客到里面……子母两个直到草堂上来见太公。……太公道："……
你母子二位，敢未打火？"叫庄客安排饭来。没多时，就厅上放
开条桌子，庄客托出一桶盘，四样菜蔬，一盘牛肉，铺放桌上。
……二人吃了。……王进告道："小人母亲骑的头口，相烦寄养，
……"太公道："这个亦不妨。我家也有头口骡马。教庄客牵去
后槽，一发喂养，草料亦不用忧心。"王进谢了，挑那担儿，到
客房里来。庄客点上灯火，一面提汤来洗了脚。太公自回里面去
了。王进子母二人，谢了庄客，掩上房门，收拾休息。次日，〔王
进母亲心疼病发〕……太公道："……我有个医心疼的方，叫庄
客去县里撮药来，与你母亲吃……"王进谢了。……

〔史进既拜王进为师〕太公大喜，……叫庄客杀一个羊，安
排了酒食果品之类，就请王进的母亲一同赴席。……留住王教头
子母二人在庄上。……

不觉荏苒光阴，早过半年之上。〔王进〕相辞，要上延安府
去。……史进并太公苦留不住，只得安排一个筵席送行。……次
日，王进收拾了担儿，……望延安府路途进发。史进叫庄客挑了
担儿，亲送十里之程。…

〔史进听得少华山来了一伙强人〕，便叫庄客拣两头肥水牛
来杀了，庄内自有造下的好酒，先烧了一陌顺溜纸，便叫庄客去
请这当村里三四百史家庄户，都到家中草堂，序齿坐下。教庄客
一面把盏劝酒。史进对众人说道："……倘若那厮们来时，各家
准备。……递相救护，共保村坊。……"众人道："我等村农，
只靠大郎做主，梆子响时，谁敢不来。"……

且说史进正在庄内整制刀马，只见庄客报如此事〔陈达来打
史家庄〕。史进听得，就庄上敲起梆来。那庄前庄后，庄东庄西
三四百史家庄户，听得响梆子，都拖枪拽棒，聚起三四百人，一
齐到史家庄上。……庄客牵过那匹火炭赤马，史进上了马，绰了

刀，前面摆着三四十壮健的庄客，后面列着八九十村蠢的乡夫，各史家庄户，都跟在后头，一齐呐喊，直到村北路口摆开……

〔史进擒了陈达，又将他放了，朱武等一再备礼物为谢〕，史进寻思道："也难得这三个敬重我！我也备些礼物回奉他。"次日，叫庄客寻个裁缝，自去县里买了三三匹红锦，裁成三领锦袄子，又拣肥羊煮了三个，将大盒盛了。委两个庄客去送。史进庄上有个为头的庄客王四。……史进教他同一个得力庄客，挑了盒担，直送到山下。……荏苒光阴，时遇八月中秋到来。史进要和三人说话。约至十五夜来庄上赏月饮酒。先使庄客王四赍一封请书，直去少华山上请朱武、陈达、杨春来庄上赴席。……不觉中秋节至。……三个头领……径来到史家庄上，史进接着，……便叫庄客把前后门拴了，一面饮酒。庄内庄客轮流把盏，一边割羊劝酒。……

〔正饮酒间，华阴县尉〕引着两个都头，带着三四百士兵，围住庄院。……庄里史进和三个头领，全身披挂，……庄客各自打拴了包裹。……呐声喊，杀将出来。……史进引着一行人，且杀且走，……都到少华山上寨内坐下，……史进住了几日，定要去〔寻王进〕。朱武等苦留不住。史进带去的庄客，都留在山寨，只自收拾了些少碎银两，打拴一个包裹。……辞别朱武等三人。

"众多小喽啰都送下山来。朱武等洒泪而别，……"（第2-3回）

根据上面节录的史家庄的故事看来，庄客为庄主所服的劳役是十分繁琐的。把这些繁琐的劳役大致加以类别，可得这么样的两种：一种是供庄主家内役使，如开门、安排饭食、托盘看菜、杀羊宰牛以至撮药、挑担……里里外外，几乎无一事不是庄客在那里做。见于其他章回中的，还有抬轿子（第5回）、看米囤（第10、23回）、看船只（第37回）……之类，不必一一枚举。另一种是构成庄主武装力量的中坚，这不独史家庄为然，其他各庄也完全同样。如孔家庄：

武松打了孔亮，吃得大醉"只见远远地那个吃打的汉子，换了一身服，手里提着一条朴刀，背后引着二三十个庄客，都是有名的汉子。怎见的？正是叫做：

长王三，矮李四，急三千，慢八万，笆上粪，屎里蛆，米中虫，饭内屁，鸟上刺，沙小生，木伴哥，牛筋等。这一二十个，尽是为头的庄客。余者皆是村中搞子。都拖枪拽棒，跟着那个大汉吹风胡哨来寻武松。……"（第 32 回）

又如陈将士庄：

宋江征方腊，燕青"问到陈将士庄前。见其家门首二三十庄客，都整整齐齐，一般打扮。但见：

攒竹笠子，上铺有一把黑缨。细绒衲袄，腰系着八尺红绢，牛膀鞋登山似箭，獐皮韈护脚如绵。人人都带雁翎刀，个个尽提鸦嘴搠。"（第 111 回）

又如晁盖庄：

朱同、雷横等去捉拿晁盖，"朱同道：'……倘或一齐杀出来，又有庄客协助，却如何抵敌他？'……"（第 18 回）。

至若在祝家庄故事中所见的：祝家庄有"一二千了得的庄客"；李应庄有"三百悍勇的庄客"；扈家庄有"三五百庄客"，更足见庄客之为庄主武装。

除以上两种劳役外，应该还有从事耕种生产的劳役，这由大多数庄主都是"庄农"以及庄院生活的环境可以想见。但是由于《水浒》故事主要是描写阶级斗争，特别是武装斗争，所以很少叙及。

特别引人注意的是庄主和庄客的关系。这种关系，从上面的引征看来，是剥削和被剥削、统治和被统治的矛盾关系。但是在《全传》中的任何庄园里，却完全看不出有矛盾激化的情形。相反，庄客总是跟庄主站在一边，维护庄主的利益，可以说没有例外。如刘唐既见晁盖，在晁盖庄上后轩，将告以劫取生辰纲的消息时说："这里别无外人，方可倾心吐胆对哥哥说。"晁盖道："这里都是我心腹人，但说不妨。"（第14回）。后来，劫生辰纲事发，许多庄客都和晁盖逃往石碣村去了，有两个不曾跟去的，被郓城知县拿去，"当厅勘问时，那庄客初时抵赖，吃打不过"才招了出来（第18回），可见晁盖的庄客是和他站在一边，维护他的利益的。又如李逵打死了殷天锡，柴进向知府高廉诬称："被庄客李大救护，一时行凶打死。"高廉道："他是个庄客，不得你言语，如何敢打死人？你又故纵他走了。……"柴进叫道："庄客李大救主，误打死人，非干我事，……"（第52回），这也可见庄客和庄主总是站在一边，所以柴进才用这话来欺骗高廉。而且不仅晁盖、柴进的庄客是如此，就是反面人物如曹太公、毛太公的庄客也并不无不同。这是什么缘故呢？为什么庄客和庄主之间的矛盾关系呈现这样一种状态呢？对于这一问题，单求之于《水浒传》而不联系到社会背景，是难得到充分的解答的。这里姑不论列，留待下篇再述。

最后，略说一说庄户。

庄户是庄园中的农业生产者，占庄园人户的大多数，如史家庄，庄主只史进家一户，庄客也只数十，而庄户有三四百家之多。又如祝家庄，庄主只祝朝奉家一户，庄客一二千，庄户则达一二万家。这些庄户，看来和庄主不完全有经济上的剥削与被剥削的关系，如祝家庄，只有一二万家庄户，但佃户却少得多。店小二对石秀说道："这里……庄前庄后，有五七百人家，都是佃户。"（第46回）。当然，不能把小说中的数字当作统计材料来看待，不过就此可知，庄户不一定全是佃户。但是，庄主与庄户之间存在一种统属的关系却是很明显的。如上引史家庄户对史大郎说："我等村农，只靠大郎做主，梆子响时，谁敢不来。……"祝家店的店小二对石秀说："我这主人，法度不轻。"（第46回）。从钟离老人和石秀的对话中，可知祝家庄一二万庄户，都听庄上行下来的号令（第47回）。他如晁盖，"疏财仗义"，"独霸在那村坊"；穆弘弟兄，"杀人放火"，成为"揭阳镇上一霸"……都对他们的村庄具有支配的权力，和庄户有一种统属的关系。不过，这种关系远不如庄主、庄客的那样紧密。

庄户在庄中的社会地位也和庄客的颇不相同。第一，不论在任何庄中，都看不到庄户像庄客那样，为庄主服一切劳役的现象。第二，庄户和庄主的利害关系是比较稀薄的，例如每当庄主弃庄出亡的时候，随之而去的只是庄客，从不见有庄户在内。第三，庄客看来是没有私有经济的，甚至是没有自己的家室的。庄户则不然，他们在经济上有一定的独立性。如操刀鬼曹正对杨志自述身世道："……为因本处一个财主，将五千贯钱教小人来此山东做客，不想折本，回乡不得，在此入赘在这个庄农人家。……（第17回）。后来，他设计夺取珠宝寺，教杨正扮作"近村庄家"，同去二龙山骗邓龙说："我们近村开酒店庄家。……"（同上）。由此可见，他们是有自己的家业的。第四，在上引史进准备和少华山朱武等厮杀的故事中，史进邀庄户到家中饮宴，却"教庄客一面把盏劝酒"，这说明庄户和庄客的地位不同，也说明庄户、庄客和庄主的关系有异。

总括以上所说，《水浒传》中的庄园是这样构成的：庄主居于统治支配的地位；庄客是完全服属依附于庄主的农民；庄户地位较庄客为高，对庄主有一定的依附性，但不若庄客之强。这三者的结合就形成了当时社会的经济细胞——庄园。

四、庄园中的自然经济及其和外部的关系

说庄园是当时的经济细胞，有两方面的意义。一方面是指庄园的普遍性，它构成当时封建社会的最广泛的基础；另一方面是指它的自然经济性质，它在经济上自成一个独立的整体。前者是从庄园的外部来观察（已见前述）；后者是从庄园内部来了解。试作分析如下。

《水浒传》对于庄园内部经济活动的描绘，着墨并不多。不过，从下列几点，也可以看出它的自然经济性质是很显著的。

第一，它和外界的联系非常稀少。这又可以从两方面看。一方面是它很少需要外界对它供应什么商品。例如史家庄，就只有两件：一件是王进母亲患病，史太公说："……我有一个医心疼的方，叫庄客去县里撮药来，与你母亲吃。"又一件是史进要备礼回奉朱武等，于是"叫庄客寻个裁缝，自去县里买了三匹红锦，裁成三领锦袄子，……委两个庄客去送"。（均见前）史家庄是描绘得比较细致的一个庄园，而所能看到的，它对外界的商品需求不过是这么可有可无的一二事而已。至于其他庄园则连这一点影子

也见不到。可见庄园和外界的经济联系是十分稀薄的。

其次，它也不供外界以什么商品。庄园中最主要的生产是农业生产，最大宗的生产品是粮食和家畜。所谓"转屋角牛羊满地，打麦场鹅鸭成群"，"田园广野"，"家有余粮鸡犬饱"等等，虽然这些是陈词旧调的骈语，但也反映了庄园最普遍的生产情况。可是不论大小庄园主，从未看到有出卖农产品的任何行为。一般庄户，也没有以粮食交易的迹象。梁山泊和祝家庄的战争，虽然由"时迁偷鸡"而启其幕，但战争的可能性早已因"借粮"问题而存在了。祝家店的店小二对石秀道："此间离梁山泊不远，地方较近。只恐他那里贼人来借粮，因此准备下。"（第46回）作者写到梁山泊的财富和祝家庄的殷实……都滋意煊染。可是宋江们解决粮食不足的办法，只有用武力强借之一途，好像他们从未意识到向哪里去购买。祝家庄囤积的粮食，数目大得可惊[①]。可是作者也没有向我们透露半点消息：那些粮食，除供自己消费外，还有什么出路？祝家庄如此，其他的庄园也莫不如此。由此可见，庄园之间，庄园与城市之间，还没有紧密的经济联系，还没有实现这种联系的市场。

为什么这些庄园可以那样地与外界在经济上绝缘呢？这是由于它的自然经济性质决定的。自然经济下的物质生活是很简单的，因此它易于自给自足，不假外求。反之，它由于生产水平的限制，不能不自给自足，因而也就不能不简单。《水浒传》中的庄园生活正是这样。除上引的买药、买锦等极少数例子外，看不出它们对外边有什么要求，也看不出它们有什么不能自给。它们连喝的酒也是自己酿造的[②]。当然，庄园生活不是《水浒传》的主要题材，而只是它的背景，它没有详及这一切的必要。不过，根据上面所述，也可以看到那种自然经济的闭锁性了。

这种闭锁性也反映在庄园居民与外界居民的关系上。"吴学究说三阮撞筹"中有这么一番对话："吴用道：'只此间郓城县东溪村晁保正，你们曾认得他么？'阮小五道：'莫不是叫作托塔天王的晁盖么？'吴用道：'正

① 第47回，宋江对晁盖道："若打得此庄，倒有三五年粮食。"又第50回，宋江"打破祝家庄，得粮五千万石"。《全传》校勘云："容与堂、贯华堂本'千'作'十'。"

② 第2回，史家庄"庄内自有造下的好酒"。

是此人。'阮小七道："虽然与我们只隔百十里路程，缘分浅薄，闻名不曾相会。'吴用道："这等一个仗义疏财的好男子，如何不与他相见？'阮小二道："我弟兄们无事也不曾到那里，因此不能勾与他相见。'……"又在吴用与晁盖的对话中，也同样反映了这种情况。吴用说：他曾和三阮来往，但"今已二三年有余，不曾相见。"晁盖说："我也曾闻这阮家三弟兄名，只不曾相会。"他们几人都生活在百里之内，而关系之疏若此，不是反映了庄园生活的闭锁性吗？

也许有人会说：《水浒传》的这番描绘和另一种情况自相矛盾，那就是刘唐、公孙胜何以又能不远千里来访晁盖呢？答道：这并不矛盾。在《水浒传》的世界中，在庄园外同时存在着两种社会力量。这两种社会力量，互相敌对斗争，冲破了庄园的孤寂生活，把庄园一个个地卷入进去。头一种是统治力量。它冲进闭锁的庄园，要庄主做它的保正、里正；要庄户负担它的科差。第二种是反抗统治的力量。它也冲进闭锁的庄园，企图保存或集结自己的力量。这一力量，因为原来是处于被统治的地位，所以是分散的，无组织的。这便须要有一个凝聚的过程。《水浒传》这部书，可以说便是以梁山泊为中心题材，生动地描绘了这个过程。在这个过程中，个别的反动力量表现为"跑江湖""做私商""剪径"……的人物；已经集结起来的反抗力量，则表现为少华山、二龙山、清风山……打家劫舍的强人，而其终极则发展为梁山泊的聚义。刘唐、公孙胜等人就是以反抗力量代表者的身份而闯进晁盖的庄园的。刘唐向晁盖自我介绍说："小人自幼飘荡江湖，多走途路，专好结识好汉，往往多闻哥哥大名，不期有缘得遇，曾见山东、河北做私商的，多曾来投奔哥哥……"（第14回）。公孙胜向晁盖自我介绍说："……小道自幼好习枪棒，学成武艺多般，人但呼为公孙胜大郎。……江湖上都称贫道做'入云龙'。……"（第15回）。由此可见，他俩都是跑江湖的人，都是反抗力量的先进代表人物。

为什么闭锁的庄园要接纳这种冲进来的反抗力量呢？为什么地主阶级中人的晁盖（不仅晁盖，还有史进、柴进、孔明弟兄，穆弘弟兄以及宋江……）要和这些江湖好汉来来往往呢？《水浒传》的作者们，没有告诉我们隐藏在最深处的原因。他们的视线被一些触媒性质的偶然事件（如劫生辰纲之类）阻绝了。然而我们看到这样的现象：时代在剧变中，闭锁的

云南文库·学术名家文丛

庄园再不能长此以往地深闭固拒下去了。庄园外两种力量的激荡，首先使庄园内敏感的年轻人们不能不改变生活的故辙。在《水浒传》作者们的笔下，史太公、宋太公、穆太公、孔太公等人，都是一些勤俭治家、安分守己的庄主，而他们的儿子们（史进、宋江、穆弘、穆青、孔明、孔亮等人）却与他们大异其趣：爱使枪弄棒，结交江湖好汉……意气迥然与上一代人不同。宋江刺配江州牢城，路过揭扬镇，夜宿穆家庄，和两个公人"正说间，听得庄里有人点火把，来打麦场上，一到处照着。宋江在门缝里张时，见是太公引着三个庄客，把火一到处照着。宋江对公人道：'这太公和我父亲一般，件件都要自来照管。这早晚也未曾去睡，一地里亲自点看。'"①这鲜明地刻画出两代人的不同作风。作风的这种转变使年长一辈的人们十分慨叹。史太公向王进道："老汉的儿子，从小不务农业，只爱刺枪使棒。母亲说他不得，怄气死了，老汉只得随他性子。"（第2回）。宋太公向勾追宋江的公人道："老汉祖代务农，守此田园过活，不孝之子宋江，自小忤逆，不肯本分生理，要去做吏，百般说他不从。"（第22回）。这虽是敷衍公人之词，但欺人以其方，自然也反映了当时风尚。穆太公对他的儿子们也是无可奈何的，他听到穆春说，要去叫起穆弘追赶宋江厮打，便道："我儿，休凭地短命相！他自有银子赏那卖药的；却干你甚事。你去打他做甚么？可知道着他打了，也不曾伤重，快依我口，便罢休，教哥哥得知你吃人打了，他肯干罢？又去害人性命，你依我说，且去房里睡了，半夜三更，莫去敲门打户，激恼村坊，你也积些阴德。"（第73回）。诸如此类的描绘，都反映出年轻一代是正在转变中，可是这种转变，原不是一来便转变到反抗的道路上去的。典型的例子是史进，他虽然自幼便刺枪弄棒，不务农业，但也没有抛弃他那庄园的念头，甚至庄园都毁了，朱武留他做寨主时，他还坚决拒绝道："我是个清白好汉，如肯能把父母遗体来玷污了！你劝我落草，再也休提。"（第3回）。而且终于离去了少华山。可见这辈年轻人物的转变原没有放弃庄园的意图。但外在的力量不以他们的意志为转移，它向着闭锁的庄园排闼而入：少华山上忽然出现了朱武、陈达和

---

① 第37回，"全传"校勘云："贯华堂本'都'作'定'，'未曾'作'不肯'，'一地里'作'琐琐地'。"

杨春，东溪村里忽然出现了刘唐、公孙胜和吴用……这都不是史进、晁盖们意志以内的事情。以前只是一种力量——统治力量伸到庄园里，因此他们听天由命地当里正、保正，纳赋、应役……现在另一种力量——反抗力量也伸进来了，他们便不能不在这两种力量的激荡之下，随着时势的推移、自己经济地位的左右和某些偶然事件的影响，而找寻自己的道路。他们对于这条新的道路——反抗的道路，有的是有意识地踏上的（如公孙胜、穆弘弟兄……）；有的是最初不过倾向而后来才踏上的（如宋江、晁盖、柴进……）；有的是最初拒绝而终于不能不踏上的（如史进、李应……）；而有的是始终都不愿踏上而且对之采取敌视态度的（如祝朝奉，曾长官，曹太公……）。

农民，也受到这股反抗力量的激荡了。他们中的先进分子开始萌芽反抗的要求，最先进的且已采取了反抗的行动。李逵和三阮便是这种先进分子的代表人物。李逵"祖贯是沂州沂水县百丈村人氏。……因为打死了人，逃走出来"（第38回）。他的身世，从他母亲和他哥哥的口中，可知原来是一个农民，他从梁山泊回家，和他母亲重逢时，他母亲道："我儿，你去了许多时，这几年正在那里安身？你的大哥只是在人家做长工，止博得些饭吃，养娘全不济事，我如常思量你，眼泪流干，因此瞎了双目，你一向正是如何？"他哥哥向他母亲道："……当初他打杀了人，教我披枷带锁，受了万千的苦。如今又听得他和梁山泊贼人通同劫了法场，闹了江州，见在梁山泊做了强盗，前日江州移公文到来，着落原籍追捕正身，却要捉我到官比捕，又得财主替我官司分理，……又替我上下使钱，因此不吃官司……"（第43回）。他的哥哥因此奔报财主，领了庄客来捉他。由这段描写，可见李逵的贫困家庭已经分化。李逵是先进的，所以他敢于打杀人，敢于劫法场，敢于上梁山泊……他的哥哥是保守的，所以他忍受万千的苦，忍受财主的残酷剥削……三阮是梁山泊边石碣村渔庄的三个渔民。从吴用和他们的对话中（第15回），我们清楚地看到：虽然"如今泊子里新有一伙强人占了，不容打鱼"，夺去了他们弟兄的"衣饭碗"。但是由于"虽然打不得大鱼，也省了若干科差"（阮小二语）；由于"如今该管官司，没甚分晓，一片糊涂"（阮小二语）；"一处处动惮便害百姓"。（阮小五语）；还由于梁山泊强人，"他们不怕天，不怕地，不怕官司。论秤分金银，异样穿紬锦。成瓮吃酒，大块吃肉。如何不快活！"（阮小五语）。因此他们在这一新来的力量激荡下，产生了反抗的要求。阮小五道："我们弟兄三个，空有一身本事，怎地学得他们！"阮小七又道："人生一世，草生一秋，我们只管打鱼营生，学得他们过一日也好。"阮小二道："若是但有肯带挈我们的，也去了罢。"由此可见，庄园外面的反抗力量已经冲击到庄园内广大农民的身边，已经带动了他们中的先进分子。

但是，这股反抗的力量好像只是初起未久的狂飙，海面上虽已被它吹拂得惊涛拍岸，而海底的深渊却还未受到它彻底的激荡。显然，它还没有达到村庄内部的深处；村庄里的广大农民还没有蜂起参加斗争。

从上引例子可以看出：李逵虽然坚决地加入了反抗斗争的行列，但他的哥哥以及和他哥哥类似的农民，却还没有跟着他走出百丈村；三阮虽然和晁盖、吴用们一道上了梁山，但石碣村、东溪村的农民，也依然留在那里。不仅如此，其他的例子也同样说明了这一问题。例如，史家庄的那三四百庄户，当史太郎和庄客们上了少华山以后，他们怎么样了呢？又如孔家庄、穆家庄、柴进庄、李应庄……当那些庄主们上了梁山以后，庄户又怎么样了呢？《水浒传》没有正面描述他们的结局，我们可能替它做出的唯一解答只是：他们仍然墨守成规地生活在那里。这个解答，从祝家庄的情形看来更是明白。宋江打破祝家庄后，只是把祝家庄兵收在部下，对其他乡民，则"所有各家，赐粮米一石，以表人心"，便遗之而去。那些乡民，虽然"扶老挈幼，香花灯烛，于路拜谢宋江等"，但却没有一个跟着上梁山的。他们在"自把祝家村坊拆作白地"以后，便从作者们的笔底下消失了（第50回）。这反映了什么？这反映广大的庄户农民还很少卷入斗争的巨流；阶级矛盾的激化还没有达到"一呼百诺""揭竿而起"的尖锐程度。这样，便规定了《水浒传》所描写的整个斗争，只能发展到"梁山泊英雄排座次"（第71回）那样的规模，也即是区域性农民起义的规模，而不能更进一步扩大成为全国性的农民战争——像黄巢、李自成所领导的那样的农民战争。从这一点说来，也足见《水浒传》这书不愧是一部伟大的现实主义的作品，它所描写的阶级矛盾和阶级斗争，若合符节地，与历史实际完全一致（参看下篇）。它的艺术的真实性和历史的真实性是高度统一的。

下篇《水浒传》庄园试释

上文曾说:《水浒全传》第82回以上和第111回以下两部分,成书较早,可以反映宋代社会,这有什么根据呢? 以往和现在,为了解决《水浒传》的时代问题,不少的文学史家、考据学家、版本学家、语言学家……分别从不同的角度,提出自己的论据和论点。我们很重视他们的研究成果,但是我们的考虑和他们有所不同。考虑到《水浒传》这书在封建主义时期中的处境;一来不受士大夫之流的尊重;二来又为广大人民所欢迎;因之它可能有过很多很古的版本,但都没有被珍藏流传下来。又考虑到《水浒传》的成书,非一人一时之作,在它长期流传的过程中,可能杂入少数晚出的辞汇之类,若即据以论定它的时代,总觉尚嫌不足。由于这种种考虑,所以我们虽然赞同某些文学史家的《水浒》是反映宋代社会之说,但根据却不尽一样。我们认为:既然《水浒传》是一部描写阶级矛盾和阶级斗争的现实主义伟大杰作,那么,最有力的根据莫过于从这里去寻求。最好把它所反映的阶级矛盾阶级斗争和历史上实际存在过的加以具体分析,并且加以比较,看看它所概括的究竟是哪个时代。依照本文作者的初步探索,这个时代就是《水浒》故事所出现的宋代。当然,由于我国封建社会发展的迟滞性,宋代和它以后的元明两代有许多共同之点,我们似乎可以因此说,《水浒》也反映了元明的社会。但是,这并不排斥我们的说法,因为即使如此,宋代仍是所反映的一部分。事实上,至少也是最主要的部分,因为从全书看来是这样的。例如,书中那么全面地反映社会生活,而蒙古贵族统治的影子却一点儿也不见,能说它反映元代社会的成分还会较宋代为多吗? 当然,最重要的还是社会阶级矛盾和阶级斗争的问题,以下我们就从这一基本观点出发,试对《水浒传》庄园略作诠释吧。

一、宋代历史上的庄园

从历史文献上考察,像《水浒传》里的那种庄园,在唐代前半期还未能看到。那时所有的，大抵多是达官贵人的别墅式的庄园而已①。到唐中叶以后，历史的运动提供了有利条件，于是那种庄园才逐渐增多起来。所谓有利的条件主要是，社会贫富的日益分化，土地、赋税等制度的改变，农民大起义的失败，以及长期割据战争中依附关系的加强，等等。有了这些条件，一般地主才可能既广占土地，又大量获得劳动人手，建立起那些大大小小的庄园②。这种庄园和封建国家政权有矛盾的一面（主要是兵财的矛盾）。可是他们不像李唐皇朝那样的幸运，有一个伟大的农民战争为之前驱，所以他们的企图都无由实现，庄园仍然继续向前发展。仁宗时，欧阳修指出：

"……今大率一户之田及百顷者，养客数十家。其间用主牛而出己力者，用己牛而事主田以分利者，不过十余户；其余皆出产租而侨居者曰浮客，而有畲田。……夫主百顷而出税赋者一户，尽力而输一户者数十家也。就使国家有宽征薄赋之恩，是徒益一家之幸，而数十家者困苦常自如（一作乏）也。……"③

苏洵也指出：

"……富民之家，地大业广，阡陌连接；召募浮客，分耕其中，鞭笞驱役，视以奴仆；安坐四顾，指麾于其间；而役属之民，夏为之耨，秋为之获，无有一人违其节度以嬉。……"④

具体的例，如川蜀。宋《太宗皇帝实录》卷七八有云："……巴蜀民以财力相君，每富人役属至数千户。小民岁输租庸，亦甚以为便。……"韩琦说："西川四路，乡村民多大姓，一姓所有客户动至三五百家，赖衣

---

① 参考日人加藤繁著《唐代庄园考》，译文载《师大月刊》第2期。
② 关于唐末五代庄园的发展，此处不暇详及，当另文论述。
③ 见《欧阳文忠公文集》卷五九"原弊"。
④ 见《嘉祐集》卷五"田制"。

食借贷，仰以为生，……"①《宋会要稿》兵二之十一载："熙宁元年五月十五日，夔州安抚司勾当公事程之元言：'……本州自来多兼并之家，至有数百客户者。……'"个别庄园的例，这里不能备述，姑举一些庄名于下，以见一斑：

李诚庄……………………在氾县，见魏泰《东轩笔录》卷八

麻士瑶庄…………………在青州，见《涑水纪闻》卷六及《长编》
　　　　　　　　　　　卷九五

青山庄……………………在江宁，王安石子妇所有，见黄溍《金
　　　　　　　　　　　华黄先生文集》卷一三《半山报宁寺记》

乌镇庄……………………在湖州乌程县

思溪庄……………………在湖州乌程县

百步桥庄…………………在秀州嘉兴县

尹山庄……………………在平江府长州县

东庄………………………在平江府长州县

横金庄……………………在平江府吴县

儒教庄……………………在平江府吴县

新安庄……………………在常州无锡县

善计庄……………………在常州宜兴县

石桥庄……………………在常州武进县

宜黄庄……………………在常州武进县

乐营庄……………………在镇江府丹徒县

新丰庄……………………在镇江府丹徒县

逸泰庄……………………在太平州芜湖县，以上皆张俊诸子所有，
　　　　　　　　　　　见《三朝北盟会编》卷二三七

天锡庄……………………在嘉兴，广孝寺所有，见《金华黄先生
　　　　　　　　　　　文集》卷一三，《嘉兴天宁万寿禅寺记》

坪上庄……………………在抚州

_____

① 见《韩魏公集》卷一八"家传"。

回背庄……………………同上

竹园里庄…………………同上

上巴庄……………………同上

东坑庄……………………同上

陈城渡黄细乙庄……同上

饶辰家庄…………………同上

南捷庄……………………同上

焦坑庄……………………同上

丁陂庄……………………同上

康材庄……………………同上，以上均见《慈溪黄氏日抄分类》
　　　　　　　　　　卷七八

范氏义庄…………………在苏州，见《范文正公集》,《义庄规矩》
　　　　　　　　　　及《褒贤祠记》

毛氏慈惠庄………………在西川洪雅县，见《鹤山先生大全文集》
　　　　　　　　　　卷四四

举子庄……………………在福建，见《朱文公文集》卷二九与《赵
　　　　　　　　　　尚书论举子田事》

慈幼庄……………………在建康，见《景定建康志》卷二三

兴贤庄……………………在福建，见《水心先生文集》卷二三《赵
　　　　　　　　　　彦俊墓志铭》

………………

　　这些庄名，只是散见于文献中的一部分。因为它们在那些文献里都是因他事而连类叙及，所以没有提供完备的记述。此外还有官庄以及其他没有列举名称的庄园等等。总而言之，当时的各种土地（国有土地、品官占有的土地、庶人地主占有的土地、寺观的土地、义庄等公有土地……）普遍都以庄园为其占有形态。由此看来，《水浒传》以宋代史事为题材而以庄园为背景是完全符合历史的真实性的。

　　有人以为，唐代的"庄"不过是一定面积田地之名称，根本不是庄园制度，庄主与庄客的关系基本上是租佃的关系……照此说法，那么，宋代

的是否也只是一定面积田地的名称呢？不是的。当然，庄园既是一种土地占有形态，就必须具有一定面积的土地。如上举的李诚庄，《东轩笔录》说："方圆十里，河贯其中，尤为膏腴。有佃户百家，岁输租课。"王安石子妇的太平青山庄，有田千亩，等等。问题在于，在那一定面积田地上的生产关系是一种什么样的生产关系，在那一定面积田地上的直接生产者是一种什么样的农民。依据宋代文献看来，在庄园田地上的直接生产者，是上面引文中所说的浮客、客户或如其他记载中所说的庄户、旁户、佃客、佃户、租户……这些名称的内容实际都是一样，都是庄园农奴和依附农民。他们和主人的关系主要有以下几点：

1. 他们已不是封建国家的正式编户，而是主人的私属。因此，他们不纳赋应役（此据《宋史食货志》"假佃户之名以避徭役，"及"析客户为主户者，虽登于籍，而赋税无所加"二语可证），只交私租。租率是对分、四六分、三七分等等（见王炎《双溪文集》卷一一"上林鄂州书"及洪迈《容斋随笔》卷四"牛米"）。

2. 因为是私属，所以"为人佃户"，须"有契券"；这种契券是官府所承认的，主人可以凭借它"经所属自陈收捕"逃亡的佃户（见王之道《王相山文集》卷二二"乞止取佃客扎子"）。

3. 佃客被束缚于土地，"非时不得起移；如主人派遣，给予凭由，方许别住"（见《宋会要稿》"食货"一之二四）。若"被搬移"或"私衷搬走回乡"，"官司并与追还"或"官为前去差人追取押回，断罪交还"（见《宋会要稿》"食货"六九之六六及《朱文公文集》"别集"卷一〇"申监司为赈粜场利害事"）。

4. 主人买卖土地，有"私为关约""载客户于契书"，"随契吩咐"的（见《建炎以来系年要录》卷一六四及胡宏《五峰集》卷二"与刘信叔书"）。

5. 主人对于佃户，享有法律上的特权。如"佃客犯主，加凡人一等。主犯之，杖以下勿论，杖以上减凡人一等"（见《长编》卷四四五）；绍兴初，王居正说："主殴佃客致死，在'嘉祐法'，奏听敕裁，取敕原情，初无减等之例；至元丰始减一等，配邻州，而杀人者不复死矣，及绍兴又减一等，止配本城，并其同居被殴至死，亦用此法。"（见《系年要录》卷七五）又如"佃客奸主"，品官之家加凡奸三等，民庶之家加凡奸二等（见《庆元条法事类》卷八〇)。

6. 主人对于佃客,不仅"役其身",而且"及其家属妇女皆充役作",连"聘嫁"也加以干预(见《宋会要稿》"食货"六九之六六)。

这些关系是主人对佃客的超经济强制,其作用在于把佃客"系属"于主人。绍兴年间宋廷一度颁行"买卖土田,不得载客于契书"时,地主阶级的代言人胡宏反对道:

> "……蜂屯蚁聚,亦有君臣之分,况人为万物之灵乎。是以自都甸至于州,自州至于县,自县至于都保,自都保至于主户,自主户至于客户,递相听从,以供王事,不可一日废也,则岂可听客户自便,使主户不得系属之哉。夫客户依主户以生,当供其役使、从其约束者也,而客户或禀性狼悖,不知上下之分;或习学末作,不力耕桑之业;或肆饮博而盗窃,而不听检束;或无妻之户,诱人妻女而逃,或丁口蕃多,衣食有余,稍能买田宅三五亩,出立户名,便欲脱离主户而去;凡此五者,主户讼于官,官当为之痛治,不可听其从便也。……"①

把胡宏这些话和以上所述的合起来看,可以看出,当时的主客不是近代的租佃关系,而是庄园制的依附关系:一个主人"系属"着若干佃客,结合为一个庄园;这种庄园,不仅是当时社会的经济细胞,而且也是当时政治统治和"封建阶梯"的广泛基础。它是相当稳定和牢固的,这从"奴仆主姓"一点可以知之,朱熹说:

> "自秦汉以来,奴仆主姓。今有一大姓,所在四边,有人同姓,不知所来者,皆是奴仆之类。"②

《水浒传》里的史家庄,几百家庄户都姓史;祝家庄,除钟离老人外,

---

① 《五峰集》卷二"与刘信叔书"。
② 《诸子语类》卷一三八"杂类"。

那么多庄户都姓祝；而且是那么样地服属于庄主，不正是这种情况的反映吗？由此可见，《水浒传》和宋代社会中的庄，其结构是完全一致的。从实质上说，它们是农奴制的庄园。

其次，说一说庄客。

庄客，在宋代文献中，或称部曲，也是依附农民，不过主要是庄主保卫和统治庄园的武装力量。如上面所列举过的麻士瑶，澶渊之役，"率庄人千余，据堡自守，乡里赖之"；后为宋廷杖杀，"家童五十人分隶诸军"。这所谓庄人、家童即其庄客、部曲。又《涑水纪闻》卷一一载，侬智高攻广州，皇祐四年五月，广东转运使王罕到惠州，"召耆老问之，对曰：某家客户十余人，今覆亡为贼，请各集兵卫其家。罕曰：贼者多，以庄客何以御之。"又李觏《寄上孙安抚书》说："今之浮客佃人之田，居人之地者，盖多于主户矣。许富人置为部曲，私自训练，凡几度试胜兵至若干人，或擒盗至若干火者，授以某官。"（见《直讲李先生文集》卷二八）。又幸元龙嘉定七年《上京湖置使赵公谕愉柳书》说："今有人家，庄客环居，恩信素孚，力为屏藩，盗贼不敢窥伺，上策也。"（见《松垣集》卷二）。这些史实集中地反映到《水浒传》里，就是史大郎的那支小小的武装力量以至祝朝奉的那股强大的庄兵。其次，庄客也用于庄园内部的统治，秦观说："……本朝至和、嘉祐间，承平百有余年矣……于是大农富贾，或从童骑，带弓箭，以武断于乡曲。……"（见《淮海集》卷一五，"财用"上）。又刘克庄《饶州州院申勘南康卫军前都吏樊铨昌受爵命事》说："置买膏腴，跨连邻境，庄田园圃，士大夫有所不如，生放课钱，令部曲擒捉欠债之人，绷吊拷讯，过于官法。"（见《后村先生大全集》卷一九三）。这在《水浒传》里就是毛太公所有的那种庄客。又其次，庄客也用于耕种田地，如民族英雄岳飞"少为韩魏公〔琦〕家庄客，耕种为生"，即是其例（见《三朝北盟会编》卷二〇七引《岳侯传》）。不过，从一般历史记载看来，他们已不是主要的直接生产者，和《水浒传》里的描写是一致的。

综括以上所述可见：《水浒传》里的庄园，在宋代社会中确乎是存在的；并由此可证，《水浒传》所反映的就是宋代的社会生活。但是，应该特别指出，这还只是从庄园的现象上和静态中去进行观察而已；更重要的是，要从庄园的动态中，即从它的内部矛盾和外部矛盾的运动中，去加以研究。下面就是我们对这方面的初步探索。

二、释庄园的矛盾

不论是《水浒传》的庄园也好，或者是宋代历史上实际存在的庄园也好，庄主和他的庄户、庄客（或佃客、部曲）都是处于对抗性的矛盾之中。然而这种矛盾，在《水浒传》里呈现那么缓和的状态，在实际历史上也大抵相同（详下），这是什么缘故呢？要解决这个问题，必须从庄园的外部关系说起。

庄园，不是孤立存在的；在它外面，还有其他的社会力量和它并存着，而且是和它激荡着。上文分析《水浒》庄园时，我们已经指出，庄园外有两种力量：一种是统治的，一种是反抗的。在实际历史上也是一样，这两种力量互相对立着，除宋金构兵的时期外，始终都构成当时社会的主要矛盾。这对矛盾是颇为复杂的，它的任何一方面又包括不止一对的矛盾。现在我们仅就有关庄园的诸矛盾述其大略如下。

从等级划分的观点①看宋代社会，它主要有下列的几个等级：

1. 皇室等级。

2. 官户等级（包括宗室、勋戚、品官以至于"进纳、军功、捕盗、宰执给使、减军补授转至升朝官者"②）。

3. 乡村上中户等级（包括乡村五等主户中的上三等户，即庶人地主等级）。

4. 乡村下户等级（包括乡村五等主户中的下两等户，即农民等级）。

5. 客户等级（包括庄户、佃客、庄客、部曲，即农奴等级）。

此外尚有包括富商巨贾在内的坊郭上户等级；包括小商贩、小手工业者的坊郭下户等级以及僧道等级等等。这些等级，是依据他们的法律地位、

---

① 列宁说："在奴隶社会和封建社会中，阶级的区别又为居民的等级划分所固定下来，同时每个阶级在国家中的特殊法律地位也随之确定下来。因此，奴隶社会和封建社会（农奴社会也一样）的阶级也就是特殊的等级。……"依据这一原理，我们研究封建社会必须从等级划分的观点出发。

② 见《宋史》卷一七八《食货志·役法》下。

社会地位、经济地位和政治地位的差别而划分的。① 它们之间存在着许多矛盾；其中的主要矛盾则是皇室、官户两个等级和上中户、下户、客户等三个等级的矛盾，而前者又居于矛盾的主要方面。这对矛盾的主要方面和非主要方面是通过当时的土地问题和赋役问题而互相对立起来的。皇室等级是全国最高的土地所有者，因而同时也是全国赋役的最高支配者和享有者。官户等级，在政治上和皇室等级结合为统治集团；在经济上享有"占田无限"和免役、免科配、免支移等特权；在法律上享有"议、清、减、赎、免、当"等特殊保障（见《宋刑统》）。这两个等级，虽然彼此间也有矛盾，但基本上是一体的。文彦博反对新法时说宋神宗道："为与士大夫治天下，非与百姓治天下也。"（见《通考·职役考》）。这两句话最能说明皇室官户二者的关系，也最能说明宋朝政权的特点（当时"士庶"有别，所谓士大夫，实际就是官户）。在皇室和官户的共同统治下，全国绝大部分课役都落到主户身上，而课役又很沉重，据南宋人林勋所说，单两税即已七倍于唐（见《宋史·食货志》）。加上役和科配……则远不止于此。因之，终两宋之世，税户役户因不堪重负而破家丧产的一直是史不绝书。一般主户为了逃避赋役，"贫者不敢求富"，富者"不敢益田畴"（司马光语）；甚至"土地不敢多耕而避户等，骨肉不敢义聚而惮人丁"（吴充语，均见《通考·职役考》）。在这种情况下，有条件兼并土地的当然只有官户等级了，因为他们享有免役免科配等特权，可以肆意兼并而无负担加重的顾虑（宋朝也曾一再颁布过品官限田免税的办法，可是除南宋初期外，都是具文）。然而还不止此，又有所谓的并税并役和阴配暗科，使得问题更为严重。按，宋承唐制，州县赋役皆有常数，不得短少；州县官吏考课的殿最即以能否征足这个常数为重要标准之一；因之，州县官吏为了宽责或升迁，不管人户怎样减少，总要搕克征足，把脱籍人户的赋役并于见存之户。这样，当然更加重见存户的负担，使之更多地向有条件兼并土地的官户出卖田产。英宗时，韩绛说："有鬻田减其户等者，田归官户不役之家，而役并于同等见存之户。"（见《宋史·食货志》及《通考·职役考》）。徽宗宣和初，"河北路转运副使李孝昌奏：'近岁诸路上户有力之家，苟免科役，私以田诧

---

① 　本文作者另有《唐宋社会的等级分析》一文论述较详。

于官户。……等第减予豪强，科役并于贫弱。虽有法禁，莫能杜绝。"（见《宋会要稿》刑法二之七七）。这样的土地制度和赋役制度，对于官户来说，无异是为渊驱鱼。若令其尽量发展，可以设想，必至一切税户役户都尽为官户所吞噬。事实上也确出现过这样的地方，哲宗元祐初，"谏议大夫鲜于侁言：开封府多官户，祥符县至阖乡止有一户应差，请裁其滥"。（见《宋史·食货志》）。在这里，官户等级和皇室等级之间产生了一定的矛盾，因为封建王朝的编户和科役越来越多地被官户等级夺去了。因之，宋朝曾一再限田免科役，并下令禁止并役并税。但是皇室的意图只有通过官户才能实现，所以这些诏令不啻是与虎谋皮。不是"未几即废"，便是徒成具文。其结果，官户"占田无限"如故；"免科役"如故；并税、并役，则阳奉阴违地变相为"阴配""暗科"，也依然如故。因此，到南宋末叶，情况就更为严重，谢方叔说："豪强兼并之患，至今日而极！……今百姓膏腴，皆归贵势之家，租米有及百万石者。小民百亩之田，频年差充保役，官吏诛求百端，不得已，则献其产于巨室，以规免役。小民田日减，而保役不休；大官田日增，而保役不及。以此弱之肉，强之食，兼并浸盛，民无以遂其生！……"（见《宋史·食货志》）。由此可见，官户与主户之间，在土地占有和赋役负担这两个基本问题上，存在着尖锐的矛盾；而官户由于是统治集团，握有政权和种种特权，所以是矛盾的主要方面，起着主导的作用。

但是，主户是划分为两个等级的：一个是上中户等级；一个是下户等级。关于前者，韩琦曾这样说："乡村上三等及城郭有物业人户，非臣独知是从来兼并之家，此天下之人共知也。"（见《韩魏公集》卷一八"家传"）据此可知，这是庶人地主等级。可是为什么作为地主阶级里的一个等级，还和皇室、官户处于矛盾的地位呢？这是具体的历史环境所决定的。早在唐代后半期，社会的贫富分化已经日益加深；经五代到宋，分化的程度更增大了，更多的人户陷于贫困，失去负担赋役的能力。试举太祖时二事为例，《长编》载：

"（乾德元年闰十二月），或言上将亲征，大发民馈运；河南民相惊逃亡者四万家。上忧之，丙寅，命枢密直学士薛居正驰

传召集，踰旬乃复故。”（卷四）

"先是流民归业者止输所佃之税，俟五岁乃复故额，以是及五岁辄逃。（开宝九年）夏四月己亥，令再逃者勿得还本贯。"（卷一七）

从这种情况不难推知，若是还要加以科率，其唯一结果便是为农民起义催生。因此，宋朝统治者被迫不得不采取缓和矛盾的措施，《通考·职役考》（《长编》卷二一，《宋史·食货志》"役法"上略同）载：

"太平兴国三年（珽按，《长编》系于五年），京西转运使程能上言：'诸州户供官役，素无等第。望品定为九等，著于籍，以上四等量轻重给役，余五等免之。后有贫富，随所升降。望令本路施行，俟稍便宜即颁天下。诏令转运使躬裁定之。'"

这是宋代一件大事。自此九等户就变为五等户，因为下五等既然免役，自然没有必要再品定谁是第六等，谁是第七等了。这一事件的重大意义，在于说明下五等户已贫困到这么一种程度，使得宋朝不得不放弃这大批劳动人手。《通考》又载："宋朝凡众役多以厢军给之，罕调丁男。"这是自然的结果。既然放弃了下五等户的力役之征，不这样又怎么办呢？

这样一来，宋朝只得把主要科役放在上四等户身上。然而第四等户也是贫弱下户，只能给以某些冗役（如"壮丁"）。对于重难大役，他们不唯无力负担，而且没有"陪备"的保证；只有上中等户，"有常产则自重"，"无逃亡之患"，可以差充，所以"上户之役类皆数而重"（均刘挚语，见《宋史·食货志》及《通考·职役考》），中户也担任"弓手"等色役。宋朝的役是很重的，时人有"民不苦重赋而苦重役"之语。兹引《通考·职役考》所载韩琦、韩绛讲的话以见一斑，韩琦说：

"州县生民之苦，无重于里正衙前。兵兴以来，残剥尤甚。至有嬬母改嫁，亲族分居；或弃田与人，以免上等；或非命求死，以就单丁；规图百端，苟脱沟壑之患。……"

韩绛说：

> "害农之弊，无甚差役之法。重者衙前，多致破产；次则州
> 役，亦须重费。向闻京东有父子二丁，将为衙前，其父告其子云：
> '吾当求死，使汝曹免冻馁。'遂自经而死。又闻江南有嫁其祖
> 母及与其母析居以避役者。此大逆人理，所不忍闻。……"

由此可见，上中户虽然也属于地主阶级，但和官户相比，地位大有悬
殊。他们原是地主阶级的一个等级，即一个组成部分，但由于赋役制度的
作用，使他们与皇室、官户处于对立的地位。这是一个很重大的转变，马
端临在《通考》"自序"中已经指出：

> "役民者官也，役于官者民也。郡有守，县有令，乡有长，
> 里有正，其位不同，而皆役民者也。在军族则执干戈、兴土木则
> 亲畚锸、调征行则负羁緤、以至追胥力作之任，其事不同，而皆
> 役于官者也。役民者逸，役于官者劳，其理则然。然则乡长里正
> 非役也。后世乃虐用其民，为乡长里正者，不胜诛求之苛，各萌
> 避免之意，而始命之曰"户役"矣。唐、宋而后，下之任户役者
> 其费日重，上之议户役者其制日详，于是曰差、曰雇、曰义，纷
> 纭杂袭，而法出奸生，莫能禁止。噫，成周之里宰党长皆有禄秩
> 之命官，两汉之三老啬夫皆有誉望之名士，盖后世之任户役者也，
> 曷赏凌暴之至此极乎！"

马氏为其时代所囿，站在庶人地主的立场，对乡长里正寄以深厚同情，
是很自然的。但若扬弃了这一点，只看他所指出的历史现象，却不能不承
认这是他的卓识。由于这一转变，所以在宋代曾出现过这样的特殊现象：
即不仅贫民下户逃亡，就是上户富人也有逃亡的。北宋末，宇文粹中疏言：
朝廷支用，"一切取给予民，陕西上户，多弃产而居京师；河东富人，多
弃产而入川蜀"。（见《宋史·食货志》）由此我们所以理解：为什么《水

浒传》里的那许多庄主会和朝廷（即皇室等级和官户等级）处于矛盾的关系中。《水浒传》在这一个问题的处理上，等级的分野是很鲜明的。史进家是里正，晁盖是保正、"奸顽役户"，宋江是押司，其他多是上户、大户，因此他们有可能先后被"逼上梁山"。反之，祝朝奉因为做了"朝奉郎"，正七品，属于官户等级，所以便成为梁山泊的死敌，而与官户等级的其他典型人物，如蔡太师、高太尉、梁中书、慕容知府、黄通判……共同处于矛盾的一个方面。其中只有一个是例外，就是小旋风柴进。柴进当然是官户，但是由于"陈桥兵变"的矛盾，使得他能够离开官户等级而与其他反对的等级结合在一起。这些都不是偶然的，而是与历史的真实性若合符节的。当然，这些人物都是伟大艺术手笔所塑造，不能以之和《宋史》列传相附会，但是从艺术的真实性和历史的真实性二者来看，它——现实主义的伟大杰作《水浒传》，不正是忠实地、美妙地，高度概括了宋代的社会生活么？

其次，还得谈一谈下户等级的问题。

上面指出，宋朝统治者为了缓和阶级矛盾，适应下户贫困化的情况，曾采取下五等户免役及给复蠲租等让步措施。不可否认，这些措施都曾起过一定的作用，但它们都是消极性的，无助于下户贫困状态的改变；同时，公税私债、并税并役、支移折变、身丁盐盐等钱米以及官吏的掊克聚敛等等，却仍然沉重地落在贫弱下户身上。因此，贫富分化不唯不能停止，而是继续扩大，失去生计的人也越来越多了。当时下户贫困的程度，可以由定他们户等的标准看出来。《宋史·食货志》载，淳熙八年，两淮漕臣吴琚、帅臣张子颜等言：

> "旧制：物力三十八贯五百为第四等，降一文以下为第五等。"

这是多大一个数目呢？据蒙文通先生引王楙《野客丛书》指出，"宋田价约一亩十贯"[①]，则具有物力三十八贯五百的人不过等于占有田地四亩

---

① 见《四川大学学报（社会科学）》1957年第2期50页。

而已。而当时一户农民至少需要多少土地才能生活呢？据我的了解，至少得有五十亩。根据是：（1）太宗时，陈靖建议授田，"上田人授百亩，中田百三十亩，下田二百亩（见《通考·田赋考》）；（2）绍兴六年，张浚改江淮屯田为营田，"以五顷为一庄，募民承佃。其法五家为保，共营一庄"。平均一家百亩（见《系年要录》《朝野杂记》及《通考》；（3）林勋《本政书》说："一顷之田，二夫耕之，……使一夫占田五十亩以上者为良农，不足五十亩者为次农，……"（见《鹤林玉露》）。以五十亩与物力三十八贯五百相较，则后者还不到前者的十二分之一。不言而喻，这样的人户，正如北宋吕南公所说："所占之地非能给其衣食"（见下引），必然是经常处于饥饿线上，再受不住任何剥削的。试以身丁钱米一项为例，岁输不过150文，而福建一带的贫民便多因之而溺婴，而生子不举，致时人为设"举子仓"予以救济（见《宋会要稿》及《（朱文公全集》等书）。北宋蔡襄说："伏缘南方地狭人贫，终年佣作，仅能了得身丁。"（见《端明集》卷二二，"乞减放泉州兴化军人户身丁米扎子"）由此可见，当时的下户贫困到何等程度！在这种情况下，当然不断地有人户逃亡。早在宋太宗时，陈靖就已指出："民之流徙，始由贫困，或避私债，或逃公税。亦既亡遁，则乡里检其资财，至于室庐什器、桑枣材木，咸计其直，或乡官用以输税，或债主取以偿逋。生计荡然，还无所诣。以兹浮荡，绝意归耕。"（见《通考·田赋考》）逃亡的事例，那是不胜枚举的。如宋太宗至道元年，"开封府言：京畿十四县，自今年二月以前，民逃者一万二百八十五户"（见《通考·田赋考》）。又如元丰三年，"李琮根究逃绝税役，江浙所得逃户凡四十万一千三百有奇，……明年除琮淮南转运副使，两路凡得逃绝、诡名挟佃、簿籍不载并阙丁，凡四十七万五千九百有奇"。（见（《宋史·食货志》）。这是赵宋最盛的两朝，而逃亡之众犹且若此，其他虽不备举，也不难想见了。现在要问：这些逃户逃到哪里去呢？综括宋代情况看来，他们的出路主要是逃避到庄园里去，沦为农奴——客户。这种情况，在唐时已出现；就宋而论，自始即见于记载。《通考·田赋考》（《宋史·食货志》同）说：

"〔太宗淳化时〕知封丘县窦玭上言：畿甸民苦税重，兄弟既庄，乃析居其田亩，聚税予一家即弃去；县按所弃地除其租，已而匿它舍及冒名佃作。……"

《宋文鉴》卷四四载吕大钧《民议》说：

"……今访闻主户之田少者，往往尽卖其田，以依有力之家。有力之家，既利其田，又轻其力，而臣仆之。若此则主户益耗，客户日益多。……"

其他之例不备举。由此可见沦为客户是下户（即主户之田少者）贫困化的前途之一。有的史家据《太平寰宇记》《通考》所载毕仲衍《中书备对》《元丰九域志》和《长编》等书中关于客户的纪录加以统计，指出北宋前半期的客户数占主客户总数的32%到41%；[①] 实则不止此数，仁宗皇祐四年，李觏《上孙安抚书》[②] 说："今之浮客，佃人之田，居人之地者，盖多于主户矣。"神宗时，吕南公《与张户曹论处置保甲书》[③] 说："大约今之居民，客户多而主户少。"可见客户之多。客户之多说明它是贫弱下户的最广阔的前途，同时也说明庄园的普遍，及其所以普遍的条件。《水浒传》里的那许多庄园农奴应该就是通过这条道路来的。典型的具体例子是李逵的哥哥（李达），他因贫弱而做了"财主"家的"长工"。

作为一个庄园农奴，生活是十分困苦的。从上面对他们和庄主的关系的叙述中，已经可以看出。兹再引两条比较具体的记载如下：

吕南公说：

"……客户之忧，又其最重。何者，客户之智非能营求也，

---

① 参考张荫麟：《北宋的土地分配与社会骚动》，载《中国社会经济史集刊》第6卷第1期（1939年）及李景林：《对北宋土地占有情况的初步探索》，载《历史教学》1956年第4期。

② 见《直讲李先生文集》卷一四。

③ 见《灌园集》卷一四。

能输气力为主耕凿而已；则一日不任事，其腹必空。……"①

南宋陈淳说：

"……客户则全无立锥，惟藉佣雇：朝夕奔波，不能营三餐之饱；有镇日只一饭，或达暮不粒食者。……"②

这就是李达的生活。李逵从梁山泊回到家，他的娘道：

"我儿，你去了许多时！这几年正在那里安身？你的大哥只是在人家做长工，止博得些饭食吃，养娘全不济事。我如常思量你，眼泪流干，因此瞎了双目。你一向正是如何？"

这真是一字一泪！故事接着写道，李逵和娘"恰待要行，只见李达提了一罐子饭来"。③寥寥几字，使我们仿佛看见李达穷困的样子。

这样穷困的生活，为什么李达以及一般的庄园农奴们甘愿忍受呢？李达和他娘的对话回答了这个问题：

"……〔李达〕入得门，李逵见了便拜道：'哥哥，多年不见！'李达骂道：'你这厮归来则甚？又来负累人！'娘便道：'铁牛如今做了官，特地来家取我。'李达道：'娘呀！休信他放屁！当初他打杀了人，教我披枷带锁，受了万千的苦。如今又听得他和梁山泊贼人通同劫了法场闹了江州，见在梁山泊做了贼。前日江州行移公文到来，着落原籍追捕正身。却要捉我到官比捕。又得财主替我官司分理，说：他兄弟已自十来年不知去向，亦不曾回家。莫不是同名同姓的人，冒供乡贯？又替我上下使钱，因此

① 见《灌园集》卷一四。
② 《北溪先生全集》卷二四"上庄太卿论鬻盐事"。
③ 见《全传》第43回，页696—697。

不吃官司，杖限追要。见今出榜，赏三千钱捉他。你这厮不死，却走来家胡说乱道！'……"

在历史文献上，吕南公的话也回答了这个问题。他说：

"……所谓主户者又有差等之辨：税额所占至百十千、数千者，主户也；而百钱、十钱之所占者，亦为主户。……百钱、十钱之家，名为主户而其实则不及客户。何者，所占之地非能给其衣食，而所养常倚于营求，又有两税之徭，此所以不如客户。……"①

《宋史全文》卷二六载，南宋孝宗淳熙四年十二月甲戌，臣僚言：

"……有田者不耕，而耕者无田，农夫之所以甘心焉者，犹曰，赋敛不及也。……"

赋敛之酷，见于文献者很多，这里选录二则。其一是北宋初宋太宗的一段话：

"上谓宰相曰：……比令两税三限外特加一月，而官吏不体朝旨，自求课最，恣行捶挞，督令办集。此一事尤伤和气。宜下诏申儆之。"

"又谓宰相曰：民诉水旱，即遣使检覆；立遣上遭，犹恐后时，颇闻使者或逗留不发，州县虑赋敛违期，日行鞭棰……"。

其二是南宋初监察御史刘长源的一段话：

"……公家赋敛、私门租课，一有不足，或拘之囹圄，或监

① 见《直讲李先生文集》卷一四。

云南文库·学术名家文丛

之邸肆，累累然如以长绳联狗彘，狱吏执箠而随之；路人洒涕，为之不忍，而州县恬然不恤，为民者何苦而为农乎！……"①

反之，在庄园里的情况却有所不同。苏轼曾正确指出：

"……民庶之家，置庄田，招佃客，本望租课，非行仁义，然犹至水旱之岁，必须放免欠负、贷借种粮者，其心诚恐客散而田荒，后日之失必倍于今故也。……"②

由此可见，作为一个庄园农奴和作为一个下户农民，虽然生活都是困苦的，但两害相权，后者较前者还要厉害。这就使我们得以理解：为什么一个下户农民会宁肯丧失主户身份，而逃向庄园去"忍卑甘贱，为竖为役，效牛作马"（宋末人陈普话）！更重要的是，我们由此而知，庄园内部矛盾之所以比较缓和，乃是由于外部矛盾的激化。可以设想：李达之所以不认识他的庄主即是剥削他的阶级敌人，反而以为是他的庇护者，其原因是由于江州要捉他"到官比捕"，而地主替他"官司分理"。在宋代那样一个远离工人阶级出现的时代，像李达那样缺乏阶级自觉的农民，为数是很多的。史家庄的庄户对史大郎说："我等村农，只靠大郎做主。"这句简短而朴素的语言里，不知含有多少像李达那样遭遇的辛酸！阮小二道："我虽然打不得大鱼，也省了若干科差。"金圣叹批语道："十五字，抵一篇《捕蛇者说》！"确乎是这样的。在农民和朝廷官府的这种矛盾的影响下，农奴和庄主的矛盾暂时降到次要和服从的地位，因而呈现出比较缓和的状态，全部《水浒》庄园的秘密就在这里！

但是，还应再一次指出：庄园农奴的生活并不是不困苦的，他们和下户农民的差别，不过五十步之与百步，界限止于能否"苟延残喘"一点而已。因此，只要庄主的剥削越过了这一点，彼此间的矛盾就会激化起来。如洪迈《容斋三笔》卷一六（亦见《通考·刑考》"赦宥门"所载：

---

① 前者见《长编》卷二四，后者见《系年要录》卷一〇三。
② 见《长编》卷四五一，元祐五年七月；亦见《苏东坡集》卷五七。

"婺州富人卢助教以刻核起家；因至田仆之居，为仆父子四人所执，投置杵臼，捣碎其躯为肉泥。既鞫治成狱，而遇已酉赦恩获免。至复登卢氏之门，笑侮之曰：'助教何不下庄收谷！'……"

为此，有远见的地主阶级中人对一般地主发出劝告，如朱熹说；

"……佃户既赖田主给佃生借以养活家口，田主亦籍佃客耕田纳租以供赡家计，二者相须，方能存立。今仰人户递相告诫：佃户不可侵犯田主，田主不可挠虐佃户！……"①

由于主客间的这种矛盾，就使得佃客庄户在庄园的对外斗争中，采取比较消极的态度，如《水浒传》里所表见的那样。但这种矛盾是次要的矛盾，所以在历史文献中既不多见，在描写典型的《水浒传》里也略而不详。

庄客对庄主的态度显然和庄户不同，这是由于庄客（或部曲）是庄主保卫和统治庄园的力量，所以庄主不能把他们当作庄户一般看待，否则他们就不会为庄主"力为屏藩"了。而且，不仅不能当作庄户一般看待，还要对他们"恩信素孚"，这样才能得其死力。从上引《涑水纪闻》所纪惠州耆老之言，证明了这一点（"客户十余人，今复亡为贼，"而以庄客"御之"，可见庄客和庄户之对庄主是有不同的）。《水浒传》里写到庄客和庄主的关系多是一种亲昵的样子，与庄户对庄主的疏淡不同。这样的关系也不仅是由于"恩信"而已，按唐宋部曲均为其主私属，没有独立的门户，以主人之户为户（参考《唐律疏议》和《宋刑统》）。这在法律地位上说是卑微的，可是在经济上却把他们和主人系属在一起。经唐末五代的长期战争之后，部曲的实际地位已有所提高（因为主人要依靠他们去从事战争），但这种经济上的系属关系仍未解组。加以他们也是土地上被抛掷出来的浮客（见上引李觏语），同样受过赋役等等的重压，和朝廷官府有不可调和

① 见《朱文公文集》卷一〇〇"劝农文"。

的矛盾，于是，在缺乏阶级觉悟的情况下，便觉得自己和庄主休戚相共，从而和庄主的矛盾也就更为缓和了。

综括以上所述，围绕着庄园的矛盾是这样一些矛盾：（1）主户农民（即下户等级）和朝廷官府（即皇室等级和官户等级的统治形式）的矛盾；（2）庄主（即上中户等级之上层部分）和朝廷官府的矛盾；（3）庄户庄客（即庄户部曲等级）和朝廷官府的矛盾；（4）下户等级和上中户等级的矛盾；（5）庄户和庄主的矛盾；（6）庄客和庄主的矛盾。这些矛盾交织在一起，但起主导作用的则是朝廷官府一面。这一面是主要矛盾的主要方面，它通过赋役等制度，把其他几个等级驱使到和自己对立的方面，连上中户等级也在内，这几个被压迫的等级自然力图把自己转化为对立的方面。这一转化过程就是梁山泊的斗争，也就是我们下面所要讨论的问题。

三、论矛盾的斗争

上文说"沦为庄园农奴——客户，是贫弱下户最广阔的前途。同时指出，庄园农奴的生活也是十分困苦的。"因此，这条前途虽然广阔，却是异常艰辛，只是为了"苟脱沟壑之患"，不得已才踏上去的。北宋仁宗时，李觏说：

> "……贫民无立锥之地，而富者田连阡陌"……贫民之黠者，则逐末矣、冗食矣；其不能者，乃依人庄宅为浮客耳。……"①

因此，虽然当时的农民还缺乏阶级的自觉，但不可能人人都是"忍卑甘贱"的驯顺的羔羊，所以自始即有不少人"弃农耕而游惰"（陈靖语），寻求其他出路。从宋代一般形式看来，所谓其他出路不外这几条：一是上面李觏说的"逐末"，亦即韩绛说的"生资不给，则转为工商"。这条路消纳了不少贫民，但是这条路也是崎岖的，因为"生资不给"的人自不可能转为什么富商大贾，而只能成为像武大郎卖炊饼那样的工商；大概宋代的许多坊郭下户（六等以下）就是由此而来，他们都是十分贫困的。其次一

---

① 《直讲李先生文集》卷一六"富国策"第二。

条出路是李觏说的"冗食"，主要是出家为僧。这条路也消纳了部分人口。但在宋代，这条路是很窄狭的，只有富厚之家才能享受这一个权利。因为为僧必须有官府的特许状——"度牒"，而要获得一道度牒是很不容易的。英宗治平后度牒可以出卖，每道价自一百九十千至一千五百缗不等（此袁震先生之说，见所著《宋代度牒考》），当然不是只有物力三十八贯五百左右的下户所能办。在《水浒传》里，鲁智深和武行者，倘若不是那么两次极为偶然的奇遇，他们怎么能够遁入空门呢？除此以外，在官府所许可的合法范围内，就只有投军的一条路了。这条路，当然也不似沦为农奴那么宽广，但却具有重大的意义。假如说，沦为庄园农奴是第一条路，那么它就是第二条了。宋朝统治者利用募兵的制度，首先把农民中的所谓"失职犷悍之徒"招募了去，以消解农民的反抗力量；接着把他们编练为军队，使之转化为统治工具，反过来作为镇压农民反抗的力量。《通考·兵考》引《两朝国史志》说：

"……召募之制，起于府卫之废。……收天下犷悍之兵以卫良民，今召募之兵是也。"……自国初以来，其取非一途；或土人就在所团立；或取营伍子弟听从本军；或乘岁凶募饥民补本城；或以有罪配隶给役；是以天下失职犷悍之徒，悉收籍之。伉健者迁禁卫，短弱者为厢军。制以队伍、束以法令，帖帖不敢出绳墨。平居食俸廪、养妻子、备征防之用；一有警急，勇者力战门，弱者给漕辇。则向之天下失职犷悍之徒，今为良民之卫矣。……

又引欧阳修《原弊》说：

"……古之凡民长大壮健者，皆在南亩，农隙教之以战。今乃大异：一遇凶岁，则州郡吏以尺度量民之长而试，其壮健者招之去为禁兵；其次不及尺度而稍怯弱者，籍之以为厢兵；吏招人多者有赏；而民方穷时争投之，故一经凶荒，则所留在南亩者惟老弱也。而吏方曰：'不收为兵，则恐为盗。'噫，苟知一时之不为盗。而不知终身骄惰而窃食也！……"

已往的读史者，多只以养兵之费甚巨一点而论，指摘宋代统治者之不能更改兵制为无能，现在我们从阶级关系看这问题，则适见其极阴险毒辣之能事。这种兵制是起了不小的作用的，上引《两朝国史志》又说："……犷悍之民，收隶尺籍，以给守卫。兵无常帅，帅无常师；内外相维，上下相制，等级相轧；虽有暴戾恣睢，无所措于其间，是以天下晏然逾百年而无犬吠之惊，此制兵得其道也。……"站在当时统治者的立场来说，确乎是这样的。《水浒传》里的王进、鲁智深、林冲、朱同、雷横、杨志、杨雄、戴宗……不正就是这种"失职犷悍之徒"的典型吗？不是原来已经都被"收隶尺籍"之下了吗？

当然，这条路也不可能消纳尽全部的"失职犷悍之徒"。因为不可能天天招募，招募时也不可能募尽。总有一些像刘唐、像李逵、像武松、像石秀、像解珍解宝、像张横张顺、像阮氏三雄……由于这样或那样的原因，游离于统治者的"尺籍"之外。那么，他们往何处去呢？既然上述的那些条路，他们或者是不愿走，或者是不能走，其最后出路当然就只有像当时人所说的"不得已而为盗贼"（韩绛语）。由于宋代的历史环境，自始就具有如本文所述的那种种矛盾，所以这种所谓的"盗贼"也自始即存在于宋代社会之中。试举一例，《长编》卷四二载：

"〔太宗至道三年十一月己巳〕，是日，同幹当审官院通进银台司封驳事田锡又上疏曰：'……臣见银台司诸道奏报，自九月初至冬至节前，申奏盗贼不少；今不一一具奏，虑烦圣聪，且据其可言者一二而言之：九月四日，施州奏，群贼四百余人惊劫人户；十月七日，滑州奏，有贼四十余人过河北；十五日，卫州奏，有贼七十余人过河北；十九日，绛州奏，垣曲县贼八十余人杀县尉成柄；西京奏，十月二十三日，有贼一百五十三人入白波兵马都监廨署，并劫一十四家，至午时，夺州船往垣曲，至河阳巩县界；濮州奏，群贼入鄄城县；单州奏，群贼入归恩指挥营；济州奏，群贼劫金乡巨野县郭十九家；永兴军奏，虎翼军贼四十余人劫永兴南庄；本月二日，西京奏，王屋县贼一百余人，白高度溃散军贼六十余人；七日，陕府奏，集津镇群贼六十余人，并掠劫人户，至午时乘船下去峡石县，群贼自河北渡过河南；八日，西京奏，草贼见把截土壕镇，官私往来不得。岂有京师咫尺而群盗如此，边防宁静而叛卒如是。……"

从这里可以看出，这些反抗武装的规模都是不大的；斗争的方式都是流动的；和《宋史·侯蒙传》所纪："[宋]江以三十六人横行齐魏，官军数万无敢抗者"，是同一类型的；其中还有所谓"军贼"，即军人叛变起义的；类此的例，散见于宋代文献中的不少，不能备举。这里要指出的是，为什么它们具有这些特点呢？从本文以上的分析可知，广大的失业群众已被消纳到那些道路上去了，只有部分的"失职犷悍之徒"成为反抗的力量，所以他们不能不是这样的规模并采取这样的斗争方式。这样的斗争反映在《水浒传》里，就是少华山、二龙山、桃花山……以及王伦领导时期的梁山泊的斗争。

从宋代历史上看，宋代社会的主要矛盾到仁宗以后有进一步的发展。仁宗庆历时，范仲淹指出："我国家革五代之弊，富有四海，垂八十年。纲纪制度，日削月侵。官壅于下，民困于外。夷狄骄盛，寇盗横炽。不可不更张以救之。"[①] 从这段话以及范仲淹在下文所提出的十事中，可以看出"官"和"民"的矛盾问题的症结。《宋史·食货志》说："[仁宗时]，承平既久，奸伪滋生。命官形势，占田无限，皆得复役。"可见此时官户等级势力有进一步的扩大。相反的一面则是"近年上户寖少，中下户寖多"（韩绛语），说明上户的情况更为恶化。上户如此，下户当然也不能稳定于他的贫弱景况中，势必有更多的人向上述那些出路上奔驰。以募兵一项而言，仁宗时只禁军已达120多万，所以"景祐初，[仁宗]患百姓多去农为兵，诏大臣条上兵农得失。"由此可见矛盾发展的一斑。仁宗曾颁品官限田令，但"未几即废"。神宗时，王安石等代表上中户等级的利益，锐意改革，但终无法扭转局势，矛盾仍继续向前发展，而且愈演愈烈。到徽宗时期，皇室等级和官户等级紧密勾结，势力更为猖獗，公开肆意掠夺（如

---

① 《范文正公集》，"政府奏议"，"答手诏条陈十事"。

"花石纲"等）。这时，不仅贫弱下户的处境不堪问，即上户富人也不免于流亡（如上引宇文粹中所说）。因之，外面招致了金朝的南侵，内部爆发了方腊、钟相等等的起义。在这些起义斗争中，上中户等级的激进分子，由于和朝廷官府（皇室官户）的矛盾，是参加了的，而且由于他们在封建社会里的地位，还常常取得了领导权。据《青溪寇轨》，方腊是一个漆园主；据《杨么事迹》，钟相是一个"土豪"；看来都是上中户等级的人物（宋时所谓的"土豪"，即拥有部曲的庄园主）。其前的李顺和其后的赖文政，也有类似的纪述。这些都不是偶然的，而是受矛盾的法则所决定的。《水浒传》把那许多上户庄主安排在故事当中，而且把故事的时代放在北宋之末，正是合情合理的典型概括。

在历史上，上述矛盾的发展和斗争的展开是一个很长的过程，但在《水浒传》虽则把它们集中成为几年间的事情。这是高度的概括方法。《传》中从少华山的突然出现强人到梁山泊的大聚义，是宋代百多年历史发展的过程。少华山、二龙山、桃花山……到王伦领导时期的梁山泊，前已说过，是徽宗以前的阶级斗争的反映。从晁盖、宋江取得领导权以后的梁山泊，则是徽宗以后的阶级斗争的反映。姑不论梁山泊在当时的实际情况若何，即使全属子虚，在历史实际中也不乏《水浒》故事的张本。如南宋初，杨么在洞庭湖的英勇斗争就可以提供《水浒》故事的作者以丰富的题材（可参考朱希祖：《杨么事迹考证》）。《水浒》故事中的两代人也是两个时代的象征。史太公、穆太公……不仅概括了他们本身，而且也概括了他们的祖若父；史进、穆弘、穆春……也不仅概括了他们的本身，而且也概括了他们的子和孙。实际历史的发展，其来也渐；而《水浒传》则抓住突变的关键把它们缩写成为一个故事，使我们读了这部"现实主义的历史"就可以看到宋代社会的缩影。

从等级的观点来看，《水浒传》是全面地反映了当时的主要矛盾及其尖锐斗争的。试以"智取生辰纲"为例，代表反抗力量而闯进晁盖庄园的刘唐和公孙胜，一个代表的是下户等级（刘唐），一个则代表的是破落的上中户等级（公孙胜）。下户等级的劳动人民是反抗斗争的主力，所以晁盖、吴用们就不得不争取三阮的合作。智取生辰纲的事机泄露后，晁盖率领他的庄客（客户部曲等级）上了梁山，和代表前一时期的反抗斗争力量

（王伦）相结合。王伦是个"不及第秀才"，显然也是属于被压抑排挤的等级，但是晁盖、林冲代表的是新的反抗斗争力量，新旧间的矛盾，使得"林冲水寨大并火，晁盖梁山小夺泊"（第19回），新的终于代替了旧的。自此，反抗斗争跃进到一个新的阶段，山寨日益兴旺起来。四方八面的各种反抗势力，以及各个等级的代表人物，都以梁山泊为中心，逐渐聚到忠义堂的周围。到了"英雄排座次"之时，聚集的过程完成了，于是矛盾发展到最高阶段：和皇室官户的朝廷展开正面的斗争。在这个尖锐的斗争中，梁山泊获得辉煌的胜利，这说明矛盾的非主要方面已经转化到和主要方面势均力敌，甚至到了犹有过之的程度。因之，妥协的时机来了。宋江们接受了这妥协，矛盾便突起质的变化：反抗斗争的力量转过来却去镇压另一反抗斗争的力量（"征方腊"），其结果是同归于尽，而宋江本人也就在"黄封御酒"的悲剧中结束了他的一生。

这里，可以略说一说宋江悲剧的根源。从历史上看，上中户等级是地主阶级的一个组成部分；封建国家政权原来也是代表它的利益的，只因为在宋代那样一个具体的历史环境里，它和它上面等级（皇室和官户）的矛盾因土地问题和赋役问题激化了，所以它才会和它下面的等级站在一起，共同进行斗争。皇室等级握有封建国家的最高权力。在官户等级和上中户等级二者之间，它原可更多地代表这个等级的利益或代表那个等级的利益。在宋代实际历史中很显然，神宗就是稍多代表上中户等级的利益的，而徽宗则是完全代表官户等级利益的（这里所谓的多寡，是只就官户和上中户两个等级间互相比较而言；若和下户和客户相比，则皇室等级始终也都代表上中户等级的利益，不过有时多有时少而已，因为它始终都维护上中户剥削役属下户、客户的权益）。因此，上中户等级总是对皇室等级怀着愿望，争取它倒向自己一边，最大限度地维护自己的种种权益。这一等级本性体现在宋江身上，就是他老想着"封妻荫子"，接受"招安"。后来，他果然这样做了，可是和官户等级的矛盾并未解决，因而在他刚刚"衣锦还乡"之后，高俅等（官户典型人物）制造的悲剧就结束了他，并结束了这一场伟大的斗争。（当然，矛盾还是继续存在，而且继续斗争，但怎样斗争，那是另一部小说的题材了。）

不仅宋江一人，就是其他的英雄好汉，也可从等级的观点，对他们作一些个性的分析。例如李逵，人们都指出他是斗争意志最坚决的，因为他是从最受压迫的下户农民等级里分化出来的先进人物（阮氏三雄也类似）。武松，看来是从坊郭下户等级里分化出来的先进人物（这个等级，在宋代，也是一个最贫困的等级），所以也是斗争性很强的。卢俊义显然属于坊郭上户等级，这个等级和皇室官户的矛盾最小（它不负担职役），所受的"逼"不大，所以最不易"上梁山"。杨志是一个破落官户出身的人物，胸中总是横着一个"封妻荫子"的观念，所以直到山穷水尽才上梁山……当然，等级地位不是决定人们个性的唯一因素，但有着巨大的影响是无疑的。

谈到这里，也许有人要问：既然有那许多不同等级参加了反抗斗争，而它的领导人物（如晁盖、宋江、卢俊义等）又都不是农民出身，那么，这一斗争的性质是不是还属于农民起义的范畴呢？回答是：是的；因为这一斗争主要是为了农民的利益而斗争，它的斗争纲领主要是反映农民的愿望和要求。试举第71回"梁山泊英雄排座次"的一段话为证：

> "看官听说：这里方才是梁山泊大聚义处。起头分拨已定，话不重言。原来泊子里好汉，但闲便下山，或带人马，或只数个头领，各自取路去。途次中，若是客商车辆人马，准从经过。若是上任官员，箱里搜出金银来时，全家不留。所得之物，解送山寨，纳库公用。其余些小，就便分了。折莫便是百十里，三二百里，若有钱粮广积，害民的大户，便引人去，公然搬取上山。谁敢阻挡！但打听得有那欺压良善，暴富小人，积攒得些家私，不论远近，令人使去尽数收拾上山。如此之为，大小何止千百余处。为是无人可以当抵，又不怕你叫起撞天屈来，因此不曾显露。所以无有话说。"

这段话，很清楚地告诉我们：斗争的锋芒首先是指向"害民的大户"，又其次是指向"欺压良善〔的〕暴富小人"。可以说，这是梁山泊斗争的阶级路线；也可以说是《水浒传》一书的主旨，因为它不仅体现于大聚义之后，而且也体现于以前，如打击毛太公，打击西门庆……都是其例。从这一斗争路线可以看出，起义力量的主体是下户农民等级。其他等级必须服从农民的意志，只有当它们和农民没有矛盾或矛盾最小时，才能侧身于起义队伍之中；其他等级中人，只有表现出对农民最关怀最平等的，才能取得农民的拥戴。上中户等级当然是起义力量的一个组成部分，可是"害民的""欺压良善"的则被敌视，这说明为农民的利益而斗争、服从农民的意志，是斗争的主流。因此，梁山泊的政治纲领就是杏黄旗上的"替天行道"四个大字，战斗口号就是宋江一再说的"保国安民"或"保境安民"一语；而对于内部则是："各无异心，死生相托，吉凶相救，患难相扶"（大聚义誓词）。远在王伦领导时期，阮小五就说"他们不怕天，不怕地，不怕官司。论秤分金银，异样穿锦绣，成瓮吃酒，大块吃肉，如何不快活！"（第15回）这些都是反映农民的愿望、体现他们的平均主义思想，而不是其他等级的愿望和思想。由此可见，《水浒传》里的矛盾和斗争，虽然是错综复杂的，但农民的反抗斗争，在起义力量中，是居于主导地位的；因此，斗争的性质还是农民起义的性质。

也许有人又问：既然斗争是农民起义的性质，农民是起义力量的主体，那么，为什么还听命宋江，接受"招安"，而像李逵那样坚强的人也不坚决反对呢？这是不是夸大了上中户等级和宋江个人的作用而低估了农民的斗争性和力量呢？回答是：不然。斯大林曾经正确地指出，农民是拥护好皇帝的。在《水浒传》里也正是这样。就以李逵说吧，他虽然反对"大宋皇帝"，但是却希望宋江做皇帝，可见仍然是拥护好皇帝的思想。宋江也是拥护好皇帝的，但不同的是，宋江代表的是庄主的愿望，并不要推翻皇室，而李逵代表的是受苦最深的等级，对旧政权已经失望，所以希望另建新朝。这个另建新朝的希望，当然只能寄托在宋江身上。可是宋江为其等级所囿，却错误地认为："今皇上至圣至明，只被奸臣闭塞，暂时昏昧"（第71回），因而拒绝实现这希望，"只愿早早招安"。李逵，以及和李逵有着共同愿望的人们，既然不能在宋江身上实现自己的希望，而自己又具有拥护好皇帝的思想，忠于宋江，所以毕竟还是跟着宋江接受了"招安"。由此说来，接受"招安"一举，并不完全是李逵和其他的人们屈从宋江个人意志的结果，而是他们自己的思想意识中本来也有着拥护好皇帝的根源。

应该指出：这还不只是一个思想意识的问题，而且也是实际历史的反映。从宋代历史上看，当时的历史环境，对武装起义说来，有这样的两种情况：第一是赋役繁苛，官户猖獗，因而常常爆发人民武装起义的反抗斗争，这在上文已经述及。统治者不可能对那许多此仆彼起的武装起义——尽行消灭，所以不能不采取"招安"的办法，以求妥协。第二是经济联系性还很薄弱，各地区的矛盾激化程度不一致，因此某一地区的武装起义不易得到其他地区的响应。恩格斯在《德国农民战争》一书中曾说："虽说农民在可怕的压迫之下被扇动了，然而要怂恿他们暴动却不容易。因为散居各地，想使得到一个共同的了解极感困难；世代相传的服从习惯，在许多地方缺乏武器使用的练习，剥削程度的深浅视其主人之个性而异，凡此一切使农民安静了。"[1] 宋代的情况也是这样，因此起义武装多是孤立的或者是各自为战的。而统治者则是全国性的统一政权，区域性的武装起义要把它推翻也是困难的；"孤立的农军不能长期坚持"（亦恩格斯语，见同上书），于是接受"招安"就有了可能。由这两方面情况的结合，"招安"在宋代历史中就数见不鲜了，不必说宋代后期，即在前期统治力量最强的太宗之时已不止一次出现，如《长编》卷三六载：

> "先是京兆剧贼焦四、焦八等常啸聚数百人，攻劫居民，为三辅之害。上令悬贯招募，待以不死。至是（淳化五年九月）请罪自归，……上引对焦四等，各赐锦袍银带、衣服缗钱，并擢为龙猛军使。"

同书卷三九至道二年四月又载：

> "时寇盗尚有伏岩谷依险为栅者，其酋何惠彦集二百余众，止（忠州）西充之大木槽，彀弓露刃，诏书招谕未下……（查道）微服单马，从仆不持尺铁，间关林罋间百里许，直趋贼所。初悉惊畏，持满外向。道神色自若，据胡床而坐，谕以诏意。或识之曰：'郡守也，尝闻其仁，是宁害我者。'乃相率罗兵投拜，号呼请罪。悉给券归农。……"

---

[1] 生活书店版，钱亦石译本，第20页。

把这种史事和《水浒传》对读，不正是一致吗？由此可见，《水浒传》对宋江接受"招安"的描写，是既不违反思想意识的特点，而又符合历史实际情况的。

最后，附带指出：宋代由于南北经济发展的不平衡和首都以及河北国防上的巨大需要，大运河一线上的纲运最繁、科役最重，从而矛盾也比较尖锐。其间又以曹濮一带为最，因其地适当河南、河北中权并具有地形上的优良条件。《宋史·兵志》载：宋神宗与王安石等议府兵，"文彦博曰：如曹濮人专为盗贼，岂宜使入卫？"可见这一地带具有武装斗争的传统。据近人考证，梁山泊在当时确是大泽，位置正在曹濮之间。《水浒传》把起义军的根据地放在这里，与史实相合。其次，宋代农民起义的产生和唐末元末的情况有所不同。它不是广大地区内的农民同时揭竿而起，而是一个个从生活重压下排挤出来的"失职犷悍之徒"，逐渐聚结，从而形成一支支反抗的武装。这当然是有原因的，原因就是矛盾的特殊性，大略已见上述。这种聚结的过程，只有在大运河这带才便于进行。因为矛盾在这里较为激化，交通条件在这里较为便利，所以一个个反抗的先进人物在这里易于同气相求。要不是这样，刘唐、公孙胜怎么可能迢迢远道而去到晁家庄上呢？当然，我们不能把《水浒传》的地名，一一按地图去求索，那样做是可笑的。但是作为背景来看，《水浒》故事以这一地区为舞台，则决不是偶然的。我们知道，《水浒》故事原来是说话人讲给人民群众听的，假若它所说的矛盾斗争（包括地理环境在内）和历史实际不大致符合，谁爱去听呢？

以上就是我们对《水浒传》里的矛盾和斗争所做的粗略分析。

结 语

斯大林说过："历史科学要想成为真正的科学，便不能再把社会发展史归结为帝王将相的行动，归结为国家'侵略者'和'征服者'的行动，而是首先应当研究物质资料生产者的历史，劳动群众的历史，各国人民的历史。"① 可惜得很，在我们汗牛塞屋的封建社会历史文献中，关于人民群众历史的纪录却是很少，尤其是关于人民群众反抗斗争的历史，要找一部完整的、细致的纪录那就更少。只有《水浒传》这样一部洋溢着人民性的伟大的现实主义历史，才那么生动地、具体地把它们发生、发展和失败的过程，以及当时的历史环境，详尽地告诉我们。只有从这样一部作品中，我们才能更亲切地看到我国封建社会的面貌和它的有机构成。有人怀疑：我们历史上是否有过奴隶制，是否有过庄园制？没有吗，《水浒传》告诉了我们一些什么呢！毛主席在论及我国封建社会的农民时说："这种农民，实际上还是农奴。"② 从对《水浒传》的研究看来，这是何等的正确。本文之作，目的不是为研究《水浒传》而研究，而是为了认识我国的封建社会，特别是它的庄园制、农奴制以及在这个基础上所产生的阶级矛盾和阶级斗争。指导作者去进行这一研究的，主要是列宁的等级学说和毛主席的《矛盾论》。当然，由于作者对于理论的学习，才是刚刚开始，所以本文中的谬误之处，必然是很多的。而且，对于《水浒传》这部伟大作品和宋代的有关史籍，也未能细加玩索，是否能够做到理论与实际联系，更不敢自信。但是没有错误，就没有正确。把这一矛盾揭露出来，使之通过同志们的指正，得到解决，不正是对自己的提高吗，何乐而不为呢！

1957 年 5 月初稿，翌年 1 月改作

（原载《云南大学学报（人文科学）》1958 年第 1 期）

---

① 《联共（布）党史简明教程》第153页。
② 《毛泽东选集》第二卷，第594页。

汉宋间的云南冶金业

云南的冶金业有悠久的历史。元明以后，云南银、铜、锡的生产，在全国冶金业中，占很重要的地位，久已为治云南史地者所注意。至于元代以前，旧志虽也有记载，但语焉不详，多所未备。这篇文章，拟就宋以前的情况略作论述，希望能成为大辂的椎轮，引起更深入的研究探讨。

一

云南冶金业始于何时，目前不可能确言。在滇池南岸已发现的几处新石器时代文化遗址中，没有金属器[①]。大理苍山马龙峰麓的黄灰土层中，有新石器时代遗址，发现金属器五件[②]；在永胜和玉溪，也有古铜兵出土[③]；但都无法确定年代。有人根据古籍，以为云南很早就有采冶事业，如据《逸周书》王会篇"卜人以丹砂"[④]之说，认为卜人地即永昌[⑤]。其实楚濮人与永昌濮人名同而实异，不应相混；又如据《韩非子》内储上篇"荆南之地，丽水之中生金"之语，认为丽水即金沙江[⑥]。但金沙江不在荆南。这些解说都无法确证云南冶金业在什么时候开始。

---

① 见《考古》1959年第4期。
② 见《苍洱境考古报告》。
③ 原器现藏云南省博物馆。
④ 丹砂即汞矿（氧化汞）制品。
⑤ 见何秋涛《王会篇笺释》。
⑥ 见宋应星：《天工开物》卷一四。

比较可靠的推断是始于战国之时，即公元前第五至第三世纪之间。我们知道，我国与印度的最早交通孔道是"蜀身毒道"。这是一条从现在的四川，经过滇池而向西行的商道①。有人推测，四川商人可能在公元前第五世纪之时，已取道这一途径而去印度了②。还有人推测，远在公元前第六世纪以前，当时的楚已通过云南而与印度有了交通③。最近在长沙楚墓中发现"琉璃珠"二枚④，我们认为，这很可能是由印度经云南而到楚国的。这样看来，至迟在公元前第四世纪前后，当时的蜀和楚已经通过云南，和印度有了交往。不难设想，这样一条长达数千里的商道，若沿途没有一定的经济发展，怎么可能出现呢？在一定的经济发展的条件下，加之蜀楚的影响，云南在那时开始萌芽了采冶生产，自是可能的事。

战国末期，约当公元前280年左右，楚庄蹻率军至滇，留居不还⑤。这是现存有关云南历史的最早文字记载。那时，楚国的文化水平颇高，进步的生产技术可能和楚军俱来。近年晋宁出土的西汉后期的青铜器，多与战国时期的楚器式样相同，或即从庄蹻那时沿袭下来的传统。到了西汉初年，即公元前第二世纪初，蜀卓氏在临邛（今邛崃），"即铁山鼓铸，运筹策，倾滇蜀之民"；程郑氏亦居临邛铸铁，"贾椎髻之民"⑥。所谓椎髻，就是指的西南夷⑦。近世昭通出土的铁质农具，每件重八两，上有《蜀郡》二字⑧，当是在蜀郡制造而转输到云南的。这可证云南人民那时已使用金属农具，《史记》的记述是信而有证的。

汉武帝元鼎六年（前111年）或元封二年（前109年），汉朝在云南初置郡县，云南与中原地区的关系更加密切。因此，从这时起，关于云南冶金业的发展就有了更多的记载。据"正史"中地理志或州郡志所述，在汉晋时期，今昭通鲁甸（汉代叫作朱提县）的朱提山出银铜，银重八两为一

---

① 见《史记》中的《西南夷传》和《大宛传》。
② 见向达：《中西交通小史》。
③ 见丁山：《吴回考》。
④ 见《长沙发掘报告》。
⑤ 见《史记·西南夷传》。
⑥ 均见《史记·货殖列传》。
⑦ 此据《汉书》颜师古注说。
⑧ 见《新纂云南通志·金石考一》。

流，值一千五百八十钱，别处的银一流则只值一千[1]。今会泽巧家（汉代叫作堂狼县），出银铅白铜[2]。今澄江、玉溪、江川（汉代叫做俞元县），"俞元怀山出铜"[3]。今通海、河西（汉代叫作律高县），"石空山出锡，监町山出银铅"[4]。今蒙自、个旧（汉代叫作贲古县），"采山出银，羊山出银铅，乌山出锡[5]。今晋宁呈贡的滇池县和今保山南部的不韦县都出铁[6]。今永平的博南县"有金沙，以火融之为黄金"[7]。还有不详今地所在的来唯县，有陆山，出铜[8]。由此可见，汉晋时期，云南已有许多地方，发现和采掘金属矿。

古籍中没有那时采冶生产技术的详尽描述，但据出土遗物和片断记载，仍可窥见其大略。关于铜的冶炼，云南何时由纯铜进到青铜已不可考。近世晋宁出土的西汉后期的铜器，昭通出土的东汉中叶的铜器以及永胜、玉溪等地出土的铜器都是青铜制品。据分析化验，晋宁出土的青铜器的铜锡成分比例是：铜剑中含铜76.18%，锡20.07%；铜斧中含铜83.21%，锡12.81%；铜鼓中含铜82.95%，锡15.07%；铜柄中含铜81.53%，锡14.5%[9]。可以看出，铜锡成分比例的差异是以对器物的不同硬度要求而定的（锡的比重越高，硬度便越大）。这些比例和中原的青铜器相似（殷墟钩兵为铜80%，锡20%；刀为铜85%，锡15%[10]。《考工记》说：斧斤之齐"五分其金而锡居其一"。《天工开物》说：钲镯[11]之类皆红铜八斤，入广锡二斤）。有的铜器，表面还包有一薄层白色金属，经过化验，知道那是镀上的一

---

① 见《汉书·地理志》和《汉书·食货志》；《续汉书·郡国志》。
② 见《华阳国志·南中志》。
③ 见《汉书·地理志·益州郡》。《续汉书·郡国志》作"装山出铜"。
④ 见《汉书·地理志·益州郡》。《续汉书·郡国志》同。
⑤ 见《汉书·地理志·益州郡》。《续汉书·郡国志》说："采山出铜锡，羊山出银铅。"《晋地道记》说："乌山出锡"。《华阳国志·南中志·梁水郡》说："贲古县，山出铜铅铁。"
⑥ 见《续汉书·郡国志》"益州郡"和"永昌郡"。
⑦ 见《华阳国志·南中志·永昌郡》。《续汉书·郡国志·永昌郡》也说："博南，南界出金。"
⑧ 见《汉书·地理志·益州郡》，其地应在澜沧江东岸。
⑨ 见《考古学报》1958年第3期，杨根：《云南晋宁青铜器的化学成分》。
⑩ 见李济：《殷商铜器五种》。
⑪ 钲就是现在的锣；镯现在叫作铜鼓。

层锡，用以防止氧化腐蚀[①]。在昭通出土的车马具铜饰也是鎏金的。还有，后世驰名全国的"白铜"，在晋代已有了著录[②]。那当是铜镍的合金。今会泽、会理等地产锌，名为亚铅（即《天工开物》所说的"倭铅"）。《南中志》说的堂狼县出产的铅，可能就是这种亚铅。冶炼自然铜（红铜），先后加入锌和镍，就成白铜[③]。从这些铜合金的冶炼技术说，那时云南的工艺水平已达到颇高的程度，惜乎如何冶炼的情况没有直接的记述。唯《南齐书》的一则史料，给我们提供了一个梗概。其书《刘悛传》说：

> "永明八年（公元490年），悛启世祖：南广郡（今镇雄）
> 界蒙山下，有城名蒙城（疑即乌蒙城，在今昭通），可二顷。地
> 有烧炉四所，高一丈，广一丈五尺。从蒙城南百许步，平地掘土
> 深二尺得铜。又有古掘铜坑，深二丈，并居宅处犹存。"

这就是朱提铜厂废址。东汉以来为朱提大姓所割据，扰攘不宁，采冶尽废。后受爨氏统治为东爨地，破坏更甚。因此，刘俊所述乃东汉时期的情况。

那时的铜器种类和形制也是丰富多彩的。把晋宁石寨山和昭通梁堆两处古墓中的殉葬青铜器加以分类，其中属于生产工具的有犁、锄、镰、锛、凿、削、锯……属于兵器的有戈、矛、剑、斧、钺、镊、锤、叉、镞和车马饰铜片……属于日常用品的有釜、甑、盉、壶、尊、卣、瓠、盘、盆、勺、杯、洗、炉、镜、玺印、货币、钱范……属于乐器的有铜鼓、编钟、铜笙等。这些青铜器，一方面具有我国古代青铜器的一般特征，另一方面又有地方性的特点。例如戈，是一种钩兵，其形制为我国所特有。晋宁出土的一百二十件铜戈，基本形式与中原各地出土者相同，但其中有"穿"的戈，则在中原少见，而与四川出土者一致。

---

① 见《考古学报》1958年第3期，杨根：《云南晋宁青铜器的化学成分》。

② 见《华阳国志·南中志》。

③ 《天工开物》说："凡铜供世用，出山（即自然铜）与出炉（即炼铜）只有赤铜。以炉甘石或倭铅掺和，转色为黄铜。以砒礵等药制炼为白铜。"又说："每红铜六斤，入倭铅四斤，先后入罐熔化，冷定取出即成黄铜。"黄铜加镍再制炼为白铜。

在各种古铜器之中，有几种特别吸引人们的注意。一是铜洗，近几世纪全国各地出土而有铭文可考者，以朱提、堂狼所造为最多，约六十余件①。其铭文所纪年代，最早的是建初八年（公元83年），最晚的是建宁四年（公元171年），其中永建年号的最多，共九件。近几十年，在昭通也出土了不少铜洗，其形制文字和金石家著录的完全相同。由此可以推想，他处出土而无铭文的铜洗中，可能有不少是朱提、堂狼制造的；并由此可以知道，远在公元第一二世纪对，云南的铜器制造已经为国内其他地区的需要服务了。

另一种值得我们注意的是铜鼓。这是西南各族都用的一种乐器，《后汉书·马援传》已有记载。晋宁出土的，时间更早于马援，可见云南自铸铜鼓，虽不知始于何年，但为时甚古则是毋庸置疑的。在十几件铜鼓上面，铸有许多栩栩如生的铜俑：有奴隶主监视奴隶生产的纺织作坊，有战争掳掠奴隶的场面，有杀人作牺牲以祭祀的图景，有部落首领相率负载生产品而贡纳的仪式等等。这些形象，生动地把当时奴隶制下的社会生活呈现在我们面前。

除此而外，还有一些为数甚多的装饰品也令我们注意。如圆形镶宝石的扣饰，直径不过13厘米，而雕造精致，制成极复杂的组合。这不仅要有技艺很高的铜工，而且要有金银工、玉工、漆工等的协作，其工艺水平是惊人的。又如铜剑的鞘，打金细雕，花纹复杂。佩带器亦极精致。这些都反映了当时云南的采冶技术水平和生产者的智慧。

以上是汉晋时期青铜器的生产状况。下面再看看铁和其他金属器。

云南铁的采冶，和一般的金属生产程序一样，较铜为晚。这是由于铁矿埋藏更深，冶炼较难，采冶必须有更高的社会生产力水平。云南生产铁的记载，始见于《续汉书·郡国志》，当是后汉时期才开始有所发展。那时开采的铁矿有三处：一是滇池县（今晋宁），二是贲古县（今蒙自），三是不韦县（今保山）。滇池为益州郡治所，贲古和不韦分别是滇南和滇西

---

① 参看《汉金文录》《金文续编》等书。

通往外地的商道中权①。三处的社会经济水平都比较高，所以首先出现了铁的开采。但那时云南的金属制作似还处于青铜器与铁器的交替时期，铁器还没有普遍使用。这从晋宁出土的数千件古物中，铁器占最少数一点可知。计晋宁出土的铁器：斧锛各一件，矛十七件，剑二十一件。另有铜斧两件，铜矛十七件，铜剑四十八件，其刃部均用铁，又有铜錾铁刃的戟二件。由此可见，那时铁还稀少，可能是由外地运来。经过东汉到晋，铁的生产似已有了颇大进步。邻近云南的四川泸沽已能炼钢②，而泸沽和滇池地区当时均为叟族居地，两地交相影响自非困难之事。《南中志》说：东晋时，建宁郡（即益州郡）有"铁官令毛诜"。这可能是相沿已久的官职，足证云南铁的采冶已发展到需要为之设官管理的程度。

贵金属的采冶比铁要早得多，技术也高得多。以银而论，云南"朱提银"的质量远在汉代已驰名中原，而且流通到很广泛的地区，因之"朱提"一名竟被用作白银的别称。那时的朱提银矿可能就是鲁甸的乐马厂。直到清初那里所产的银仍为全国之冠。那是一种银铅矿。矿石中一般含银万分之二十四，最好的达万分之九十四③。试想，要从不到百分之一的含量中提炼出精银，决不是一般的技术水平可以办到的。可是在封建制度下，封建统治者只知榨取，生产者被剥削得穷困不堪，无法进一步加以发展，所以到三国时期便衰落了。

金的生产主要是淘取沙金。东汉人王充说："永昌郡中亦有金焉，纤靡大如黍粟，在水涯沙中，民采得日重五铢之金。"④但也由于剥削惨重，生产难于发展。《续汉书·郡国志》注引《诸葛书》说："汉嘉金，朱提银，

---

① 不韦为永昌郡地，自古为"蜀身毒道"的要站，永昌郡航行伊洛瓦底江与海外交通是早已发达的。《三国志·魏志》卷三〇注引《魏略》说："大秦（罗马）……有水道通益州永昌，故永昌出异物。"贲古，晋时设为梁水郡，自此由红河道通交趾（今越南），出海上。《水经》叶榆河注载：建武十九年（公元43年），马援自交趾上书说："从糜泠（红河）出贲古击益州，此道最便，盖承藉水利，用为神捷也。"这就是后来的贾勇步（今河口）水道。

② 《华阳国志·蜀志》越嶲郡说："台登县，山有磁石，火烧成铁，刚利。"台登即今之泸沽。

③ 见朱熙人编：《云南矿产志略》。

④ 见《论衡·验符篇》。

采之不足以自食"；又引《南中志》说："朱提，旧有银窟数处"，可见银窟已成废墟了。在汉时，金银的冶炼制作技艺，已很精巧。这从上面述及的晋宁出土的扣饰、剑鞘等物可以见到。当然，这些工艺技能，随着原料生产的衰歇，也没有得到发展。

金银，由于自始就是宝藏手段，自然更刺激一切统治者的贪慾。《后汉书·种暠传》说，永昌太守把黄金铸成文蛇，献给当时的跋扈将军梁冀①。这是汉朝边吏掠夺云南人民以行贿赂的若干事例之一。地方统治者也一样，魏晋时人所做的《永昌记》说："哀牢王出入射猎，骑马金银鞍勒"②，非常豪侈。《后汉书·西南夷传》更概括地说：益州郡"有……金银畜产之富，……居其官者，皆富及累世"。统治阶级的残酷榨取，从这些片断记述中已可概见。

二

汉晋以后至南诏之前的云南冶金业状况，由于文献无征，不可得而确言。到了南诏时代，记载较多，我们也就知道得多一些。这里把南诏大理合为一个阶段来叙述。

南诏于公元738年统一洱海地区，后来更扩张及于西南，对各地人民施行奴隶制的统治和剥削。奴隶主的淫侈生活和对内对外的镇压掠夺，使他们对于贵贱金属都贪得无厌地尽力榨取。那时黄金的生产主要仍是采淘沙金。樊绰《云南志》说："麸金出丽水，盛沙淘汰取之。"河赕（南诏）法："男女犯罪，多送丽水淘金。"③又说：南诏掳弥诺国三千人配丽水淘金④。这是当时役使奴隶淘采沙金的记载。《云南志》还说："生金出金山及长傍诸山，腾充北金宝山。土人取法：春冬间，先于山上掘坑，深丈余，阔数十步；夏月水潦降时，添其泥土入坑，即于添土之所，砂石中披拣，有得

---

① 这个太守可能是刘君世。
② 见《太平御览》卷三五八引。
③ 见《云南志》卷七。
④ 见《云南志》卷一〇。

片块大者，重一斤或至二斤，小者三两五两。价贵于麸金数倍。"① 这里所说的土人并非奴隶，但遭受奴隶主的残酷榨取，处境并不比奴隶好些。同书又说："然以蛮法严峻，纳官十分之七八，其余许归私。如不输官，许人相告。"南诏还设有专官监督征收。当时南诏统治区域产金的地方盖不止以上几处。《云南志》说："部落百姓悉纳金。"看来金的生产和流通已相当普遍。《云南志》里也述及银，说："银，会同川银山出……禁戢甚严。"当时对于银矿，也设有专官垄断，人民不得自由开采。

南诏奴隶主掠夺的大量金银，主要是用以制造器皿，满足他们的享乐贪欲。当时，南诏工匠制造金银的工艺水平相当高。贵族妇女以金为首饰②。大官僚们系"金佉苴"（即金带）③，"南诏家食用金银"④。南诏王异牟寻，据说是"衣金甲"⑤。南诏使者到西川，以"金镂盒子"装信物⑥。唐朝使臣到南诏，南诏馈以"金盏、银水瓶"⑦。此外，还用大量金银来铸造佛像。劝龙晟时（公元809-816年）用金三千两铸佛三尊；丰祐时（公元824-857年）用银五千两铸佛一堂⑧。有人推测，南诏冶造金银工艺之所以这样高，是由于阁罗凤于829年攻掠成都，俘回大批四川工匠的缘故。⑨ 这是很可能的。

当时南诏生产的金银，除供南诏奴隶主奢侈享受外，还有不少流通南

---

① 见《云南志》卷七。这种大块的金，大概就是后世所谓的"狗头金"，《天工开物》中有狗头金的记载。

② 见《云南志》卷八。

③ "金佉苴"就是金带，白居易的乐府诗《蛮子朝》有云："清平官持赤藤杖，大将军系金呿嵯。"（见《白氏长庆集》卷三）元稹也有诗句咏"金呿嵯"（见元氏长庆集》卷二四，可参看。

④ 见《云南志》卷八。

⑤ 见《云南志》附录。

⑥ 见《云南志》附录。

⑦ 见《册府元龟》卷九八〇。

⑧ 见《南诏野史》。

⑨ 此说见王士桢的《陇蜀余闻》。原文是："李君实言：檕、剔、银、铜、雕、钿诸器，滇南者最佳。盖唐时阁罗凤犯蜀，俘其巧匠三十六匠以归，故至今擅之。"按：南诏于太和三年（公元829年）掠成都。《新唐书·南诏传》谓其"驱子女工技数万引而南"。《云南志》卷七说：从此，南诏能织绫罗。沈德符《野获篇》卷二六说，南诏此后的雕漆也很高。由此看来，金银冶造工艺在此后有了很大进步是完全可能的。

诏以外。据《新唐书·地理志》所载，"姚州云南郡土贡麸金"①。贡金之外，自然还有商人贩到内地的②。同时，南诏通过中南半岛和海外贸易，也以黄金为交换③。可见，南诏大理时期金银的生产，为数很多，对劳动人民的掠夺榨取是多么暴虐残酷！

南诏大理时期，铜的生产也很富。这从佛事用铜之钜一事可知。洱海地区佛教之盛，始于南诏后期，至大理时期而极。南诏大理的统治者大兴土木，修建寺塔，铸造大量的铜像，铜钟……如丰祐时用铜四万五百九十斤，铸佛像一万一千四百尊；段思平时（公元937—944年），铸铜佛一万尊④。现存大理崇圣寺大殿内的观音铜像，高二丈四尺，据说是舜化贞时（公元897—902年）董明善所造。崇圣寺塔建于丰祐保和十年至天启元年（公元833—840年）之间，共十六级；每级有窗，窗置铜铸佛像，据说是为追悼《坦绰杨和丰》而设，当是南诏时物。这些造像，解放前被反动派摧残和帝国主义分子盗窃，今多已不存⑤。塔顶四周垂铜铃，顶端有铜盘，周五尺，高二尺多，厚半寸。其中累层安置铜铸珍品。有一铜制塔模，高一尺二寸，重六斤四两，分七级，顶作高阁式，四面雕造佛像三十躯，下层为四天王托塔。翠色斑斓，被誉为云南古物中的第一精品⑥。寺中还有铜钟一口，高一丈多，重数千斤，形状如幢，同围佛像两层（上层为六波罗蜜，下层为六天王）。李元阳谓钟声可闻百里⑦。永胜觉斯楼也有一铜钟，

---

① 这是开元以前事，以后也当有贡额，但不见于记录。

② 自汉晋至唐宋，云南金银均流入内地，以"云南块金"著名，见《政和证类本草》。

③ 《云南志》卷六，银生城（今景东）条载南诏面交通说："至大银孔（应在暹罗湾），有婆罗门（印度）、波斯（缅甸南部勃生）、阇婆（爪哇）、勃尼（婆罗洲）、崑崙（柬埔寨或苏门答剌）数种外通交易之处，多诸珍宝，以黄金麝香为贵货。"

④ 见《南诏野史》。

⑤ 塔窗铜佛被帝国主义分子盗去两尊。暌信段政兴资时（公元1147—1171年）的铜造佛像被美帝国主义分子盗去，其摄影附见石钟键：《论白族的白文》。尚存南诏铜佛，今存中央民族学院。

⑥ 《新纂云南通志·金石考》已著录。崇圣寺塔顶，公元1925年地震坠下，其中铜器为当时军阀掠夺已尽。

⑦ 见李元阳：《崇圣寺重器可宝碑》。按：此钟上有款识："惟建极十二年，岁次辛卯，二月丁未朔，廿四日庚午建铸。"即唐咸通十二年（公元871年）所造。阮福《滇南古金石录》所载，系就拓片摹绘。此钟为云南铜钟之最古最精者，清道光年间王发越的《叶榆杂咏》有"千年古刹钟犹在，六诏丰碑字半残"之句，即指此钟。

更大，高六尺，口径五尺，重万斤，传为大理时所造[①]。由此可见，南诏大理时期的冶炼雕铸精铜工艺，比汉晋时期有了显著的进步；劳动人民的伟大创造力，虽然在奴隶主封建主的重压之下不可能尽量发挥，但其成效仍然是可惊的。

铁的生产，到南诏时期，也有了很大的发展。南诏不仅用铁制造更多的兵器，而且用以制造农具和桥梁。《同志南》卷七载："每耕田，用三尺犁，格长丈余。二牛相去七八尺。一佃人前牵牛，一佃人按犁辕，一佃人秉耒。"由二牛三人耕田的起土利器，当是用铁铧。虽尚无实物出土，但证以中兴二年（公元899年）所做的图画，可肯定其已有铁铧。图画上有题字"奇王蒙细奴罗"和"梦讳急呼奇王等至耕地"一段，画二牛伏地，旁置犁架，铧铁向上，和《云南志》所说相同。细奴罗父子的时代，当公元第七世纪中叶，与唐太宗同时[②]。由此看来，此时云南已使用铁铧牛耕于农业生产。恩格斯说：铁制农具出现后"其生产的进步，要比过去一切阶段的总和还要来得丰富"[③]。无怪乎此后一段时期内，洱海地区的社会经济发展比以前迅速。显然，这和铁器的使用是分不开的。

南诏用铁索架设吊桥，不止一处。大概在今漾濞、大理间的河流上，有铁索桥两处[④]。在金沙江上也有铁索桥[⑤]。以前只有籘桥、竹桥和使用溜筒的索桥。此时进而使用铁索，是很大的进步。特别是对于高山峻谷的西南高原，铁索桥具有更大的意义。《正德云南志》描述南诏铁桥遗迹说："铁桥在巨津州（今丽江巨甸）北一百三十余里，跨金沙江。桥所跨处，穴石锢铁为之，遗址尚存。冬月水清，犹见铁环在焉。"这虽然只是寥寥数语，

---

① 两钟均已毁。崇圣寺钟毁于咸同年间，觉斯楼钟毁于光绪年间（《云南通志》金石考著录）。

② 据《南诏野史》，细奴罗父子耕于巍山，公元649年（唐贞观二十三年），做了合蒙诏的酋长。

③ 见恩格斯：《家庭、私有制和国家的起源》，人民出版社1957年版，第25页。

④ 刘肃：《大唐新语》载：公元第八世纪初年，唐遣讨击使唐九征率军至云南，破坏铁索轿二处。原书有云："吐蕃以铁索跨漾水濞水为桥，以通西洱河蛮。"按之地理，当在今漾濞、大理间。

⑤ 《云南志》卷六载："贞元十年（公元794年）南诏异牟寻用军破东西两城，斩断铁桥。"桥在滇西北金沙江上。

但工程的艰巨和冶铁工艺的进步，已可见一斑①。

南诏铁器见于记载较多的是兵器。按南诏兵器种类有弓、矢、矛、铤、枪、剑、甲、胄、腰刀等②，主要是铁制。其中最著名的铎鞘、郁刀和浪剑。《云南志》卷七载南诏剑和浪剑的制法说，南诏剑，"锻生铁取迸汁，如是者数次，烹炼之，剑成，即以犀装头，饰以金碧。浪人诏能铸剑，尤精利，诸部落悉不如，谓之浪剑。"铎鞘和郁刀也异常犀利③，异牟寻曾遣使者至长安贡献。既列为贡品④，可见其名贵。大理时期，"云南刀"仍负盛名，仍作为贡品。有所谓"吹毛透风"，"铁青黑沉沉不鍣"者，质量盖远出于他处所产之上。其驰名内地，自非偶然。

由刀剑的犀利及其驰名当世，可见冶炼工艺之精；由农具和铁桥的制造和广泛使用，可见采掘产量之富。总之，不论是质的方面或量的方面，南诏大理时期的冶铁工业已发展到相当高度是显而易见的。由此可知，远在汉晋唐宋之时，边疆各族人民对祖国的经济文化，已作出了极其宝贵的贡献。惜乎文献缺略和文物毁损，使我们现在不可能充分描述古代劳动人民的伟大的创造和成就。但是，在我国考古工作日益开展的条件下，将来是可能知道得更多的。

（原载云南《学术研究》1962年第11期。

1965年收入《云南矿冶史论文集》）

---

① 这里，附带记述一下，在今弥渡城西约五十里的地方有一所"铁柱庙"，中有一铁柱，上镌"建极"年号，后于崇圣寺铜钟一年铸成（公元872年），高一丈多，圆体周三尺，最初可能是铸了纪功，后来变成迷信祭祀的对象，传说很多。

② 《通典》卷一八七载，西洱河蛮的兵器有弓矢矛铤。这是贞观二十二年（公元648年）的记录。《云南志》卷九载："集人试枪剑甲胄腰刀，悉须犀利，一事缺，即有罪。"卷四又说："望蛮……（负）长排（盾）持矟，前往无敌，……箭镞傅毒药，中人立毙。"按：南诏常备兵约三万，武器自备，这必须各地皆有铁工打造。

③ 同书同卷载："铎鞘，状如刀戟，残刃，积年埋在高土中，亦有孔穴，傍透朱笴，出丽水，装以金穿铁荡，所指无不洞也。郁刀次子铎鞘，造法用毒药虫鱼之类，又淬以白马血，经数十年乃用，中人肌即死"，云云。按：铎鞘，南诏早期已有之，《德化碑》载，阁罗凤追击越析诏主，"铎鞘尽获"，可证。

④ 此见《云南志》附录。

略论唐代的"钱帛兼行"

在我国货币史上，唐代可以称为一个"钱帛兼行时期"。在这个时期里，绢帛也"当作流通手段发生机能"，成了"货币商品"，和铜钱同时流通。这种状况，用唐人的成语来说，就叫作"钱帛兼行"。

唐人用绢帛作为流通手段的现象，早已有人注意到了。远在清初，黄宗羲就说过："唐时，民间用布帛处多，用钱处少。"[①] 晚近，更有人给予系统的考察。如日本学者加藤繁，即曾征引不少史料，作过较全面的叙述[②]。他指出：唐时的绢帛常被用作贿赂、请托、赠遗、布施、谢礼、赏格、旅费、物价支给、物价表示、赁费、放债、蓄藏、纳税、上供、进献、俸料、和籴、营缮、军费、赏赐等，是当时的一种货币。继之，我国学者李剑农、彭信威……也在他们各自的著作里[③]，叙述并肯定了绢帛的货币性能。我们认为：绢帛在整个唐代，一直起着货币的作用，确实是一种"货币商品"[④]。他们的研究已经基本上证明了这一点。

但是，研究一个历史问题，决不能停止于现象的叙述，还必须更进一步，给那种现象以解释。我们要问：为什么会有钱帛兼行这种事实？为什

---

① 见《明夷待访录·财计一》。

② 见《唐宋时代金银之研究》第2章第6节《绢帛与金银的比较》。

③ 参看李剑农著《魏晋南北朝隋唐经济史稿》第十章第一节；彭信威著《中国货币史》第四章第一节。

④ 货币商品和铸币有别：前者具有二重的使用价值，即"特殊的使用价值"和"形式上的使用价值"；后者则是与价值实体分离的（参看《资本论》第一卷，人民出版社1956年版，第76页和122页）。恩格斯在说到手工业与农业的分离说："……贵金属开始成为占优势的和普遍的货币商品，但是还不铸造货币，只是简单地就重量交换罢了。"（见《家庭、私有制和国家的起源》，人民出版社1954年版，第157页）可见二者的区别。

么在有铜钱流通的情况下，还要把绢帛当作货币来使用？为什么与钱兼行的，不是别的商品，而是绢帛……这些问题无疑都是应该研究的；可惜在以往的有关著作里，没有得到应得的重视，因而也没有得到满意的解答。如加藤繁的论文，缕缕万余言专叙绢帛的使用，却没有一句话谈到为什么能够使用的原因。看起来，他还根本没有感到问题的存在。其他人的著作里，虽间有涉及的，但又把问题看得过于简单，未曾加以深考。如有的人说：唐人用帛是因为钱少；又有的人说：是因为钱的币值不稳定；都不能令我们信服。因为实际的情况恰恰是，正当唐代后期钱荒严重、铜钱币值很不稳定的时候，绢帛的货币作用却日渐缩小。还有的人说：那是沿袭前代的传统。这也不然，因为市场是最不尊重传统的。例如，开元元和时，唐廷都曾下诏，令大额交易兼用匹段，可是，市场不唯不尊重传统，连诏令也视之蔑如。由此可见，这些说法都扞格难通，问题还依然存在。

从我们的观点看来，钱帛兼行是我国货币史上的一个阶段——它是前一时期交换发展的结果，又是这一时期交换矛盾的集中表现；绝不是偶然的现象。它的存在和运动有其时代的条件和根据，必须深入到当时社会经济的内部，分析生产和交换的特征，以及商品货币关系的状况，才可能得出比较合理的解释。这篇尝试之作就是依照这样的看法，从前人研究的终点上出发[①]，对钱帛兼行问题试作一些初步的探索。希望得到批评和指正！

一、钱帛兼行是唐以前货币史的一个发展

钱帛兼行有很长远的渊源，是唐以前货币史的一个发展。

从唐代以前的货币史上，我们看到：自有铜质铸币以来，一直存在着两种形式的交换——一种是以铜币为手段的交换，又一种是以生产物为手段的交换；铜币始终都不曾是唯一的交换媒介。下面，试简

---

① 为此，这里不复述前人的研究。望读者在惠予本文以指正的同时，参阅加藤等人的著作。

单加以说明。

许久以前，李剑农先生即据先秦文献指出过：春秋时期尚以实物交换为主；及入战国以后，金属货币制始渐次确立[①]。这一卓见，最近得到考古学上的证实。《新中国的考古收获》说："春秋战国之际，还处在使用金属货币的较早阶段。铸币的广泛流通是在封建所有制确立的战国中期。"[②]不言而喻，在这以前，自然还存在着实物交换（即生产物的直接交换），因为初产生的铜币势不可能一下子便充斥于交换的每个角落，而把它所从出的实物交换全部排除。事实上，就是到了战国后期，实物交换也依然可以看到。如《孟子》书中，以粟易褐、易素、易铁、易械器、以械器易粟、织屦辟纑以易粟……[③]就是明证。从总的情况说来，春秋战国时期是铜币流通和实物交换同时并存的。到了两汉，交换的发展使得铜币流通更为扩大，并且定型为五铢铜钱。然而五铢钱仍不是唯一的交换媒介。吕思勉曾经指出：秦汉时期，"民间零星交易，并不甚用钱。"[④]我们从汉朝人的货币议论里还可以看到，在不用钱的交换中，有几种生产物显然已起着媒介的作用，那就是布帛和谷物。西汉元帝时，贡禹建议说："宜罢采珠玉金银铸钱之官，亡复以为币，……租税禄赐皆以布帛及谷。"[⑤]东汉章帝时，张林建议说："尽封钱，一取布帛为租，以通天下之用。"[⑥]这些议论无异是市场上布帛谷物驱逐铜钱的呼声。可见布帛谷物的媒介作用，不唯存在，而且有取代铜钱的可能。汉末董卓之乱，这种可能性确乎被实现了[⑦]。三四十年之间，"钱废谷用"[⑧]。魏黄初二年（公元221年），曹丕公然

---

① 《先秦两汉经济史稿》，三联书店1957年版，74页。

② 科学出版社1961年版，67页。

③ 《孟子·滕文公》。

④ 《两晋南北朝史》，开明书店1948年版，下册，1029页。

⑤ 《汉书·贡禹传》。

⑥ 《后汉书·朱晖传》。《晋书·食货志》引作"宜令悉以布帛为租，市买皆用之，封钱勿出。"

⑦ 按：王莽改制之时，币制混乱，市场已曾一度使用谷帛代钱。

⑧ 《宋书·孔琳之传》说：至魏明帝太和元年之时，"钱废谷用，三十年矣。"《南史·孔琳之传》则说："四十年矣。"

明令："罢五铢钱，使百姓以谷帛为市。"① 虽然此后不久，又恢复了五铢钱的法定地位②，但布帛谷物并未因此而减少流通。相反，在两晋南北朝时期，除太康年间外，铜钱始终都不能和布帛谷物相抗衡。如在北方，自"魏初至于太和，钱货无所周流"；直到太和十九年（公元495年），才又重新铸钱。可是过了二十多年以后，尽管有朝廷的法令为之后盾，新铸的"太和五铢"仍只能"专贸于京师，不行于天下。"京西、京北、域内州镇，尚多"未有钱处"。其能行钱的地方，又辈类各殊：利于京邑之肆者，不入徐扬之市，便于荆郢之邦者，碍于兖豫之域。黄河以北，甚至"专以单丝之缣，疏缕之布；狭幅促度，不中常式，裂为匹尺，以济有无。"③ 这种情况，到北齐仍循而未改④。其在南方，东晋时犹"土习其风，钱不普用。"⑤ 后来虽经开发，经济逐渐发展，但铜钱的流通始终未能遍及。如"梁初，唯京师及三吴、荆、郢、江、湘、梁、益用钱，其余州郡则杂以谷帛交易。"陈时，仍"兼以粟帛为货。"⑥ 由此可见，自魏晋以来，不论北方或南方，都是布帛谷物和铜钱杂用的（假若允许我们称唐代为"钱帛兼行时期"的话，那么这时就可以称为"钱谷布帛杂用时期"了）。

现在还应该进一步指出：在这个时期里，布帛谷物之间也是有变化的。变化的特征是，绢帛的货币作用越来越发展，谷物和布则逐渐削弱。

李剑农先生曾经断言："自王莽之乱以来，缣帛跻于货币之地位，虽至五铢钱恢复后，缣帛犹时显其货币之职能。"⑦ 我们认为，绢帛在东汉时期确已隐然向着充当货币的方向发展，但若说那时就已"跻于货币之地位"，则未免过早（按李先生所举史实，尽属支付作用，亦未能证成其说）。它真正成为货币商品的时期，应当是汉魏之际。假如要为它找一个充当货币的绝对年代，那么魏黄初二年（即曹丕废五铢钱之年），才是它的纪

---

① 《晋书·食货志》语。《三国志·魏志·明帝纪》但说："以谷贵，罢五铢钱。"
② 事在魏明帝太和元年（公元227年），见《三国志·魏志·明帝纪》。
③ 以上均见《魏书·食货志》。
④ 《隋书·食货志》说："钱皆不行，交贸者以绢布。"
⑤ 《宋书·何尚之传》载沈演之语。
⑥ 《隋书·食货志》。
⑦ 《先秦两汉经济史稿》192—193页。

元。然而这时和它一齐取得货币地位的还有谷物；并且它的作用也逊于谷物。如前引晋人孔琳之追叙这时情况所说的"钱废谷用，四十年矣"，言谷而不言帛，可见谷的使用是尤为突出的。南北分裂以后，南方：东晋时还多用谷的纪载①；到了南朝，布帛之用才显著地盛行起来。北方：绢帛在十六国之时已取得优势。《晋书·石季龙载记》说："季龙下书，令赎刑之家得以钱代财帛，无钱听以谷麦。"这则纪载说明：当时钱帛谷物杂用，而以帛最为人所重。北魏前期，"钱货无所周流"，绢帛的货币职能更加发展。这由"调外帛"一事便可看出。所谓的调外帛是户调以外又向每户征帛一匹二丈的附加税。征取以后，"委之州库"，再交给隶官商人，市买以供官用②。不说自明，这份帛的征取，自然不是为了它的使用价值，而是为了把它作为高利贷资本，假商人之手以获利。而在商人手中，又是作为"市买"的流通手段用的。由此可见，当时的官府剥削、人民纳税、商贾贸易，都可以使用绢帛。到了太和前后，使用绢帛的实例就更多了。这里不能枚举，仅录其一，《魏书·赵柔传》载：

> "……柔尝在路，得人所遗金珠一贯，价值数百缣。柔呼主还之。后有人与柔铧数百枚者，柔与子善明鬻之于市。有从柔买，索缣二十四。有商人知其贱，与柔三十匹。善明欲取之。柔曰：'与人交易，一言便定，岂可以利动心也'。遂与之。缙绅之流闻而敬服焉。……"

这则很有代表性的事例说明：最高贵的金珠和最平常的农具都用绢帛来表现自己的价值，并以之作为交换的手段。赵翼说："六朝则钱帛兼用，而帛之用较多。"正是指北魏此时而言③。不过，直到北魏末年，布也同样使用。前引《魏书·食货志》所说：河北"专以单丝之缣、疏缕之布。……以济有无"，即是一例。此外，同书又载，孝明帝时（公元516-528年），

---

① 东晋用谷事实，吕思勉：《两晋南北朝史》已指出，见该书下册1113—1114页。

② 关于调外帛的使用方式，有不同解释。这里从吕思勉：《两晋南北朝史》之说。

③ 《陔余丛考》卷三〇《银》。观其所引例证，多属魏事，故知所谓"六朝"实描北魏。

蒋钦请将华州、河东等地对洛阳的公物运输，由车运改为漕运，说：

> "……略计华州一车，官酬绢八匹三丈九尺；别有私民雇价，
> 布六十匹。河东一车，官酬绢五匹二丈；别有私民雇价，布五十
> 匹。自余州郡，虽未练多少，推之远近，应不减此。今求车取雇
> 绢三匹，市材造船，不劳采斫。计船一艘举十三车，车取三匹，
> 合有三十九匹；雇作手并匠及船上杂具食直，足以成船。计一船
> 剩绢七十八匹，布七百八十匹。又租车一乘，官格四十斛成载，
> 私民雇价：远者五斗布一匹，近者一石布一匹。……"

这里显然可以看出，在当时的市场上，布的使用还是相当广泛的，可能并不多逊于绢帛。但是到了隋代，用布的事例就绝少见于纪载了。大概就在这个时候，由于受铜钱和绢帛的排挤，布卸去了它的货币职能，而退处于普通商品的地位。据《隋书·食货志》载，隋开皇年间，曾几度大力整顿币制，更铸新钱，"自是钱货始一，所在流布，百姓便之"。铜钱的流通是扩大了。同时绢帛的使用也极普遍。如炀帝课责"天下州县"供给骨角齿牙皮革毛羽可饰器用及堪为氅毦者，百姓不能给，只得买于豪富蓄积之家，其价腾踊，"翟雉尾一直十缣，白鹭鲜半之"。以绢计值，以绢购买；绢在市场上的流通手段职能，似乎比钱还更具优势。总起来看，钱帛二者已经是商品交换中无独有偶的宠儿了。

综括以上所述可见，唐以前的货币发展大势，尤其显明的是自魏晋以来，是逐步向着钱帛兼行推移的。唐代的钱帛兼行，可以说，是一个势所必至的结果。

但是，单单历史的原因还不足以充分说明问题，必须更从唐代的社会经济中去寻找条件和根据。现在，就让我们对唐代经济状况作一些粗略的分析吧。

二、唐代铜钱流通的分析

我们的分析从铜钱的流通开始。

从上文所引《魏书》《隋书》食货志的记载可以看出，在南北朝后期，只有三吴、荆，郢、江、湘、梁、益、徐、扬、兖、豫等州郡用钱。这些州郡的地理分布，由历史地图上一望而知，是在长江、汉水、运河和黄河下游的沿岸，也即是在几条商道所经的漕运地带。这说明：铜钱的流通是在当时交换比较发展的区域。经隋而唐，铜钱流通的区域是大为扩张了，但在唐代前期，仍只局限于中原。唐穆宗朝（公元821–824年）的户部尚书杨於陵在指陈钱荒的原因时说："昔行之于中原，今泄之于边裔。……大历以前，淄青太原魏博杂铅钱以通时用，岭南杂以金银丹珠象齿。今一用钱货，故钱不足。"[1] 可见，铜钱流通的区域，在大历（公元766–779年）以后，才扩及边疆。那么，是不是在中原内地就一律使用铜钱呢？也不是这样。可以看看和杨于陵相先后的一些人的说法。

一个是陆贽。他反对两税征钱，在贞元十年（公元794年）上疏，其《均节赋税恤百姓第一条》[2] 中有云：

> "……国朝著令，稽古作程：所取于人，不逾其分。租出谷、庸出绢、调杂出缯纩布麻。非此族也，不在赋法。列圣遗典，粲然可征。曷尝有禁人铸钱，而以钱为赋者也。今日两税，独异旧章；违任土之通方，效算缗之末法。……"

这是说，租庸调之所以不征钱是由于"任土之通方"，不强民以所无。——纳税的农民缺乏铜钱。

又一个是河南尹齐抗。他也反对两税征钱，在贞元十二年（公元796年）

---

[1] 《新唐书·食货志》。
[2] 《陆宣公集》卷二二，《通鉴》系此疏于贞元十年。

上疏说：

> "……今两税出于农人，农人所有，唯布帛而已；用布帛处
> 多，用钱处少。……何必取于农人哉！"①

这说得更明白，农民那里很少铜钱。

再一个是白居易。他在《息游惰策》②中说：

> "……夫赋敛之本者，量桑地以出租，计夫家以出庸。租庸
> 者谷帛而已。今则谷帛之外，又责之以钱。钱者，桑地不生铜，
> 私家不敢铸，业于农者何以得之。……"

他又在《赠友》诗③中说：

> "私家无钱炉，平地无铜山。胡为秋夏税，岁岁输铜钱？吾
> 闻国之初，有制垂不刊：佣必计丁口，租必计农桑；不求土所无，
> 不强人所难。……"

这些议论，乍看起来未免可笑：难道要求每个农村都有一个铸钱监，
每户农民都有一座铸钱炉吗？货币是能够不胫而走的；农村之所以缺少铜
钱，自然不是由于不鼓铸，而是由于不流通。

唐穆宗长庆二年（公元822年），户部侍郎张平叔建议变盐法为官自粜
卖，韩愈上《论盐法事宜状》④加以反对。其主要理由之一是，

> "……除城郭外，有见钱籴盐者十无二三，……"（按：《通

---

① 《新唐书·食货志》。前引黄宗羲"唐时，民间用布帛处多，用钱处少。"之语
本此。
② 《白氏长庆集》卷六三。
③ 《白氏长庆集》卷二。
④ 《昌黎先生集》卷四○。

鉴》卷二四二引作"城郭之外，少有见钱籴盐。……"）①

这说明：铜钱主要是在城市里流通，乡村中很少。

另一个人，中书舍人韦处厚，也以同样理由反对改变盐法，并且举出个别地方的具体情况为例证。他说：

"……且据山南一道明之：兴元巡管，不用见钱。……。"②

关于个别地方的情况，我们还可以从《敦煌资料》③里看到。这书收入有关买卖、典租、雇佣、借贷的契约近百件；其中竟没有一件是使用铜钱的。可见敦煌的情况和齐抗、韩愈等所说的正相符合。

应该指出，上录唐人的议论不仅是他们当时的经济问题的反映，而且也是唐初以来的铜钱流通状况的概括。所谓"列圣遗典"，所谓"有制不刊"，目的虽在论证租庸调法的永恒性和合理性，但却无意为我们指出了铜钱流通的局限性。唐代的经济水平比以前提高了，铜钱流通也比以前扩大了，然而仍长期地存在城郭外少有见钱的现象，这就不能不是一个值得注意的问题。假若考虑到铜钱这种货币的特点，那就不仅对它之不流入农村是一个疑问，而且对它之所以局限于城市（尤其是大都市），也是需要加以说明的。

那么，铜钱的特点什么呢？

铜钱的特点，一言以蔽之，是一种贱金属的、细小单位的货币。《通典》卷九载：

"大唐武德四年，废五铢钱，铸开元通宝钱。每十钱重一两，计一千重六斤四两。轻重大小，最为折中，远近便之。"

① 《唐会要》卷五九《度支使》。
② 中国科学院历史研究所资料室编，中华书局1961年版。
③ 中国科学院历史研究所资料室编，中华书局1961年版。

一钱的重量是十分之一两，即《通鉴》和两《唐书·食货志》所说的"重二铢四絫"。[①] 但实际比过去的五铢还重。《通典》上条之下有注说：

> "每两二十四铢，则一钱重二铢半以下。古秤比今秤，三之一也，则今钱为古秤之七铢。以比[②] 古五铢［钱］，则加重二铢以上。"

尽管比五铢钱加重了，但仍然是很细小的。标准的开元钱一枚不过合今天的重量四克[③]。以如此细小的货币，何以能适应当时城市交换的需要，而使"远近便之"？又何以不能流入农村，弄得连籴盐也很少见钱？这两个问题实际是一事的两面。现在请先从前者谈起。

唐代城市的人口，和别的封建王朝相类，主要是两种人构成的。一种是地主阶级分子，其中又主要是他们的当权派（皇室、贵族、官僚、豪绅）；另一种是城市小生产者，其中包括所谓的"巫医乐师百工之人"。前者居于统治的地位，是城市生活的主体；后者居于从属的地位，是城市生活的附庸。但是，对于市场的关系，恰好相反，前者很稀疏，而后者却很紧密。以最繁华的长安为例，那里的皇室、贵族、官僚是最大的消费者，但是他们的主要生活资料，如所周知，并非取给于市场，而是通过租税、贡献、禄赐等方式得来的。朝廷每年迢迢远道从各地漕转辇运大批的粟麦布帛到长安洛阳来，按着品级地位，等差分配于统治者之间。这就解决了他们的最基本需要，而无须一粒一缕通过市场。其他的需要也多是如此。例如皇室每年的常贡。《通典》卷六载有一个"天下诸郡每年常贡"的品目表。其中有贵重的黄金、白银、玳瑁、象牙、犀角、绫绢……也有日常应用的貲布、紵布、席子、纸张、药材（麝香、杜仲、枳实、五加皮之类）……还有水果如橘子、柑子……甚至于玩意儿的"碁子"等等。可谓上至甚贵，

---

① 　《通鉴》卷一八九武德四年秋七月丁卯，"絫"作"参"，胡注谓当作"絫"。按：百衲本《旧唐书·食货志》正作"絫"。

② 　"比"原作"上"，误，以意改。

③ 　参看彭著《中国货币史》180页。

下至极细，无所不备。常贡之外又有进献，其品目和数量更是繁夥。如天宝二年江淮租庸转运使韦坚的一次进献，"以新船数百艘，遍榜郡名，各陈郡中珍货于船背，……连樯数里，……观者山积"。① 看来可能比东西两市的商品还要多样而新奇（当然这是最铺张的一次，不过别人的进献数亦非少）。贡献之不足，又有若干官府作场，专为宫廷生产各式各样的手工业品。如杨贵妃一人便有"织锦刺绣之工凡七百人，其雕刻镕造又数百人"。② （这表明杨贵妃的穷奢极侈，也反映了她的经济的自然性质！）……皇室取得消费品的方法，自然不止这些，但即此数端已可概见，他们的绝大部分消费和市场没有联系。皇室而下，一般贵族官僚的经济也是一样。且不说那些贪墨的盗臣，就是一些当时在封建士大夫中尚有"称誉"的人，单凭禄俸赏赐便足以供其挥霍而有余。如"侈穷人欲"的郭子仪，"其宅在亲仁里，居其里四分之一，中通永巷。家人三千，相出入者，不知其居"。③ 这么庞大的消费集团，该需要多么巨大的消费资料；可是，"前后赐良田、美器、名园、甲馆、声色、珍玩，堆积羡溢，不可胜纪"，④ 自不必再向市场去一一猎取。奢纵者如此，至于一些尚多少能以封建礼法稍稍约束自己的官僚或贵族，当然就更可以仰赖禄俸赏赐而寄生了。一个列入属籍的贵族李袭誉，"尝谓子孙曰：吾近京城有赐田十顷，耕之可以充食；河内有赐桑千树，蚕之可以充衣；江东所写之书，读之可以求官。吾没之后，尔曹但能勤此三事，亦何羡于人"。⑤ 这番话很有代表性。其所列举的三事是当时每个地主阶级分子所能具备和必须具备的三个基本条件。这三个条件具备了，作为一个地主，就可以获得经济上的独立和政治上的出路。这种经济上的独立性（或者说，自然性）使他们有可能和市场不发生关系或很少发生关系。（试比较诸葛亮所说的"成都有桑八百株，薄田十五顷，子孙衣食，自有余饶"的话⑥。）

---

① 《通鉴》卷二一五。
② 《旧唐书·杨贵妃传》。
③ 《旧唐书·郭子仪传》。
④ 《旧唐书·郭子仪传》。
⑤ 《旧唐书·李袭誉传》。
⑥ 《三国志·诸葛亮传》。

当然，像李袭誉那样的人可谓绝无仅有。实际上，长安以及一些城市里的地主们都不会和市场绝缘——他们为了扩大自己的生活享受和财富积累，总不免要进行若干交换，甚至利用权势，通过市场，去作更多的榨取。但是，如上所述，他们经济中的主要部分并不仰赖于市场；市场对他们来说，不过是一种补充而已。

当时和市场联系最紧密的，或者说，不能不依赖市场过生活的人，不是一般富有的统治阶级人物，而是那些朝不保夕的城市小生产者。这种人为数很众，充斥于城市的每个角落。从出卖手艺的各种工匠到小有生产资料的引车卖浆者流，以及茶楼酒肆的博士、酒保，沿街叫卖的巫医、乐工……都无不包括，总之，即唐人所谓的"一百二十行"。这些人，在小私有经济的驱迫下，经常都得买，都得卖，否则便无法存活下去。在白居易的名作《卖炭翁》里，我们看到这种小生产者在长安市的一个生动形象。它说：

> "卖炭翁，伐薪烧炭南山中。满面尘灰烟火色，两鬓苍苍十指黑。卖炭得钱何所营？身上衣裳口中食。可怜身上衣正单，心忧炭贱愿天寒！……"①

卖炭翁在"愿天"，而实际是在向市场祈祷。他希望市场上的炭价能够上涨，多卖得几文钱，好去买不可少的生活资料——衣食。请看，他和市场的联系何等紧密！陈寅恪先生笺证这首诗，引用韩愈的《顺宗实录》。《实录》写道：

> "……尝有农夫以驴负柴至城卖，遇宦者称宫市取之，才与绢数尺，又就索门户，仍邀以驴送至内。农夫涕泣，以所得绢付之，不肯受。曰：'须汝驴送至内。'农夫曰：'我有父母妻子，待此然后食。今以柴与汝，不取值而归，汝尚不肯，我有死而已。'遂殴宦者。街吏擒以闻。诏黜此宦者，而赐农夫绢

---

① 《白氏长庆集》卷四。

十匹。……"①

这农夫说："我有父母妻子，待此然后食。"这无异说：市场，就是我的生路！在这种情况下，那宦者不按市场价格来和他交换，他不得不与之作你死我活的斗争。请看，他和市场的联系也是多么紧密！

当然，不会是一切城市小生产者的景况都和卖炭翁或卖柴农夫一样；其间不免有许多差别的。但是，就当时一般小生产者的劳动生产率水平和他们的生活需要而言，即令有些人比起来略胜一筹，至多也不过五十步之与百步而已。现在就来谈谈这一点。

首先可以看一看，一个小生产者一天能创造多少价值？据《新唐书·食货志》载：唐代对于庸的规定是"不役者日为绢三尺"。《通典》也说："诸丁匠不役者收庸。无绢之乡，绝布三尺。"注云："绝绢各三尺，布则三尺七寸五分。"这是说，政府在折收力役时，一人一天收三尺绢。《新唐书·百官志》在提及"和雇"时说："雇者日为绢三尺。"这是说，政府在支出时，一人一天也支给三尺绢。收支的计值标准都一样。《唐律疏议》卷四《以赃入罪》条云："计庸一日为绢三尺。"同卷《平赃者》条云："平功庸者，计一人一日为绢三尺。"卷一一《役使所监临》条云："其借使人功，计庸一日绢三尺。"……这些律条的规定对民间也同样适用，也是一人一日为绢三尺。唯《唐会要》卷四〇《定赃估》云"天宝六年四月八日敕：……若负欠官物，应征正赃及赎物，无财、以备官役折庸，其物虽多，止限三年，一人一日折绢四尺。"但同卷上元二年正月敕引律《名例律·平赃者》条仍云："评功庸者计一人一日为绢三尺。"可见唐代始终有一个统一的规定：一人一日的功庸是三尺绢。这三尺绢，用经济学的术语来说，就是一个劳动者（依《通典》，则是一个手工业工人的"丁匠"）平均一天所能创造的价值。

再来看看这三尺绢的价格怎样。让我们取开元天宝之际，即市场最繁荣而稳定的时期的价格来计算。《通典》卷七载："〔开元〕十三年封泰山，米斗至十三文，青齐谷斗至五文。自后天下无贵物，两京米斗不至二十文，

---

① 《元白诗笺证稿》，古典文学出版社1958年版，252页。

面三十二文，绢一匹二百一十文。"《通鉴》卷二一四载：开元二十八年，"西京东都，米斛直钱不满二百，绢匹亦如之。"《新唐书·食货志》载："天宝三载，……米斗之价，钱十三；青齐间，斗才三钱；绢一匹，钱二百。"可见一匹绢大约在两百文左右。唐制：绢以四丈为匹。以两百文一匹计，则一尺为五文，三尺合十五文。这十五文钱也就是当时一个城市小生产者平均每天所能向社会取得的酬劳。他的一切生活需要都要靠它来满足。

以十五文钱之微来满足一天的生活需要，不言可知，是很拮据的。哪怕需要少得像卖炭翁那样，只顾"身上衣裳口中食"，家庭小得像卖柴农夫那样，只有"父母妻子"，也不能不每天出入于市场。以食为例，至少总得买米买盐。可以算一算，一个五口之家一天要吃多少米呢？据《新唐书·食货志》载，代宗时有人说："少壮相均，人〔日〕食米二升，"则所需为一斗。又据上引物价记载，开元之际的正常米价：一斗大约为十三文，则每天买米之外，仅余两文钱。若还要买点食盐，比方说一升吧，据《新唐书·食货志》载："天宝至德间，盐每斗十钱。"那又要去一文，只余一文了。假若一个人没有其他收入（例如家人的辅助劳动之类），那么，所得的十五文钱仅足糊口而已，衣裳、租税……还不知从何而出。由此可见，"开元盛世"的一个小生产者仍经常濒于饥寒的边缘，不能不"朝求升，暮求合"地时时出入于市场；其与卖炭翁或卖柴农夫的景况确乎相去不远。

现在，铜钱所以采取那样细小单位的必要性可以看出来了。十分明显，一个人的所得既如此微薄，生活又有那么些需要，而实际的买卖还可能比上述更加零碎（比如买米，总不能人人都一斗两斗地买，事实上多不免于畸零），假若不把那一点儿所得作很细的分割，怎么能够应付呢。铜钱的细小单位正好适应了这一点；或者反过来说，正是城市小生产者的细碎交换的矛盾规定了铜钱的细小单位的特征。

为什么铜钱的细小单位的特征，要由城市小生产者的交换来规定，而不由那些统治阶级的交换来规定呢？根本的原因是，城市小生产者是社会财富的创造者，而统治阶级只是社会财富的耗费者。统治阶级为了满足自己的欲求，除用超经济强制的方法（赋役租税等）向城市小生产者横征暴敛外，还要通过市场与之进行交换。而城市小生产者，由于生产规模的狭小，不仅购买是零碎的，其出卖产品也是零碎的。这就使得要通过市场交换以剥削他们的人，必须迁就他们，使用那细小的货币——铜钱。唐玄宗的一道诏书曾这样说：

> "古者作钱，……以全服用之物，以济单贫之资。……" ①

钱而能"济单贫"，这证明了它是适应城市小生产者细碎交换的说法。统治者"作钱"怎么能"济单贫"呢？那除非把钱无偿地给予单贫之人。这当然是不可能的。事实是，统治者以贡赋劳役等方式取得铜锡铅镴薪炭，铸成铜钱，然后以之直接向城市小生产者进行交换；或以赐钱、俸料钱、公廨钱等形式，分配给皇室、贵族、官僚，再用以换取单贫之人的生产物。当单贫之人得到铜钱的时候，他们所创造的财富也就对流到剥削阶级的库藏里去——"以全服用之物"了。从这个意义上说来，"全""济"二字实在应该分别读作"掠夺"和"诈取"。列宁说："要知道，货币是社会财富的结晶，是社会劳动的结晶，货币是向一切劳动者征收贡物的凭据，……" ② 铜钱的剥削作用和这个真理完全相符。因此，随着城市生产和交换的发展，剥削者间追求铜钱的斗争也日益激烈：一方面是朝廷严刑峻法，要垄断铜钱的铸造发行权；另一方面是私人的盗铸滥铸，重禁不能止。开元二十二年，两方面的利益代表者在朝廷上为此而展开了论争。左监门录事参军刘秩对唐玄宗说：

> "……夫钱之兴，其来尚矣。……先王以守财物、以御人事，而平天下也，是以命之曰衡。衡者使物一高一下，不得有常，故与之在君、夺之在君，贫之在君，富之在君；是以人戴君如日月，亲君如父母，用此术也。……若舍之任人，则上无以御下，下无以事上。……" ③

---

① 《通典》卷六载开元二十一年制。又《旧唐书·食货志》所载天宝十一载二月出官钱换恶钱敕亦云："庶单贫无患，商旅必通。"

② 《列宁全集》第二十九卷，第321页。

③ 《旧唐书·食货志》。

后来，陆贽对唐德宗也说过类似的话。他说：铸钱是"御财之大柄，为国之利权；守之在官，不以任下"。① 这些言论赤裸裸地暴露了铜钱的阶级性，同时表明：铜钱铸造权的垄断不仅在经济上有重要意义，而且在政治上有巩固统治集团的作用。

以上是我们对唐代铜钱的粗略分析。这些分析，假若和前一时期的情况对照一下，就更显然了。前面讲过，在魏晋南北朝时期，铜钱流通的范围曾大大缩小，甚至一度再度地长期停止了流通。那是不是由于交换完全停止了呢？不是。交换还是有的，谷帛用作交换媒介就是证明。又是不是交换水平退回到使用铜钱以前的程度了呢？也不是。不能说魏晋比春秋时期还落后。我们认为，真正的原因是城市小生产者身份的转变。唐长孺先生指出："东汉末年城市破坏，因之具有较高技术的城市手工业者陷于流离分散之境，农村中季节性外出做工的手工业者自然也一样，当时各割据集团为了满足其需要，就将他们控制起来，成为束缚于军营或官府作场的'百工'。除了出于百工的俘虏之外，吴国还从民间征发。……内地虽缺乏纪载，自必同样被征发。"又说："两晋对百工的控制和征发，仍有增无已；五胡十六国除继承魏晋以来奴役工匠的制度外，又加以部落内部家长奴役制的发展，更是残酷；直到孝文帝元宏时，政府对于手工业者的控制才略予放宽。……"② 这些论断确实是当时社会经济的实况。因此，虽然他没有谈及货币流通，但却为我们这里所说的问题提供了最好的说明。从我们的观点看去，正是由于百工、伎作、匠人——一切城市小生产者落入依附关系之中（官府的和私人的），所以铜钱缩小了，甚至停止了它的流通。到了唐代，经过隋末农民战争的大力推动，城市小生产者所受的奴役、剥削和强制有所减轻，依附关系有所松弛，于是城市小生产得以发展，铜钱的流通随而加强，然而仍主要是在城市里。直到中叶以后，才逐渐发生一些变化（这在后面还要谈及）。

---

① 《陆宣公集》卷二二"均节赋税恤百姓第二条"。

② 《魏晋南北朝史论丛·续编》所收《魏晋至唐官府作场及官府工程的工匠》一文，三联书店1959年版，29—92页。

对于唐代钱帛兼行中的铜钱，我们的初步看法大略如此。

三、唐代行用绢帛的原因

从自然属性上讲，布帛谷物充当货币均不如铜钱。这一点，古人知之甚审。《宋书·孔琳之传》载：

> "〔东晋安帝元兴中，〕桓玄时议欲废钱用谷帛。琳之议曰：……圣王制无用之货，以通有用之财；既无毁败之费，又省运置之苦；此钱所以嗣功龟贝、历代不废者也。谷帛为宝，本充衣食。今分以为货，则致损甚多；又劳毁于商贩之手，耗弃于割截之用；此之为弊，著于自囊。……"

《魏书·食货志》云：

> "〔北魏孝明帝〕熙平初，尚书令任城王澄上言：……布帛不可尺寸而裂，五谷则有负担之难。钱之为用，贯镪相属，不假斗斛之器，不劳秤尺之平；济世之宜，谓为深允。……"

唐代的宰相张九龄也说：

> "……古者以布帛菽粟不可尺寸杪勺而均，乃为钱以通贸易。……" ①

应该说，对于这些道理，市场比他们知道得更清楚。其所以长期兼用布帛等物，而不专行铜钱，自然有其不得不然的原因。

论者多谓："魏晋南北朝之使用布帛谷物是由于战争、分裂割据、落

---

① 《新唐书·食货志》。

后社会经济形态的影响……"毫无疑义，这些因素及其影响是不能否认的，但难于以之通读唐代的货币史。大家知道，唐代在安史之乱以前的百数十年间，阶级矛盾缓和，封建秩序稳定，社会生产水平显著提高，战争割据等非经济因素的干扰都排除了，而绢帛的行用却"比两晋南北朝，只有过之无不及"。[①] 这是什么缘故呢？到了唐代后期，这些因素又闯进了历史，然而货币流通不唯没有回复到魏晋南北朝的状况，而绢帛却反而日益遭受铜钱的排挤。这又是什么缘故呢？

我们认为：根本的原因是，尽管唐代的经济水平有了很大的提高，但社会分工仍不够发展，商品种类仍很有限；在许多场合，交换仍可以直接使用绢帛作为流通手段，而不必借助于铜钱。

现在就让我们依据当时商品交换状况来说明一下这个问题。先从农村谈起。前引韩愈《论变盐法事宜状》说：

"臣今通计：所在百姓，贫多富少。除城郭外，有见钱籴盐者十无二三，多用杂物及米谷博易。盐商利归于己，无物不取；或从赊贷升斗，约以时熟填还。用此取济，两得利便。……

"臣以为乡村远处，或三家五家，山谷居住。不可令人吏将盐、家至户到。……比来，商人或自负担斗石，往与百姓博易；所冀平价之上，利得三钱两钱。……"

又，韦处厚关于山南兴元一带的描述，还有下面一段话：

"……兴元巡管，不用见钱。山谷贫人，随土交易。布帛既少，食物随时。市盐者或一斤麻或一两丝或腊或漆或鱼或鸡。琐细丛杂，皆因所便。……"

从这两人的话里可以看到几点：（1）农民的交换，虽然也同城市小生产者的交换一样，很细碎，但却不是那么频繁。他们甚至买了食盐到收获

---

① 此彭信威先生语，见所著《中国货币史》201页。

时才"填还"。（2）买卖的机会很稀疏。农民不时遇到一二商贩进入农村，既得向他购买，同时也只能向他售卖。反过来，商贩为了回货，在向农民售卖的同时，也必须买。双方既同时同地互为买主或卖主，那么要铜钱作何用呢？假若农民向商贩卖得铜钱，不旋踵又要用那铜钱向那商贩购买，岂不是多此一举吗？从商贩这一方来看，情形也完全一样。因此，（3）"不用见钱"的意思就不难理解。在这样的场合，只需要铜钱作为价值尺度在观念上存在；实在不必把它当作流通手段，让它真正地出现。

农村中常见的还有房屋、田地、牲畜，以至人身的买卖和借贷的支付。这些经济活动多是由于卖者借者缺乏布帛菽粟等必需的生活资料、为饥寒所迫，不得不接受当地剥削者的兼并而出现的（商贩由于流动，较少参加这种剥削）。农村剥削者（当然主要是地主）的经济也是自然性质，其所有的剥削手段也是布帛菽粟。假若农民向他卖得或借得铜钱，仍不能不用那铜钱又向他去购买。这当然也是不必要的。因此，这种买卖借贷同样可以直截了当地使用生产物。上文曾指出：《敦煌资料》（第一辑）所辑敦煌契约文书近百件，竟无一例使用铜钱，就是这个道理。兹逐录几件于此。

1. 唐乾宁四年张全义卖宅舍契（斯3877）：

"永宁坊巷东壁上舍内东房子壹口并屋木，……从乾宁四年丁巳岁正月二十九日，平康乡百姓张全义为阙少粮用，遂将上件祖父舍兼屋木出卖与洪润乡百姓令狐信通兄弟，都断作价值伍拾硕，内斛斗乾货各半。……"

2. 丙子年阿吴卖儿契（斯3877）：

"赤心乡百姓王再盈妻阿吴，为缘夫主早亡，男女碎小，无人救急，济供衣食，债负深塘。今将福生儿庆德，柒岁，时丙子年正月廿五日，立契出卖与洪润乡百姓令狐信通，断作时价乾湿共叁拾石。当日交相分付讫，一无玄〔悬〕欠。……"

3. 甲子年氾怀通兄弟贷生绢契（伯3565）：

"甲子年三月一日立契，当巷氾怀通兄弟等，家内欠少匹白，遂于李法律面上贷白生绢一匹，长三丈八尺，幅阔二尺半寸。其绢贷后，到秋还利麦粟肆石，比至来年二月末填还本绢。……"

4. 辛巳年康不子借生绢契（伯2633）：

"辛巳年二月十三立契，慈惠乡百姓康不子，为缘家内欠少布帛，遂于莫高乡百姓索骨子面上，借黄生丝绢一〔匹〕，长三丈七尺五寸。……"

其他的卖契借约率类似。在这里，使用布帛谷物就足以应付交换或支付的需要了。

但是，据前引齐抗所说"农人""用布帛处多，用钱处少"的话看来，在农村的交换中，更多用的是绢。（按：唐人习语常"布帛"连称，而实际所指多为帛。如上录康不子借生绢契，上言布帛，下面借的却是绢，即其一例。唐代文献中，用布之例绝少见。[①]）唐代律令以绢计赃、平功庸的规定，自然同样适用于乡村，也可旁证这一点。具体使用的事例如《云仙杂记》卷四所载：

"开成中，物价至微。村落买鱼肉者，俗人买以胡绢半尺。……"

从这种把绢帛"裂为匹尺，以济有无"的现象看来，绢帛在农村里具有流通手段的作用是显然的。

为什么绢帛会具有流通手段的作用呢？在买卖鱼肉这种细碎交换的场

---

① 陈寅恪先生说："唐代实际交易，往往使用丝织品。"见《元白诗笺证稿》252页。只举丝织品而不及麻织品，极有分寸。

合，为什么不使用比绢帛更易于分割的铜钱或谷物呢？这是因为：（1）绢帛是农村的生产物之一，便于取给应用；（2）它是一种使用价值，而且是一种生活必需品，当人们不用它进行交换的时候，可以直接消费它；（3）它在农村以外的市场上，有着更为发展的货币职能，人们握有了它，可以进行任何种交换。就前两点而言，它和谷物相类而和铜钱不同；就后一点而言，它和谷物不同而和铜钱相类。可以说，它兼具二者之长而无二者之短，因而人们便更多地使用它。

但应指出：上面三点中的最后一点是决定性的。因为唐代的农村，虽然自然经济仍很顽固，但比之以前，已与外界有较多的经济联系。在外界（主要是城市）的要求和影响下，绢帛更易于为人们所接受是很自然的事情。试再检《敦煌资料》（第一辑）中的借约便可看到：凡举债人不离本乡的，多是缺甚借甚；若一离本乡，如"入奏充使""往西州充使""往伊州充使"，则一律借的是绢。为什么这样呢？很明显，不唯是绢帛轻便易赍，而且是它在城市或其他乡村中具有货币职能，可以作为川资之用[①]。

现在，我们就来看一看城市里环绕着绢帛而进行的交换。

唐代城市里的商品很不少，商业贸易很发达。从唐人对长安、洛阳、扬州、广州、成都……的描述看来，商品种类的繁多盖难以枚举。但是，就大宗商品而言，在茶业大盛之前，执商品界牛耳的实唯绢帛而已，最足以说明这一点的是，尽管长安市上的商品极众，但那里的最大的商人和最富有的官僚所主要追求囤积的却是绢帛。例如高宗时能够交通帝王的大贾邹凤炽，

> "尝谒见高宗，请市终南山中树，估绢一匹。自云：山树虽尽，臣绢未竭。"[②]

又如玄宗誉之为"天下之富"的王元宝，对玄宗自夸其富豪道：

---

① 用绢帛作川资的事例，唐代前后期均有之；加藤论文中有辑录，可以参看。
② 《太平广记》卷四九五《邹凤炽》。

"臣请以绢一匹，系陛下南山树。南山树尽，臣绢未尽。"①

又如以聚敛著称的杨国忠，

"既居要地，中外饷遗辐凑，积绢至三千万匹。"②

又如文宗时的郑注，

"既籍没其家财，得绢一百万匹，他货称是。"③

如此之辈盖可称之为有"绢癖"。其他有绢癖者，虽未必尽如他们之豪，但为数也一定不少。不说自明，他们聚积偌大数量的绢，不唯富豪巨贾不是为了实现它的使用价值，就是贵族官僚也只能是为了向市场进行交换。这反映，在商业中心的长安，绢帛具有多么大的势力！

绢帛之所以具有特别大的势力，原因在于它有着特别广阔的市场。我们知道，早在汉代，中原输出的丝绢就已远及塞外、西域、印度、西亚、乃至于西方的罗马帝国。当时人曾把取道新疆通往中亚的商道称为"丝路"；希腊罗马人则把中国径称为"赛里斯国"④，惟当时的输出仍未很盛，所以在较远的地方绢帛还是一种难得之物，被视若奇珍⑤，汉代以后，中原多故，丝绢输出未闻有若何发展；直至南北朝后期，始显然又渐趋活泼。

---

① 《太平广记》卷四九五《邹凤炽》。
② 《通鉴》卷二一六。
③ 《旧唐书》卷一六九本传。
④ "赛里斯国"（Seres）意即"丝绢之国"，语出蒲林尼（Pliny）：《博物志》（Natural History）。可参看陈竺同：《两汉和西域等地的经济文化关系》，上海人民出版社1957年版，2—7页；齐思和《中国和拜占庭帝国的关系》，上海人民出版社1956年版，18—21页。
⑤ 齐思和先生据汤姆生（Thompson）：《中国古代经济史》（Economic and Social History of the Middle Ages）指出：当时蚕丝运至欧洲已经和黄金等价；凯撒穿着绸袍，还被人指为过分豪华。见《中国和拜占庭帝国的关系》18页。

到了唐代，一则由于中原生产的发展，绢的产地和产量大为增加；再则由于各族各国经济水平的提高，交换绢帛的需要加多加切；益以唐帝国的强大为经济交流提供了条件；于是绢帛的市场空前扩大，绢帛成了唐朝对四周各族各国进行交换的强有力的手段。其著者如唐廷与突厥、回鹘……的交易以及对他们的赠予就主要是用绢帛支付的。除此以外，私人和商贾也无不如此。如《旧唐书·赵憬传》载："前后使回纥者，多私赍缯絮蕃中市马，回以窥利。"《归崇敬传》载："故事：使新罗者至海东多有所求。或携资帛而往，贸易货物，规以为利。"《党项羌传》载："〔元和间，〕部部繁富。时，远近商贾，赍缯货入贸羊马。"……都是其例。同时，绢帛还波浪般地经过边疆各族商贾之手，辗转流通到更远的地区。其数量之巨、规模之大竟使一些位于商道上的少数民族也充斥绢帛，并用来作为货币，虽然他们那里并不盛产丝绢。如南诏，樊绰《蛮书·蛮夷风俗第八》载：

> "本土不用钱。凡交易缯帛、毡罽、金银、瑟瑟、牛羊之属，以缯帛幂数计之，云某物色直若干幂。"

又如高昌，直到宋初还有人看到那里在用绢。王明清《挥麈录·前录》卷四载：

> "太平兴国六年五月，诏遣供奉官王延德、殿前承旨白勋使高昌。雍熙元年四月，延德等叙其行程来上云：……人白皙端正，惟工巧，善治金银铜铁为器及攻玉。善马直绢一匹，其驽马充食者才直一丈。……"

把这种现象和前引《敦煌资料》"往西州充使""往伊州充使"而借绢的借约联系起来，就可看到那里一贯在流通着绢帛。这些地区的绢帛无疑主要是从中原陇蜀流去的。

以上所述，自然只是一些片断的反映，但即此已可概见，绢帛的市场是多么广阔。由是不难理解：为什么绢帛成了最能吸引商人资本的磁石，使得无数的唐商、胡商、蕃商……趋之若鹜地到长安洛阳以及其他城市里去猎取它。

　　现在要从另外一面来看一看，作为一种商品，它是怎样走到市场上来的。就唐代的社会结构看去，它的来路大略有三：一是皇室、贵族、官僚、地主抛出的剩余消费品；二是农民的部分剩余生产品；三是城市丝织手工业者的生产品。在这三条来路中，当然以第一条为最巨，第二条次之，第三条又次之。这是因为剥削阶级占有绝大部分的社会财富，农民阶级占有直接生产者的绝大多数，而城市小手工业者为数最少的缘故。然而正是第一、第二条路上来的绢，当其进入交换过程之前，却并不曾是商品。不言而知，皇室、贵族、官僚、地主的绢是通过庸调、贡献、禄赐、地租、赂遗……得来的。如李袭誉的绢是靠了那"赐桑千树"；杨国忠的三千万匹是靠了"中外饷遗"……其间并没有什么市场关系。农民的绢是自己生产的；从在永业田上栽桑，到从家内织机上断下匹帛，全部生产过程也都和市场无关。（自然不是丝毫没有，比方置备织机就可能要通过市场。但除此极少的交换外，一般都是自给自足的生产。）只有城市小手工业者，不能不和市场相联系。他们必须购买原料、生活资料……才能进行绢的生产。

　　从这三条路上来的绢，当其进入交换过程时，又依其来路的不同而采取了不同的方式。农民用他的绢直接向商贩交换盐铁之类的必需品；城市小手工业者用他的绢去换取铜钱；这在前边已经述及了。这里要说的是，那些为数最巨的、剥削阶级的绢怎样进入市场。假若只从交换的性质上看，那么他们的交换实际和农民的无殊：第一，他们不需要换取铜钱去购买原料和生活资料；第二，他们卖绢的目的是为了换取直接满足自己需要的商品。因此，只要商人愿意接受他们的绢，他们当然用不着先换成铜钱，然后才去购买。而商人呢，如上所述，正在四处猎取绢帛。假若他们交易的对方用绢帛作为手段来购买他们的商品，那正好是投其所好，他们当然也是乐于接受的。这种交易，实际上仍是双方同时互为买主和卖主，不唯不需要"面目滥恶"的铜钱为之媒介，即令是光彩夺目的金银也无法侧身于其间。

　　当然，不可能每个商人都是绢商，也不可能每个绢商手中的商品尽能适应一切买者的需要。但是，既然社会的最大购买力表现为绢帛，而绢帛又有着最广阔的销路，那么，其他商人虽不从事绢帛贸易，也势必要借助绢帛来进行贸易。因为，一方面他们为了出售商品，得适应买者，接受其绢帛；另一方面，得到绢帛之后，可以旋即转贸给绢商，又并无壅滞之患。这于他们无不利，他们何必拒用绢帛呢？在这种情况下，这些商人实际等于绢商的代理人，而绢帛在他们手中，也就由一般的交换手段变成了流通手段。这种交换方式扩张开去，一切人都可以使用绢帛，市场上便"钱帛兼行"了。

这里还存在一个问题，就是，绢帛在作为流通手段而流通的时候，能不能执行价值尺度的职能？依据我们所看到的实例，这有两种情况：一是借助于铜钱，一是独立来表现。前者是，绢帛以其铜钱价格和其他商品的铜钱价格相比，经过折合，然后支付。如《唐国史补》卷上载：

"渑池道中，有车载瓦瓮塞于隘路。属天寒，冰雪峻滑，进退不得。日向暮，官私客旅群队，铃铎数千，罗拥在后，无可奈何。有客刘颇者扬鞭而至，问曰：'车中瓮直几钱？'答曰：'七八千。'颇遂开囊取缣立偿之；命童仆登车，断其结络，悉推瓮于崖下。须叟，车轻得进，群噪而前。"

这个故事表明：用钱或绢，完全无别；至于价值尺度则是铜钱。

但据另一些例子看来，绢帛也可以径行表示物价①。因之，有的物价记录，时而以钱，时而以绢。如《新唐书·食货志》载：

"贞观初，……绢一匹易米一斗；至四年，米斗四五钱。"

《旧唐书·郭无振传》载：

"〔武后时，〕甘州刺史李汉通开置屯田，尽其水陆之利。旧凉州粜斛售至数千，及汉通收率之后，数年丰稔，乃至一匹绢、粟数十斛。"

同是谷物价格，前一则以绢表其贵，以钱表其贱；后一则反是。这说

① 参看加藤论文。

明，谷物有两个价格：铜钱价格和绢帛价格。绢帛是有着一定的价值尺度职能的。

绢帛之所以能具有一定的价值尺度职能有其必然的理由：第一，既然在许多场合径用绢帛来进行交换，那么许多商品的价值自然会表现为绢帛价格；第二，绢帛是农村家庭手工业和城市手工业所普遍生产的东西[①]，人们一般都知道一匹绢含有多少劳动，因此，在铜钱流通有局限的情况下，它适宜于体现社会劳动（因此，唐朝律令"平功庸"，一以绢为准而不用钱；"平赃"虽计以钱，而最后还得折成绢[②]）；第三，封建朝廷为了征收绢帛，很久以来就规定了匹绢的长度、宽度、重量、质量[③]，绢帛有一个全国性的统一标准。……

当然，最重要的还是，绢帛是市场最广、流通量最大的商品这个条件。马克思说："等价形态是社会地附着在特种商品的自然形态上，这特种商品因此成了货币商品，或当作货币来发生机能。"[④] 这所说的"特种商品"，依据马克思在别处所做的规定是，"具有最普遍的使用价值的商品"，"财富的最重要的组成部分"，[⑤] "可以让渡的财产的主要要素"[⑥]。恩格斯也说过：货币是"从一般的平常商品中，选出一种贵重的商品"来充当的[⑦]。从经济史上看，绢帛在北魏时期，已日益显著地具备这一切条件，是一种既平常而又贵重的"特种商品"了，它"因此成了货币商品，或当作货币来发生机能"。在唐代，这些条件依然存在并有所发展，所以它仍能保持货币商品的资格，和铜钱一齐流通。

---

① 岑仲勉：《隋唐史》（高等教育出版社1957年版，549—550页）指出：据《唐六典》卷二，开元时产绢之州多至八十有七，但多偏于河南河北。更据天宝初韦坚所陈，则淮南浙西等地亦以产丝织著称。

② 《唐律疏议》卷四《平赃者》条云："诸平赃者皆据犯处当时物价及上绢估。疏议曰：'……依令，每旬别三等估其赃，平所犯旬估，定罪取所犯旬上绢之价。假有蒲州盗盐，巂州事发；盐已费用，依令悬平。即取蒲州中估之盐，准蒲州上绢之价，于巂州断决之类。……'"

③ 参看王国维《释币》，见《海宁王静安先生遗书》册26页。

④ 《资本论》第一卷，第50页。

⑤ 《马克思恩格斯全集》第十三卷，人民出版社1962年版，第39页。

⑥ 《资本论》第一卷，第75页。

⑦ 《反杜林论》，人民出版社1956年版，第324页。

但是，应该注意到，绢帛和铜钱毕竟不同。铜钱虽然微贱，但它是一种脱离价值实体的金属铸币，货币形态更为完整。至于绢帛，它在市场上，基本上是一种"一般商品"。尽管总的看去，它和铜钱终日交织地、不停地一块儿流通，但就一匹绢而言，它只是在它的商品流通过程中暂时一尽货币的职能。它不可能穿上货币服装，长期流通不止。（假著它不迅速退出流通，那就要丧失或减少使用价值。）因此，它作为货币只能适应于简单的商品货币关系。从货币形态的发展说来，它是比铜钱远为落后的。

四、余 论

上面，我们粗略地分析了钱帛兼行的原因。现在还要说一说几个有关钱帛兼行的问题。

第一是钱帛的运动和变化问题。在唐代三百年中，虽说钱帛始终都相兼而行，但其间不是没有运动和变化的。显著的变动是，自唐代中叶以后，铜钱的流通日渐扩大，绢帛日益受到排挤。这个现象，李剑农先生在他的《魏晋南北朝隋唐经济史稿》中已先言及。他引据开元九年、开元二十二年和元和六年的三道制敕[1]指出："一、市肆交易，商人不愿收受绢帛，即绢帛之势力，日趋衰落；二、钱之需要日增，常呈钱荒之象，故政府屡以制敕救济之；三、由上述两种事实，间接即可窥见商业向上之趋势"，所说完全正确。但为什么会出现这样的变化，李先生纯以钱帛自然

云南文库·学术名家文丛

---

[1] 这三道制敕是，（1）开元九年（公元721年）制："绫罗绢布杂货等，交易皆合通用。如闻市肆必须现钱，深非道理。自今以后，与钱货兼用。违者准法罪之。"（《全唐文》卷二五）；（2）开元二十二年（公元734年）敕："货物兼通，将以利用。而布帛为本，钱刀是末；贱本贵末，为弊则深，法教之间，宜有变革。自今以后，所有庄宅以马交易，并先用绢布绫罗丝绵等；其余市价至一千以上，亦令钱物兼用。违者科罪。"（3）元和六年（公元811年）制："公私交易十贯钱已上，即须兼用匹段。委度支盐铁使及京兆尹即具作分数条流闻奏。茶商等公私便换见钱，并须禁断。"（均见《唐会要》卷八九《泉货》）。按：类此诏敕尚有开元二十年、贞元十二年的两道，内容略同，今不具录。

属性的不同解释之[①]，则似有未谛。我们认为，基本的原因是唐初以来生产的发展使得社会分工有所扩大，商品种类有所增加，市场交换向前推进了一步。最突出而具代表性的是茶叶产量的增多及其市场的开拓。这一异军突起的大宗商品，大约自唐代中叶起，便把商人资本大量地从绢帛方面逐步吸引到自己方面来。唐德宗（公元780-804年）时人封演说：开元后，北方饮茶已成风俗。"自邹、鲁、沧、棣，至京邑城市，多开店铺，煎茶卖之。不问道俗，投钱取饮。其茶自江淮而来，舟车相继，所在山积，色额甚多。……始自中地，流于塞外。往年回鹘入朝，大驱名马，市茶而归，亦足怪焉。"[②] 这段记载说明：茶叶的国内市场已经普遍存在，国外市场已经开始发展（回鹘市茶尚引以为怪，足见才是开始），商人资本已经颇多向茶业转移。（茶业这以后的发展可以从唐朝茶税的逐步增加上见之。详见《文献通考》卷一八《征榷考》，此不备述。）加上其他商品交换的增加，商人资本便不能专注于绢帛。于是，绢帛虽仍属大宗，但已不复是无限止的、随处可以遇到商人收购的商品，因之它的货币机能便不能不受到阻滞、削弱，终至于丧失。与此同时，铜钱的流通则相应地扩大了。因为，在绢帛日渐卸去货币职能而新的货币（即白银）又未能迅即引入流通的条件下，市场交换自然只能更多地使用铜钱，从而商人资本和一切剥削者对铜钱表现出越来越大的贪婪。元和六年制特别提到："茶商等公私便换见钱，并须禁断。"[③]《旧唐书·食货志》载："时，京师闾里区肆所积多方镇钱。王锷、韩弘、李惟简，少者不下五十万贯。"由此可见当时"高赀大贾"竞逐铜钱的一斑。（试把这种现象和邹凤炽、王元宝、杨国忠之流大批囤积绢帛

---

① 《魏晋南北朝隋唐经济史稿》217页云："……以绢帛与铜钱相较，其使用价值，虽不下于铜，若用为偿付物价，则不如铜钱之方便，用为资财储藏，亦不如铜钱之安稳（布帛久藏有损坏、变质之虞）。以此，实际商人之授受间，铜钱势力恒在绢帛之上。"按：钱帛自然属性的不同，自古而然，且古人早已知之，不待此时始显现；又据前所述，铜钱势力亦不恒在绢帛之上。

② 《封氏闻见记》卷六《饮茶篇》。

③ 见《魏晋南北朝隋唐经济史稿》217页云："……以绢帛与铜钱相较，其使用价值，虽不下于铜，若用为偿付物价，则不如铜钱之方便，用为资财储藏，亦不如铜钱之安稳（布帛久藏有损坏、变质之虞）。以此，实际商人之授受间，铜钱势力恒在绢帛之上。"按：钱帛自然属性的不同，自古而然，且古人早已知之，不待此时始显现；又据前所述，铜钱势力亦不恒在绢帛之上。

云南文库·学术名家文丛

的事实作一对比！）

另一方面，由于农业生产率的进一步提高，经济作物栽培的推广，农村家庭手工业的生产及其交换需要也发展了。以茶一项而言，据陆羽《茶经》，当时产茶之州即多至四十有余，几遍及江汉流域和东南、西南地区。像茶这样的经济作物，无疑主要是为市场而生产，至于自给乃其余事。这就使得农村中的交换发生了变化，市场关系稍稍有所扩张。集中反映这一点的是，所谓的"草市""虚市"等农村定期集市，自唐代中叶以后，显著地发达起来了①。同时，在生产关系上，诚如唐长孺先生所说："唐代中叶以后，由于封建国家土地所有制的解体，农村中发生了一些变化，出现了接近于租佃关系的大量的佃农与部分的短工。"② 这些人，尤其是短工，和城市小生产者相类，不能不依赖市场为生，因而不能不需要铜钱那样的货币③。这样，铜钱就渐渐渗入了农村。

但是，铜钱渗入农村的过程是进行得颇为缓慢的。直到长庆年间（公元821–824年），韩愈、白居易等人还指陈，当时的农村缺乏铜钱。元和十四年（公元819年），李翱上言，请"改税法，不督钱而纳布帛"。④ 长庆元年，杨於陵果然这样办了⑤。这说明：铜钱在农村尚未取得对绢帛的优势。城市的情形则与此不同。铜钱的优势，这时是绝对地确立了，然而要把绢帛从货币流通中完全排除，也还要经历一段相当长的时间。大体说来，钱帛兼行是与唐朝相始终的。因此，尽管唐代后期有许多变化，整个唐代仍属于钱帛兼行时期。

其次一个问题是唐代是否流通金银货币的问题。

---

① 参看加藤繁：《关于唐宋的草市》《唐宋时代的草市及其发展》。均见《中国经济史考证》，商务印书馆1962年版中译本。

② 《魏晋南北朝史论丛·续编》87页。

③ 《通鉴》卷二一二载（两《唐书·食货志》及《唐会要》卷八五《逃户》略同）：开元九年，宇文融检括逃户，"凡得户八十余万，田亦称是。"（约为开元二十年总户数的十分之一强）"融献策：……逃户自占者给复五年，每丁税钱千五百。"《旧唐书·食货志》谓："得钱数百万贯。"这一事，一方面可见聚敛之酷；一方面反映逃户可以榨取的是铜钱。

④ 见《通鉴》卷二四一。

⑤ 见《通鉴》卷二四二及《新唐书·食货志》。

关于这个问题，过去存在着两种截然相反的见解。一种是否定的，如顾炎武之说。他说："唐宋以前，上下通行之货，一皆以钱而已，未尝用银。"① 另一种是肯定的，如加藤繁之说，见所著《唐宋时代金银之研究》。我们的观点是赞同前者而不取后者。因为：（1）依照本文以上的论述，金银在唐时不可能充当货币；（2）加藤引录的资料虽多，但细审那些资料，看不到唐代的金银具备价值尺度和流通手段的职能。而不具备这两种职能的，不能叫作货币②；（3）唐代有许多记载，否定金银为货币。如《唐律疏议》卷二六《私铸钱》条说："诸私铸钱者流三千里。……疏议曰：……若私铸金银等钱不通时用者，不坐。"又如元和年间钱荒最甚之时，唐宪宗下诏封闭银矿，令开采银矿的转而开采铜矿。诏书说："天下有银之山必有铜矿，铜者可资于鼓铸，银者无益于生人。"③……这类资料有力地说明了金银在唐代时不是货币。

但是，有一个地区似乎是例外，那就是岭南。顾炎武又说：

> "然考之《通典》谓：'梁唯京师及三吴、荆、郢、江、湘、梁、益用钱。其余州郡则杂以谷帛交易。交广之域则全以金银为货。'而韩愈奏状言：'五岭买卖一以银。'元稹奏状言：'自岭以南，以金银为货币。'……"

在自注中，他又引张籍诗"海国战骑象、蛮州市用银"之句，以证岭南用银。（按：唐人讲到岭南用金银的尚不止此。如杨于陵说："大历以前，……岭南杂以金、银、丹砂、象齿，今一用泉货，……"④ 即其一例。）

那么，能不能据此认为：唐朝已开启使用金银的序幕了呢？不能。应该指出，顾炎武的这条札记有可议者三：（1）《通典》在顾氏上引一段后

---

① 《日知录》卷一一《银》。
② 马克思说："……一种商品变成货币，首先是作为价值尺度和流通手段的统一，换句话说，价值尺度和流通手段的统一是货币。"（《马克思恩格斯全集》，第十三卷，第113页。）
③ 《旧唐书·食货志》。
④ 《新唐书·食货志》。

接着写道：陈时，"其岭南诸州多以盐米交易，俱不用钱。"（《隋书·食货志》同）。上引杨於陵说，大历以后才用泉货。可见自梁陈以至大历，岭南存在着两种不同的现象：一方面用金银；一方面连铜钱都不用，只用盐米。（2）韩愈"五岭买卖一以银"一语，见《昌黎先生集》卷三七《钱重物轻状》。细读全文，可知那不是对岭南情况的描述，而是他的一个建议。意思是说，最好让岭南完全用银交易，使铜钱流回内郡，解决钱荒。（3）据杨於陵所说，则丹砂象齿也同是货币，不独金银。可见金银和丹砂象齿只是几种较常流通的商品；等价形态是否排他地、固定地附着于金或银上面还很难说。

这样看来，岭南地区的一般交换水平比中原还低，只是广州等少数沿海城市流通金银。这是中外商道上屡见不鲜的现象，毫不足异。如北周时，河西即曾一度使用"西域金银之钱"①，但当时既未扩及中原，以后复寂然无闻。直至清末，在边疆地区还可看到：商道上很繁华，商道两侧十数里外便很悬殊（如云南迤西的商道便是）。因此，尽管岭南的部分城市里有流通金银的记载，但不足以断定唐代已进入使用贵金属货币的阶段。

最后一个问题是，怎样估计唐代商品经济的水平？

唐代的商业贸易很盛。尤其是长安洛阳的繁华景象，过去和现在的许多历史著作都有详尽的描述。可是我们却把当时的交换发展水平估计得这样低：不唯未曾达到使用白银的程度，连铜钱的流通也尚待普及。这和商业贸易的发达是不是相牴牾呢？我们认为：并不牴牾。马克思说过：在古时，"诸极对于流通过程还是独立的，流通过程对于诸极也是独立的。生产物在这里，由商业而变成商品了。是商业在这里发展了生产物的商品形态；不是所生产的商品的运动形成商业。"（这诸极就是"互相交换的生产

---

① 《隋书·食货志》载：北周武帝保定年间（公元561—565年），"河西诸郡或用西域金银之钱，而官不禁。"夏鼐先生据近年从新疆、青海、西安、洛阳等地隋唐古墓中发现的金银币考释说："北周时在河西诸郡所流通的'西域金银之钱'，大概是东罗马的金币和波斯萨珊朝的银币。……当然，其中可能也有西域他国的金银币。当时西域许多商胡前来河西诸郡交市，西域金银也流入了该地；……"（见《考古学报》1959年第3期《咸阳底张湾隋唐出土的东罗马金币》一文。）

者自己"）又说："商人资本的独立发展，与社会一般经济的发展，是成反比例的。"① 这是一条普遍的真理，对我国整个封建主义时期都是适用的，唐代自然也非例外。试想，唐朝是那么大的一个帝国，只要它的每一农户拿出一匹绢来交换，那长安城中各占两坊之地的东西市就可以邸店皆满、堆积如山的；只要每周来几个行商、周遭诸国各来一起商队，那长安城里就可以车马阗溢、毂击肩摩的。马克思又说："生产越是〔不〕发展，货币财产就越是集中在商人手中，或表现为商人财产的特别形态。"② 在唐代，富商巨贾所在多有，他们握有大量的绢帛或铜钱。这和当时生产的不发展状态是并不牴牾的。

毛主席在《中国革命和中国共产党》一文中深刻地指出：在我国的封建时代，"自给自足的自然经济占主要地位。……那时虽有交换的发展，但是在整个经济中不起决定的作用"。从我们的初步研究结果看来，这一真理就像太阳一样的明白。唐代钱帛兼行的问题实质就在这里。

1963 年 10 月改作

（原载《历史研究》1964 年第 1 期）

附：郭沫若同志关于《资本论》一处译文的信

《历史研究》1964年第一期，载李埏同志《略论唐代的"钱帛兼行"》一文，在其末尾处引用了马克思《资本论》中的一句话：

> "生产越是〔不〕发展，货币财产就越是集中在商人手中，
> 或表现为商人财产的特别形态。"

---

① 《资本论》第三卷，第405页。

② 《资本论》第三卷，第403页。中译本无"不"字，误。莫斯科外文出版局1959年版英译本作："The less developed the production, the more wealth in money is concentrated in the hands of merchants……" 今从英译本补入。

李同志标注云：“《资本论》第三卷，页403。中译本无‘不’字，误。莫斯科外文出版局1959年英译本页321作 'The lessdeveloped the production, the more wealth in money is concentrated in the hands of merchants, ……' 今从英译本补入。”

我查了一下德文原本，证明李同志的见解是对的，中译本确是错了。德文原文如下：

"Je unentwickelter die Produktion, um so mehr wird sich daher das Geldvermögen Konzentrierer in den Hn den der Kautleute,oder als spezifische Form der Kaufman nsvermōgens erscheinen。"（ Ⅲ，358。）

（“生产愈不发达，因而货币财产便愈集中于商人手中，或者表现为商人财产的特种形态。”）

“不发达”在德文只是 unentwickelt 一个词，中译本确是漏了一个“不”字。虽然只是一字之差，但这个字是很重要的。漏了一个字，会致“差之毫厘，而谬以千里”。建议：中译本出版处重视这个字，加以改正。

郭沫若

一九六四年三月十九日

（原载《历史研究》1964 年第 3 期）

从钱帛兼行到钱楮并用

一、唐代商品生产和交换的发展

隋唐之际爆发了空前剧烈的农民战争，使阶级关系和土地占有状况发生了很大变化。皇室、贵族、官僚、士庶地主受到了沉重打击。许多被他们占有的土地和劳动人手，摆脱了旧有的主属关系，成为无主荒地和无地或少地的农民。农民，诚为马克思说的，既是一个阶级，又不是一个阶级。他们不可能自行分配这些土地并获得它的所有权（即使是地主，依法也不可能）。土地私有制的发展早已达到这么一种程度，它既保障了个体的土地所有，也限制了个体侵犯别人的所有。因此，这些无主荒地的所有权，按照传统，仍然是归封建国家继承①。李唐王朝的胜利，结束了农民战争，重建起封建秩序。一切不属私人所有的土地都落入它的手中，它因而有条件在全国实行均田制度。所谓均田制，乃是土地国有制在这期间的具体形式。它利用国有土地一方面作为等级特权，授予贵族和官僚享有；另一方面作为剥削手段授予无地和少地的凡庶耕种。这项制度的施行，诚如统治者的期望，确保了封建国家的租调课役；同时，也适应社会经济的要求，使小农的个体生产获得发展。小农个体生产的发展是封建经济发展的决定性条件。均田"先无后少"②，以公田补小农耕地之不足，把许多农民提高到自耕农的景况。这就使唐朝这个封建国家强而有力，能够高度地发挥其

---

① 创立均田制的北魏就规定："诸远流配谪、无子孙及户绝者，墟宅桑榆，尽为公田，以供授受。"（见《魏书·食货志》）唐朝因仍不改。

② 《唐六典·户部尚书》。

国家职能：消除内部和外部的威胁，整饬吏治，提高行政效率，举办许多有益事业，如兴修水利，扩展交通。特别是长达一个半世纪的国家统一和社会安定，给小农的个体生产提供了一个有利环境。自进入封建社会以来，这样的有利环境是少有的。前乎唐朝，只有西汉初期的那几十年才可比拟。而贾谊痛哭流涕所求之不得的长治久安局面，恐怕也只有唐代这个时期庶几近之。当然，在阶级对立的社会里，要户户农民免于贫贱是不可能的。即令是贞观年间，也有若干农民还处于困境。但就整个时代、整个社会而言，这个时期的历史环境，应该说，比之其他时期，确实是好得多的。

因为这样，所以这时出现了"耕者益力"的现象。生产工具和生产技术改进了①，粮食产量提高了②，特别是从一年一熟的一作制进步到了二作制，更有重大意义。两税法之所以"夏秋两征之"，就是由于二作制在主要经济区已普遍推广的缘故③。均田令区别狭乡宽乡的授田规定，鼓励相对过剩的农村劳动力"乐迁"宽乡。这无异移民垦荒，当然导致耕地面积的拓展。当时人指出，开元、天宝时，"四海之内，高山绝壑，耒耜亦满"④，可见当时农民的生产积极性相当高。这无疑大大提高了农业生产力的水平，促进了农业生产的发展。可惜现在已无法确言那时的耕地总面积和粮食总产量究竟各增加若干。近人或据国家租税的收入，或据私人诗文的描述，指出那时的发展概况。但更有参证价值的，是经济作物的大量栽培，特别是茶这样的经济作物的栽培。

茶，作为一种优良饮料，在唐以前很久，人们就已经知道而且应用了。可是茶业的兴盛却是唐代的事情。前人以为，唐代饮茶之风始盛，所以引起茶的广泛种植。这种说法是倒果为因的。诚然，消费可以刺激生产，但生产毕竟是消费的前提。饮茶之风在六朝时确已出现，可是茶的种植不广，原因是当时的农业生产力还不足以大量生产这种经济作物。我们在当今的产茶区还可以看到，茶的生产和粮食作物的生产有矛盾。它向粮食作物争

---

① 参看韩国磐《隋唐五代史论集》中《隋唐五代的生产力发展》一文。
② 参看余也非《中国历代粮食平均亩产量考略》，载《重庆师范学院学报》1980年第3期。
③ 李伯重同志为本文作者提供此说，文长不具录。
④ 《元次山集》卷七《问进士》。

土地、争肥料、争节令、争人手。只有当粮食作物的产量有所提高，从粮食作物的生产中能匀出相当的人手和土地时，茶才能相应地获得发展。据陆羽《茶经》，唐朝肃、代之际，产茶地区已扩及十道中的八道，多至四十余州。又据《旧唐书·食货志》，到德宗之世，茶税已成为国家财政的一项重要收入。这些情况清楚地表明，唐朝前期的农业生产发生了多么大的变化。除茶之外，其他经济作物如蚕桑生产的大量增加，也同样反映了这种状况，不过不若异军突起的茶叶那样令人注目。可以说，茶叶的兴起和二作制的普及，在我国农业史上，是划时代的标志。

"农业是整个古代世界的决定性生产部门。"[①] 这个生产部门发展了，别的生产部门才能发展起来，因为别的生产部门有待于农业提供粮食、原料和劳动人手。唐代农业既有上述的巨大进步，手工业和商业等部门当然随而繁荣起来。手工业这个部门，从战国以来的状况看，可大别为三类：一是官府手工业，二是家庭手工业，三是独立手工业。唐代初期，按三者比例而言，以前二者为最盛，后者尚微。到中叶，随着农业生产的发展，出现了一个显著的变化，就是独立手工业发达起来了。与此同时，家庭手工业也有很大发展。唯官府手工业墨守成规，发展不大。现代许多关于唐史的论著都对这时期的手工业投以很大注意，但很少对这三种手工业分别论列。如范著《中国通史简编》（第三编第二章第五节）特立"私营手工业"一目，但也未将家庭手工业和独立手工业分开。不过其中所举九种行业，什九应属独立手工业，如制瓷，如冶炼，如造船，都不是农村家庭手工业所能办。绫绢织纴刺绣的精致，也非农村家庭妇女所可制作。当然这九种也只是荦荦大者，实际不止这些。单是冶炼，便可以分为若干种；其他还有建筑、雕塑、绘画、木作、石作、交通运输、制革、鞍鞯、酿酒、制茶、烹饪、笔墨砚、服饰，以至伐薪烧炭等等。当时有所谓一百二十行、二百四十行之说，其中主要属手工业，可见其盛。应该着重指出，这些手工业之所以称为"独立"，主要是说它已经专业化，与农业相分离，摆脱了家庭副业的从属地位。因此这种手工业的发达使工农业之间的社会分工扩大，鲜明地显示出封建经济的一大进步。

---

① 恩格斯语，见《马克思恩格斯选集》第四卷，第145页。

官府手工业也是和农业相分离，专业化的，当然也是社会分工的产物，但它和独立手工业具有完全不同的性质和作用。它是自然经济性质的。它的生产资料、生活资料来自官府的贡赋，并不取给予市场；它的产品直接进入贵族的消费过程，也不投入市场。它和市场很少关系，对交换的发展不起多大作用。《唐六典》等唐代文献中，详细记录了官府手工业的组织结构、内部分工、工匠管理等各种状况，但一点也看不到它和市场的联系。独立手工业则不然。它不属官府，它的生产资料、生活资料以及劳动力，不能用经济外的强制手段去取得，而只能通过市场去购买。农村提供它的粮食、原料等等，是作为商品售与它的。它自己的产品也是商品，可以拿到市场上去出售，直接间接和农村进行交换。因此，这种手工业和市场的关系，犹如鱼和水的关系一样，紧密联系而不可分，和官府手工业大不相侔。

马克思说："城市工业本身一旦和农业分离，它的产品一开始就是商品。"①上述的独立手工业正是这样，它纯属商品生产。举两个典型的例：一是学者们常称的定州何明远；一是我曾谈过的白诗《卖炭翁》。何明远家有绫机五百张，而又不隶少府、将作监。那么他干什么呢？当然是商品生产。像这般规模的生产作坊，在那时还是稀见的，勿怪乎他引人注意，被记载下来。卖炭翁是一个手上支锅，贫而无告的人。他"伐薪烧炭南山中"，只是为了"身上衣裳口中食"。不过他所从事的生产活动却完全属于商品生产性质（在当时，和他相类的人是习见的，因而墨客骚人们不屑措意。若不是偶逢深深同情苦难人民的伟大诗人，他的形象以及他的经济状况，就会像天街上的落叶一样，湮没无闻了）。他与何明远，贫富悬绝，阶级关系是对立的，但作为商品生产者，却是一致的。

陈寅恪先生笺证白诗，以《顺宗实录》中所记农夫卖柴事注释《卖炭翁》这首诗。两事无独有偶，若合符节。但从经济的角度看去，二人还不尽相同。卖炭翁是完全脱离了农业生产的独立手工业工人，一个小商品生产者；而卖柴农夫则尚未完全脱离农业生产，卖柴乃是他的副业。因此，和市场的关系，前者是更深入一层的。不过，农夫而入城卖柴也有其重要

① 见《马克思恩格斯全集》第二五卷，第371页。

含义。它表明农业生产者已部分地卷进了市场关系，兼营小商品生产。"在真正的自然经济中，农产品根本不进入或只有极小部分进入流通过程，甚至代表土地所有者收入的那部分产品也只有一个比较小的部分进入流通过程。"[①] 我们在这里以卖柴农夫为例，假若进入流通过程的只是他那驮柴，那是小到可以不计的；但是，假若我们的视野随着这个农夫而展开，就能见到进入流通过程的农产品还有米、麦、丝、麻、布、帛、竹、木，以至家禽、家畜之类，那就颇为可观了。幽州市中有米行、白米行、大米行、粳米行、肉行、丝绵行等[②]，其所售卖，当然都是来自农村的农副产品。至于茶漆等经济作物的产品，商品性更强，无疑大都进入流通过程。《封氏闻见记》（卷六）说，开元以后"自邹鲁沧棣至京邑城市，多开店铺，煎茶卖之。不问道俗，投钱取饮。其茶自江淮而来，舟车相继，所在山积，色额甚多"。可见农产品商品化程度，农业中的商品生产部分是大大增加了。

这样就必然相应地引起市场的扩大和商业的繁盛，因为商品生产的天职是交换；不交换，它的产品便不成其为商品，便没有生产的意义。怎样交换呢？到市场上去。卖炭翁和卖柴农夫都不能不到市场上去，不然，他们的产品便不能卖出，他们的衣食生活资料也便无法购买。卖炭翁和卖柴农夫是这样，市肆中的手工业者和农村中兼营商品生产的人也莫不如此。当然，卖炭翁和卖柴农夫的交换方式是最简单的。他们的产品一经易手，就进入消费过程，反过来，他们买的斗粟尺布也是一样。在这种交换方式中，买卖两极面对面地出现在市场上，用不着什么人厕身其间为之媒介，商业几乎无存在余地。但是，早在唐代以前，交换已远远不能局限于这狭小的方式了。到唐代，像茶叶这种商品，产地在川蜀江淮，而销售却远及北国、吐蕃、塞外，没有商业的中介便无法流通。试想，一家一户的个体小农，生产出一箩一筐茶叶，怎么能自行运到远方消费者那里去呢？城市中的独立手工业者也同样。他们都是小生产者，本小而利微，不唯无力自致产品于远方，也无法到异州异域去采办原料。在这种情况下，不论城乡，

---

① 马克思语，见《马克思恩格斯全集》第二五卷，第886页。
② 参看曾公毅《北京石刻中所保存的重要史料》，载《文物》1959年第9期。

要使商品生产继续下去，就得通过市场，仰赖商业；而市场和商业，也就在这个基础上发展起来了。

唐宋市场发展的状况，可以从农业和手工业两方面分别观察。先从农业方面谈起。

加藤繁博士曾对唐、宋的市场和商业作了许多研究。他首次提出草市、墟市、镇市，……并加以考索①。这确是经济史上的重要课题，值得探讨。我认为，象草市、墟市这类初级市场，不是唐宋才有的。依据社会经济发展规律，只要生产力带上个体性质，个体经济初有发展之后，就可能出现了。我国古代"日中为市"之说，应该就是它的先河。不过，直到唐、宋时期，这种市场才多见于载籍，则说明它此时有了很大发展。这种市场主要是适应小商品生产者交换的需要而产生的。可以说，是小生产者交换矛盾的产物。小商品生产要求交换，但小生产的特点——细碎性和分散性——限制了它的活动范围，这就形成一种矛盾。为了解决这一矛盾，人们不期然而然地在一定时间、一定地点进行交换，于是就出现了这样一些集市（这种集市所及的范围，一般地说，是以一天徒步往返的距离为半径的。半日来，半日去，因而为市必在日中。这种状况，古代然，近代犹然）。

随着生产和交换的发展，这种集市逐渐增多。可是假若在这种集市上，只有附近的小生产者彼此进行交换，对以外的世界并无什么联系，那么，它不过是些孤立的点，还没有很大意义。反之，假如它和外界有了较密切的联系，它的商品能由此进入外界的商品流通，那么，它的意义就不可同日而语了。唐代中叶以降，在江南、西川等最发达的经济区内，这种与外界商品流通有联系的集市，已经不少。联系是依照传统的方式进行的，一些在异地拥有市场的商品，例如茶叶、绢帛、粮食等，一筐一匹地从个体小农的手中投入草市、墟市，经小商小贩之手，辗转运到某些集散中心，然后再由富商巨贾贩运到更辽远的地方。当时的集散中心多在水陆商道所经的地方。典型的例证如浮梁。《元和郡县图志》（卷二八）载，浮梁"每岁出茶七百万驮，税十五万余贯"。这些茶叶当然不是浮梁一地出

---

① 《中国经济史考证》中《唐宋时代的草市及其发展》等文。

产的。浮梁原不过饶州的一县，如此巨大数量的茶叶只能是由邻近州县的草市、墟市收集搬运而来。很明显，它因位于水运商道之上，居于茶叶产区之中，才蔚然成为一个集散中心。这种集散中心（茶叶的或其他货物的）通过水陆商道，和更大的集散中心联系起来。白居易《琵琶行》有句说："商人重利轻离别，前月浮梁买茶去。"这个商人能携带一个善弹琵琶的"京城女"到浔阳江头，可知他是一个往来南北、经营茶叶生意的富商。他将浮梁的茶叶贩运到长安，这就把两地联系起来。类似的贩运货易不少，有的贩运布帛，有的贩运粮食。……

手工业产品进入市场的途程比农产品要略短一些，因为农业生产必须使生产者和土地结合起来，或者说，农民必须乡居地著，附着在土地上，所以它分散性很强，无法克服。手工业生产有所不同。它的生产者可以背军离镇，转徙他乡。而且由于它纯粹是商品生产，要求尽可能接近市场；因此，在农村，是市场去相就产品，出现了草市、墟市；而在城市，则是产品去相就市场，出现了行肆邸店。当然，那时手工业者也都是小生产者，不可能任意东西，像近代社会的雇佣工人那样。同时，特殊原料产地和特殊原料形成的特殊生产技能，以及市场的容量和市场的竞争等等，也限制了他们的去就。但是，他们毕竟是进入了市廛了，分布于大小城镇中。在大都会里，各行各业的产品可以直接卖给达官贵人或出口商贾，在小城镇中的，则同茶叶布帛米麦一样，要经过那么些转运过程。有的循水道，有的循陆路，分别辐辏于长安、洛阳、扬、益、闽、广等大都名城，所以在主要的水陆商道上，出现了空前未有的繁忙景象。

唐崔融说："天下诸津，舟航所聚。旁通巴汉，前指闽越。七泽十薮，三江五湖。控引河洛，兼包淮海。弘舸巨舰，千舳万艘。交贸往还，昧旦永日。"[①] 杜佑说："东至宋汴，西至歧州，夹路列店肆待客，酒馔丰溢。每店皆有驴赁客乘，倏忽数十里，谓之驿驴。南至荆襄，北至太原范阳，西至蜀川凉府，皆有店肆，以供商旅。"[②] 这些叙述，不但描绘了主干商道上的图景，而且反映出商业网已经达于各主要经济区，全国性的市场已经形成了

---

① 《旧唐书》卷九四本传。
② 《通典》卷七。

（当然，这个商业网还是漫画式的。全国性市场也还处于它的幼年阶段）。

二、唐代后期的商品流通和货币问题

现在，让我们进而论述一下唐代后期的货币问题。

既然唐代前期生产那样发展，中叶商业贸易那样活泼，那么流通手段有没有什么变化？货币是不是也相应地发展了？十余年前，我曾对唐代货币略陈所见，认为唐代还存在钱帛兼行的现象：前期，绢帛占优势；中叶以后，铜钱日益排挤绢帛，逐步从城市扩张渗入农村。还指出，金银这时还没有流通手段的职能，不成为货币。论证具见拙作《略论唐代的"钱帛兼行"》一文[1]。现在要更加申论的是，铜钱之排挤绢帛乃是上述小商品生产及交换增多的必然结果，同时也是飞钱、便换、楮币等出现的基本原因。

铜钱是单位很小的贱金属铸币，其显著特征之一是它的细碎性，这和小生产的特征恰相一致。这不是巧合，是适应在小生产者的交换而产生的。或者径直地说，它就是小生产者的货币。历史地看，小生产者并不一定需要铜钱作货币；倒是铜钱作为货币必需小生产者。因此，铜钱的发展史应该从小生产的变化、小生产者的状况中去加以说明。

唐代中叶以后，商品经济日益发展，可是小生产者的景况却日益恶化。尤其是自耕小农的处境更是江河日下，均田制破坏了，土地在迅速集中。越来越多的小农，失去了生产资料，被抛掷出来。他们背军离镇，"乡居地著者百不四五"。这不是很矛盾吗？是矛盾的，但完全合乎历史的辩证法。马克思说：商业"会使生产日益从属于交换价值，因为它会使享受和生活日益依赖于出售，而不是依赖于产品的直接消费。它由此使旧的关系解体"。[2] 恩格斯还说过，"货币经济就像腐蚀性的酸类一样"[3]。唐代商业和货币经济的发达，使得朝野兴起一阵阵地癖、绢癖、钱癖之风。土地占有状况急遽改变，自耕小农大为减少，社会逐渐动荡起来。大唐帝国因此

---

[1] 《历史研究》1964年第1期。
[2] 《马克思恩格斯全集》第二五卷，第369页。
[3] 《马克思恩格斯选集》第四卷，第107页。

由盛转衰。但是，这并没有阻止商业和货币经济的发达，反而使它更加兴盛，甚至到了疯狂的程度。因为破产的农民，大量涌入市场；一切贫困的小生产者，更加紧迫地要求货币，进行交换。这样，商品货币关系越来越扩大，结果就出现了世变日亟、前所未睹的现象。

　　大致说来，当时一个农民破产了，就像一下子被推到十字街头，面前摆着四条出路：第一条通向地主田庄，去做浮客、佃户或雇农；第二条通向城市和商道，去做手工业工人、运输工人，……乃至酒保、茶博士之类；第三条通向兵营，去应募充当士卒；第四条通向革命去参加武装斗争。此外还有别的去路吗？没有了。这四条去路中，从我们今天的阶级观点看去，当然第四条革命道路最值得向往。但是正如恩格斯在分析德国农民战争时所指出的，要农民起来参加革命并不容易。因之，在大起义条件成熟以前，不可能有很多农民走这条路。多数破产农民走的是第一条路，即转变为佃农、雇农。这时庶族地主普遍发展（所谓庶族地主，质言之，就是没有封建特权的地主。没有特权，不能"抑良为贱"，农民因能在被迫接受剥削之时保有"良人"身份，成为佃农、雇农）。地主之类乘农民之急，放高利贷，典田买地。逐渐贫困的农民，早已套上他们的经济锁链，再往下一滑，就成为他们的佃客了。走这条路的破产农民是最多的。其次是通向城市商道的道路。这条路，以前是很狭隘的，如今由于工商业的繁盛，足以容纳许多破产农民。农民迫不得已，只好"舍本逐末"，到这条路上谋求生存。可是这条路同样充满艰难和辛酸，并不比佃农那条路平坦。能够获得一技之长，列于行肆之间，那就是他们的天堂了。多数是胼手胝足，奔走骏汗，为商人等寄生阶级佣工服役。至于第三条应募当兵的路，因募兵成分复杂，纨绔子弟、市井无赖，已为数不少，破产农民只占其中的一部分。募兵制下的军队不事生产，专靠赋税养活，与市场关系不紧密，但是在战祸频仍的情况下，作为一个士卒，生活也并不美妙。总之，这些道路上的绝大多数劳动者，都无法摆脱贫困；其能免于冻馁，就可算幸运了。然而，正是由于贫困，他们不能不和市场相联系。从乡村的草市、墟市到长安的西市、东市，他们往来如织，给市场增添了一派繁忙景象。

　　概括地讲，在唐、宋那样的时代中，人们和市场联系的疏密程度是与他们的等级地位成反比的。勋戚贵胄和达官显宦之类，地位高，特权重，没有市场也能一样豪华地生活；而上述那些贫困的人们却离不开市场，不进行交换便无法度日。我曾计算过，唐时一个手工业工人一天所能创造的价值，平均是三尺绢。按"开元盛世"的物价，三尺绢折合十五文钱，只够这个工人及其父母妻子一天的糊口之资。以这样微薄的收入，供油盐柴米的消费之用，自非零碎使用不可。这种情况对农村也大致相若。请看，那个卖柴农夫说的。"我有父母妻子，待此然后食。"可知他是一个缺粮户，必得向市场上谋求补充。类此者当不在少。即令是景况较好的农民，有茶漆竹木、丝麻布帛之类的农副产品可卖，但每人能投入市场的，也只是"端匹斤两之物。"草市、墟市上商品种类是增加了，但仍细碎如故，所以也需要铜钱。同时，铜钱流通的地域也空前扩张了。长庆元年（公元821年）户部尚书杨於陵指出：铜钱"昔行之于中原，今泄之于边裔。"又说："大历以前，淄青太原魏博杂铅铁以通时用，岭南杂以金银丹砂象齿，今一用泉货。"[1] 可见此时，从城市到乡村，从中原到边裔，四处已有铜钱流布。正是这个前提条件，使"以钱谷定税""以钱为赋"的两税法能够产生和施行。此法一行，岁敛钱达三千余万缗之巨[2]。这一方面证明聚敛之酷，另一方面也可见铜钱流通之广。租庸调是一钱不征的，两税法则非钱不行（即令只是以钱定税，折供杂物，也有赖于铜钱流通）。这是很大的变化。马端临把杨炎与商鞅并称[3]，颇有见地。不过，他们的变革都只是服从各自时代的经济条件，记载经济关系的要求而已。

　　两税法施行后出现了普遍钱荒的现象。当时反对变法的人们都以之为口实攻击两税法，说是征钱所致。诚然，两税法征钱能使通货紧缩，但国家财政支绌，所征钱旋入而旋出，为什么长期闹钱荒呢？而且据《新唐书·食货志》所记，由于"货轻钱重[4]，贞元初乃计钱而输绫绢。既而物

---

　　① 《新唐书·食货志》。《资治通鉴》系此事于长庆元年。

　　② 《新唐书·食货志》载，开元间天下"租钱二百余万缗"。两税法行后，"岁敛钱二千五十余万缗，米四百万斛，以供外；钱九百五十余万缗、米千六百余万斛，以给京师"。

　　③ 《文献通考·自序》。

　　④ 百衲本及中华校点本《新唐书·食货志》均作"货重钱轻"。据下文，可知轻重二字系倒置，今乙之。同卷又云："盖自建中定两税，而物轻钱重，民以为患，至是四十年。"可证。

价愈下，所纳愈多"。可见两税制的实行并非钱荒的唯一原因。两税施行后四十年，钱荒依然，唐穆宗"召百官议革其弊"。户部尚书杨於陵的议论，最值得注意。今移录如下：

> "王者制钱，以通百货。贸迁有无，变通不倦。古者权之于上，今索之于下。昔散之四方，今藏之公府；昔广铸以资用，今减炉以废功；昔行之于中原，今泄之于边裔。又有闾井送终之含，商贾贷举之积，江湖压覆之耗，则钱焉得不重，货焉得不轻。开元中，天下铸钱七十余炉，岁盈百万，今才十数炉，岁入十五万而已。大历以前，淄青太原魏博杂铅铁以通时用，岭南杂以金银丹砂象齿，今一用泉货，故钱不足。今宜使天下两税、榷酒、盐利、上供及留州、送使钱，悉输以布帛谷粟，则人宽于所求。然后出内府之积，收市廛之滞，广山铸之数，限边裔之出，禁私家之积，则货日重而钱日轻矣。"

这番话说得很全面，各种原因都列举了，只是没有谈及交换的发展。当然这是不应苛求于他的。他把"闾井送终之含"和其他原因相提并论，未免有点不侔。又说国家"减炉以废功"，而没有说到私铸盗铸却并不减炉废功，也似乎片面。从我们的观点来看，"昔行之于中原，今泄之于边裔"，淄青太原魏博岭南"今一用泉货"最为重要，这在上面已经提及。现在要略谈一下"商贾贷举之积"这个问题。早在元和年间，朝廷已感到这问题严重，因此曾一再采取对策。三年六月，宪宗发布诏书说："泉货之法，义在通流。若钱有所壅，货当益贱。故藏钱得乘人之急，居货者必损己之资。今欲著钱令，以出滞藏；加鼓铸，以资流布。……应天下商贾先蓄见钱者，委所在长吏，令收市货物。"诏书还预告：周岁后，要"别立新规，设蓄钱之禁"。事实证明，这个诏令不过是一道具文。到了十二年，因为"缯帛转贱，公私俱弊"，又出敕："令京城内自文武官僚，不问品质高低，并郡公、县主、中使等，下至士庶、商旅、寺观、坊市，所有私贮见钱，并不得过五千贯"，超过部分，"限一月内任将市别物收贮"，若处置未了，可展限到两个月。限满剩贮钱纳官，违犯者重惩。《旧唐书·食货志》记其施行情况说："时京师里闾区肆，所积多方镇钱。王锷、韩弘、李惟简，少者不下五十万贯。于是竞买第屋以变其钱。多者竟里巷佣僦以归其值。而高资大贾者，多倚依左右军官钱为名，府县不得穷验。法竟不行。"大和四年，重申此敕，仍然是"事竟不行"。从这类记载看来，从贵戚、宦官、军阀、重臣以至商旅坊寺等等，无不疯狂地追逐铜钱。铜钱从未曾有这么大的魅力，以后也没有过。可以毫不夸张地说，在铜钱的编年史上，这是它最能眩惑世人的一章。

这些人积贮大量的铜钱是为了什么？当然不是为了癖好，而是要因时乘利，投入市场，使之转化为商业资本或高利贷资本。所谓"商贾贷举之积"，就是这个意思。唐代后期的商业资本和高利贷资本是非常活跃的，它加剧钱荒，而钱荒又使它更为活跃。因此在钱荒剧烈期间，它就像一般汹涌的浊流，把许多仕宦之家都卷了进去。最初还是一些低级官吏，到后来，连公主、勋贵、中使、方镇都卷入了。唐廷曾为此多次发布敕令，加以禁止。例如：

开元十五年七月二十日敕："应天下诸州县官，寄附部人兴易及部内放债等，并宜禁断。"（《唐会要》卷八八）

开元二十九年："禁九品以下清资官置客舍、邸店、车坊。"（《旧唐书·玄宗记》）

天宝九载十二月敕："郡县官寮，共为货殖，竟交互放债侵人，互为征收，割剥黎庶。自今以后，更有此色，并追人影认一匹以上，其放债先解见任，物仍纳官，有剩利者，准法处分。"（《唐会要》卷六九）

大历十四年七月："令王公百官及天下长吏，无得与人争利。先于扬州置邸肆贸易者，罢之。"（《唐会要》八六）[1]

会昌五年，加尊号郊天敕文："如闻朝列衣冠，或代承华胄，或在清途，私置质库楼店，与人争利。今日以后禁断，仍委御史

---

[1]　《唐会要》续云："先是诸道节度观察使，以广陵当南北大冲，百货所集，多以军储货贩，列肆置邸，名托军用，实私其利息。"

察访闻奏。"（《全唐文》卷七八）

这类敕令当然不会有什么效果，因为不唯腐朽的朝廷无力约束权势之家，而且宫廷本身就与人为市。如深为人所诟病的"宫市"，即其典型事例。虽然在"白望"豪夺之下，已经不像一个商品交换的市场，但它毕竟还是一个市场。那"黄衣使者白衫儿"，总得还做点样子，把"半匹红绡一丈绫，系向牛头充炭直"。（请注意：卖炭翁要的是钱！）为宫市辩护的户部侍郎苏弁对德宗说："京师游手堕业者数千万家，无土著生业，仰宫市取给。"德宗信以为然，遂不听罢宫市之请。平心而论，宫市之弊在于"白望"掠夺，不在于市。说有那么多"无土著"的人家"仰宫市取给"，可能有所夸大，但不能全属虚构。如此说来，市场关系不独已伸进贵臣勋戚之家，而且在叩击高峻的宫墙了。

由此可见，此时的唐朝，不论朝野上下都或多或少地和市场发生了一定的关系。"朝野衣冠"已经不知道什么叫作"铜臭"，因为在市场上，铜钱不管是从官炉或私炉出来，确乎是没有臭味的。

前面说过，唐中叶后商业资本已经很活跃，接着再纳入这些"官僚资本"，其势自然就更猖獗了。商业资本的天赋本性是喜动不喜静；它的化身铜钱是最不甘寂寞的，它要在川流不息的流通过程中增殖自己。在当时的历史条件下，它活动的最佳途径，就是长途贩运贸易。不说自明，在如此广阔的国度里，各地出产的商品，种类不一，远距离的交换，易于欺骗，易于居奇，是大利所在，但只有财力雄厚的商贾才能办到。这就要求根据市场商情的变化，随时调拨自己的资金，好像一个将军根据战局变化而调兵遣将一样。这么一来，大量铜钱流通的现象自是势所必至。以长安为例，据《新唐书·食货志》载：开元末，"天下盗铸益起，广陵、丹阳、宣城尤甚。京师权豪，岁岁取之，舟车相属"。又载：贞元间，"浙西观察使李若初请通钱往来，而京师商贾赍钱四方贸易者，不可胜计"。可见铜钱既有时流入，又有时流出。长安如此，其他都会州县也类似，虽然出入之数各不相同（因其类似，所以贞元间各州县都执行唐廷禁钱出境之令。事见《新唐书·食货志》）。

铜钱这样大量的贮积和流通，不难想见，一定要在流通过程中产生矛

云南文库·学术名家文丛

盾。铜钱是贱金属货币，数量一多庋藏运载都有很大困难。据两《唐书·食货志》等书所载：开元钱的标准重量是每千文是六斤四两（约当现在的四公斤）。鹅眼、铁锡、古文、线环之类的恶钱每贯重三四斤（约二公斤左右）。依此计算，一万贯开元钱重六万二千五百斤；恶钱半之，重三万多斤。从元和、大和时限制藏钱的情况看，拥有十万、二十万缗的商人、高利贷者，为数不少，那动辄就是百数十万斤了。数万乃至百数十万斤的铜钱，不用说两地之间调拨不易，即令在一个地方交易或庋藏，也是很困难的。商业资本和高利贷资本要聚集运转大量货币，而小商品生产者又限定市场上只能流通如此笨重的货币，这就形成尖锐的矛盾。但是，"经济发展总是毫无例外地和无情地为自己开辟道路"的，资本能够为它自己找到解决矛盾的方法。这方法就是借助于信用事业。关于此时的信用事业，近代颇有人加以研究。如加藤繁博士、李剑农、彭信威教授等。他们指出，唐代后期的信用事业有显著发展，尤其是铜钱寄存、汇兑等专门业务的出现更是突出事例。据加藤考证，"柜坊"就是专门经营信托寄存铜钱的。我认为，从柜坊这个称谓看来，这种营业已经不是稀疏的萌芽现象，而是一种独立的行道了。因为按照当时的坊市之制，若只有少数人从事，或只是附带兼营的业务，是不会叫作什么"坊"的。必须有较多的人，操同样专业，聚居于一坊之内，才可能获得"坊"之称。柜坊还有"行老"，可见已成一行。加藤还考索了"僦柜""寄附铺"，以为和柜坊就是一回事；还有取钱的信物和帖等支付凭据，仿佛现代银行的支票，盖即出自柜坊、寄附铺。其说虽属推断，无直接证明，但极近情理。从我们的观点看来，不论这些现象之间的相互联系如何，但它们的出现都是由于交换中的矛盾所致，则是没有问题的。反过来，它们的存在证明了，因铜钱而产生的矛盾已经发展到了什么程度，哪怕是买卖双方都同在一个城市里。

在一个城市之中是这样，在两地之间，矛盾当然更为严重。不难想象，假若在长安或什么地方有一个贾客，他要腰缠十万贯而上扬州，情况该怎样呢？十万贯重六十多万斤，即令没有关津官吏的勒索、途中强人的劫夺和江湖积压之覆，也是任重道远，极不容易的。唐建中时江淮铸钱输于京师，工用转运之费，每贯计钱二千，本倍于利；就是较近的商州，也要九百①；其中运费之巨，可以想见。这个矛盾使得汇兑方法应运而生，出现了所谓的"飞钱""变换"。李剑农先生指出："盖飞钱之行，大都由巨商为之（特别为茶商），初非政府所定之制度，且为政府所嫌恶，观《旧唐书·食货志》上明言'茶商等公私便换见钱，并须禁断'可知。盖《旧唐书》之所谓'便换'，即《新唐书》之所谓'飞钱'，言'便换见钱并须禁断'者，即并飞钱而亦欲禁之也。"②这是正确的。细绎"公私"二字，当时操便换业的，私人之外还有公家。《新唐书·食货志》说："（元和）时，商贾至京师，委钱诸道进奏院及诸军、诸使、富家，以轻装趋四方，合券乃取之，号飞钱。京兆尹裴武请禁与商贾飞钱者，庾索诸坊，十人为保。"这就说明"公私"所指为何许人。据此，当时汇兑有两个渠道。一是私营富商，一是进奏院、诸军、诸使等。前者由于全国性市场已初步形成，贩运贸易织成了一个稀疏的商业网，因而开通了。后者则是由于政府及其官僚部分卷进了市场关系，利用政治机构，兼营商业贸易。当钱荒严重，唐廷采取高压手段，企图用政治权力截断货币流通的时候，"州县禁钱不出境"，汇兑于是更趋活泼了。唐廷初则禁断飞钱便换，可是行不通。不久，率性自己也来从事这种经营。《新唐书·食货志》继续写道："自京师蔡飞钱，家有滞藏，物价寝轻。判度支卢坦、兵部尚书判户部事王绍、盐铁使王播请许商人于户部、度支、盐铁三司飞钱，每千增给百钱。然商人无至者，复许与商人敌贯而易之，然钱重帛轻如故。"由此可见，市场根本不理睬朝廷禁令，朝廷最终只得向市场屈膝，铜钱依然不翼而飞。

还应指出：上引《新唐书·食货志》的"合券乃取之"一语，深值得注意。它表明，券的合与不合是支付的主要依据，而不问求兑的人究竟是谁。这是可以理解的。在相距很远的两地，券之合与不合易辩，人之是否其人很难识别。商贾流动不居，乍来即去，怎么能让支付者认识不误呢？这种合券乃取的方法把信用向前推进了一大步，使"认票不认人"的信用票据树立起它的权威，人们于是有可能不立即要求兑取铜钱，而辗转把它用作支付手段。这样，它就和后来的楮币接近了。《宋史·食货志》记述

---

① 《新唐书·食货志》。
② 《魏晋南北朝隋唐经济史稿》第240页。

会子、交子的头一句便说："会子、交子之法，盖有取于唐之飞钱。"可谓直溯其源，最能得其演进之实。

　　封建社会有两种不同形式的经济：自然经济和商品经济。这两种经济，在封建社会的全过程中，始终是此进彼退，互为消长的。但总的趋势则是，自然经济由强而弱，商品经济由弱而强。发展到资本主义时期，商品经济取得绝对统治地位，于是，整个社会变成了列宁说的"商品社会"，自然经济消失了。中国封建社会在唐代以前，曾有一个时期，商品经济颇为活跃，那是自战国以迄西汉的前半叶。那时，商品生产以盐铁为大宗，盐铁在市场上大放异彩。可是盐铁的产地有限，而生产又比较集中，在自然经济的汪洋大海里，它好像是一些为数不多的岛屿。因此，汉武帝一旦发挥专制主义中央集权的威力，施行榷权均输政策，就能够把它夺而置诸封建国有制之下，大大削弱商品经济发展的势头。而商品经济的削弱，就是自然经济的增强。再加上其他条件、自给自足的士族庄园便潜滋暗长，发展起来。三国、两晋时期的战祸更使自然经济强化。庄园、屯田、占田等土地制度都是它的产物。人们所熟悉的《桃花源记》《山居赋》等作品，不论是记述现实，或是描绘想象，都是自然经济在意识上的曲折反映。这种作品于此时问世，绝不是偶然的。降及南北朝，商品经济慢慢复苏，到唐代中叶，新的历史阶段终于到来。当然，道途是坎坷而多艰的。从自然经济的小生产中长出来的专制主义、官僚主义、封建主义……总是企图把商品生产、商品流通完全控制于自己掌握之中，企图尽笼天下之利。唐廷自第五琦变盐法开始，日益加征重税，同时还加强榷权政策。然而时移势异，除盐之外，其他商品生产已经难于完全榷权了。前已说过，那时的大宗商品是绢帛、茶叶、盐……前二者的生产是无法垄断的，因为茶桑之类经济作物是一家一户个体农民的副业，种植在广大地区的原野丘陵之上，不可能集中起来生产。举一个例，大和末年，一个愚而好自用的宰相王涯，"置榷茶吏，徙民茶树于官场，焚其旧积者"。结果弄得"天下大怨"[①]。他后因甘露未遂政变被处斩，"百姓观者怨王涯榷茶，或诟詈，或投瓦砾击

---

① 《新唐书·食货志》。

之"①。继任盐铁使的令狐楚奏复旧法（税而不榷），说："岂有令百姓移茶树就官场中栽，摘茶叶子官场中造，有同儿戏，不近人情！"② 这事例突出地表明：分散性很强而又散布很广的小农生产，根本不可能垄断集中。倘若一定要违反自然规律和经济规律去蛮干，结果只能是破坏这种生产而招致"天下大怨"。独立的小手工业也是如此，虽然它的分散程度没有那么大。对那些散布在各州各县的小手工业者，不可能强制他们远离原料产地而集中起来。至于在都市中和交通线上从事服务、运输等业务而流动性很大的工人就更不用说了。唐官手工业使用的工匠有短番、长上、明资之别，除短番是无偿劳役外，其他都须给以一定的工资报酬。这说明，统治者对独立手工业已不能完全予取予求，商品发展之势已不可能逆转了。

三、五代北宋之际货币的演变

让我们再回到市场上来。市场已经发展到这样的程度：它不似过去那样地听命了。以辇毂之下的长安为例，元和年间是唐代后期朝廷权威最振之时。唐宪宗平蜀、平淮蔡、讨成德、讨淄青，都取得了胜利。韩昌黎作《平淮西碑》，铺张扬厉，极力赞美这代君臣的"赫赫武功"。可是对于市场上的物轻钱重问题，唐宪宗却感到非常棘手而无力解决。他为此曾屡出敕令，禁私家蓄钱，禁交易单用铜钱，禁飞钱变换，禁使用欠陌，等等，一件也没有获得成功。禁蓄钱、禁飞钱，前已提到，维持稍久，但终无效。长庆元年敕说："如闻比来用钱，所在除陌不一。与其禁人之必犯，未若从俗之所宜。"③ 只好收回成命。市朝近在咫尺，而市场竟敢牟毳朝令，原因是，市场上最权威的不是王侯将相，而是商品和货币。商品和货币不知道什么君臣之义贵贱之分，只是唯利是图。它们是物质的，不会承顺统治者的意志行事，而只能依照市场规律流通。同时，由于市场是利薮所在，握有实力的诸军、诸使之类和市井商贾互相渗透，沆瀣一气，使朝廷也莫可如

---

① 《资治通鉴》卷二四五，太和九年十一月乙丑条。

② 《旧唐书·食货志》。

③ 《旧唐书·食货志》。

何①。因此，唐代后期政局虽混乱，而商业资本仍然发展。而且正是由于混乱，伊璧鸠鲁之神所存在的空隙扩大了，它更为活跃。

当然，政局的混乱，必须有一定的限度。假如兵连祸结，室邑丘墟，生产和市场残破，商品经济也要凋残衰竭的。从公元9世纪60年代到10世纪60年代这百年间，战争频仍，破坏严重，商品经济受到很大影响，但是并未中断。过去有人称唐末五代为中国历史上的"黑暗时代"，似未免言过其实，至多恐只能说是半明半暗罢了。韩国磐教授著《五代时南中国的经济发展及其限度》一文②，论述长江流域沿海地区这期间的经济状况甚备。当时的南方（包括川蜀在内），确实是颇有发展的。从我们刻下所论的商品经济角度看去，就更为突出了。黄河流域长期沦为战场，封建秩序荡然，弄得人们连植木茸屋都不敢，遑论商品生产和交换。商业萧条了，市场受到严重破坏。直到后周，才有所恢复。南方战争次数少得多，每次历时又都不长；政局和社会秩序相对稳定，工农业生产因得以继续进行。这些因素，使得南方和北方适成截然不同的对比。南方的商品经济并未遭受顿挫，而是相当发展的。

同时，还有一个重要因素给南方经济以强有力的刺激，就是国内西南市场和国外海上市场的扩张。公元前7世纪初叶，在亚洲大陆两端出现了两个巨人：一个是李世民，一个是穆罕默德。他们生活于同时，但互不相知。他们的事业不一样，但都是震古烁今的。他们给伟大的帝国奠基，为尔后的繁荣兴盛提供了历史前提。8世纪中叶，正当唐天宝年间，阿拔斯人继起建立了黑衣大食帝国。9世纪中叶是它最强盛的时期。希提说：阿拉伯人的历史是商人的历史。完全正确，他们是非常崇尚商业的。大约从9世纪起，他们的商船就越来越频繁地驶到中国东南沿岸。当时足以与之颉颃的只有中国的商船。据说："巴格达的码头，有好几里长，那里停泊着万艘各式各样的船只，包括战舰和游艇，从中国的大船到本地的羊皮筏子。……市场上有从中国运来的瓷器、丝绸和麝香，从印度和马来亚群岛

---

① 《新唐书·食货志》载：泾原兵反，大呼长安市中曰："不夺尔商户僦质，不税尔间架除陌矣。"唐廷禁蓄钱，"富商倚左右神策军官钱为名，府县不敢刻问，"禁欠陌，"吏捕犯者，多属诸军诸使，呼集市人强夺，殴伤吏卒。"

② 载《隋唐五代史论集》。

运来的香料、矿物和染料；……城市里有卖中国货的市场。"① 可见东西两大市场已经从海上有了直接的联系。陆上的沙漠之舟的载运能力远不若海上的宏舸巨舰，海上的丝绸之路超过了陆上的丝绸之路。唐末五代，西出阳关以远，阻碍重重，而海上只要波涛不兴，交通便不致中断。由于这个缘故，南方诸国的海上贸易一直是可观的。这就有力地刺激了商品生产和商品流通，使商品经济继续发展。

川蜀情况有所不同，但也是继续发展的。这个地区以成都平原为中心，天然自成一个经济区，此时的经济水平差不多与江南相埒。唐中叶后，吐蕃、南诏与唐朝时有战争。川蜀首当其冲，面临两个强敌，人力物力消耗损失很大。可是到了唐末，唐朝为藩镇所肢解，吐蕃也发生了分裂。将进入五代之际，南诏内部也出现权力之争，政局长期动荡不定。这么一来，三者都无力干犯川蜀，川蜀因而获得相对安定的局面。这个极为重要的条件使川蜀的工农业生产免遭摧残而继续发展。当时全国市场上的大宗商品——茶、盐、绢帛，……川蜀都盛产而且质量俱佳。它的手工业伎艺，既普及又精妙，早已驰誉全国，诚如唐武宗的一道敕文所说，"人多伎巧，物皆纤丽"。② 在中原未丧乱前，它的商品远及两京，并辗转至其他地方；丧乱以后，也还继续拥有西陲的广阔市场。从秦凤甘凉到逻些大理，都在它的商品流通范围之内。单是茶叶一项，就把吐蕃的市场完全独占。因此，唐末五代，这地区的商业仍很繁荣。蜀帝王衍的后妃居然在"通都大邑，起店以夺民利"，和商贾竞争，可见其盛。

在吴蜀之间，有两个很小的割据政权。一个是在今湖南的楚，一个是在今湖北的南平。这两个政权之能维持，从经济上讲，大半是由于位居商道中枢，有不少商税收入，尤其是茶税的收入。可以说，它们是以商立国的。其实，南方各政权无不依赖于商业。假若商业经济衰退，它们可能就国将不国了。

但是，分裂割据毕竟不是商品经济发展的理想环境。商品的天性喜欢走直路、寻捷径，要求人们为它开辟康庄大道。很久以来，长江、运河、

---

① 《阿拉伯简史》（马坚译）第30、135页。
② 《全唐文》卷七八，会昌五年《加尊号后郊天赦文》。

兰武大道、剑阁栈道，……给商品提供了方便之路。五代十国把这些交道干线一条截成几段（如长江被截为三段，运河和长安、广州间运路被截为四段），此疆彼界，破坏了商业网，使货不能畅其流，对转运贸易产生很不利的影响。特别是统一的货币制度的瓦解，对转运贸易的影响更大。那时，中原五个小王朝，湖南的楚，岭南的南汉，江南的南唐，四川的前后蜀，都铸过铜钱。它们各铸各的。质量、大小、单位、钱文，全不相同。有的钱，究竟何国所铸，连古董收藏家和钱币学家都难言之。所铸钱数，只图自给，看来都很有限，不足以适应广大地区的需要。加上自唐以来迄未停止的铜钱外流和销熔，流通中的数量就越来越少，钱荒问题始终存在。《文献通考》（卷九）载："晋天福三年诏曰：'国家所资，泉货为重。销铸则甚，添铸无闻。宜令三京诸道州府，无问公私应有铜者，并许铸钱。……诸道应有久废铜冶，许百姓取便开炼，永远为主，官中不得取课利。'"既而钱的轻重，也听任铸钱者"取便酌量"。其结果当然是钱币大乱，所以翌年只得收回成命。这反映钱荒已弄得统治者不知所措了。周世宗锐意改革，对解决钱荒问题采取了严厉措施，下令民间铜器铜佛像悉输官铸钱。当时的北方，商品经济水平较低，尚且如此，南方商品发达，矛盾自然更尖锐了。因为这个缘故，所以长江以南诸小国先后被迫铸造行用铁钱，甚至铅锡钱。首先是铜冶缺乏的楚和闽。后来，南汉、南唐和蜀都相继铸铁钱（吴越铸否无确据，但也不无可能）。铁钱是比铜钱更贱的金属货币，从铜钱改而行用铁钱，显然是一种倒退。而这种倒退却正好发生在商品经济水平高的地区，这除了铜钱不足的原因外，还有另一个原因，就是那时彼此互相封锁，阻止铜钱流出。例如孟蜀广政中始铸铁钱，最初只是在外郡边界使用，末年才流入成都。又如南唐，它铸铁钱时，宋已建立。陶岳《货泉录》说：铁钱"既而大行，公私以为便"。说明当时铜钱奇紧，亟须邻近的铜钱流入。可是宋太祖却下诏，"严禁铜钱阑出江南、塞外及南蕃诸国，阑出至五贯者死"[1]（直到并了南唐后才解除这一禁令）。由此可见，分裂割据使泉货有无不能相通，对商品经济的发展是一个消极因素。

宋朝削平了诸国，结束了分裂割据局面。统一的、和平的环境又一

---

[1] 《宋史·食货志》。

次给社会经济提供了发展的条件，联络各经济区的水陆商道可以全程通达了；各都会之间、内地和边境之间的转运贸易，以这种贸易为纲的商业网恢复了；北方沿边和东南沿海的贸易且比唐代更盛了。这些都有力地刺激了商品生产，使茶业、盐业、丝织业、陶瓷业、粮食业、手工制造业、运输业、服务业，日益繁荣起来，渐次达到而且超过此前的历史最高水平。汴梁代替了长安，比长安还要繁华。汴梁以外，沿江、沿海、沿运河兴起了不少商业城市。比起素负盛名的扬州、益州，并不多让。宋代商品经济的发达，大大超轶既往，是大家所公认的，我们也给它以高度评价。

但是，历史还有另一个侧面。宋朝的统一，和汉、唐不一样，没有一个伟大的农民战争为它"驱除"。黄巢起义去它已远。先行于它的是长达百余年的分裂割据。如此长期的分裂割据，给它遗留下来许多复杂而棘手的问题。如前所述，各国有那么些货币制度，怎么办呢？当然，作为一个专制主义中央集权的统一王朝，经济上的分裂局面，和政治上的分裂局面一样，都是不能容许的。但是，要消灭前者，比消灭后者困难得多。对割据诸国，可以调集重兵各个击破，速战速决；对骄兵悍将，也可以施展权术，在杯酒之间，迫其服从。对货币之类的经济问题就不那么容易了。货币，是统治者利害攸关的大事，他们素来是极为重视的。唐朝刘秩对唐玄宗说：人君掌握了钱币就可以"使物一高一下，不得有常。故与之在君，夺之在君；贫之在君，富之在君。是以人戴君如日月，亲君如父母，用此术也。……陛下若舍之任人，则上无以御下，下无以事上"。[1] 宋朝张方平说："禁铜造币，盗铸者抵罪至死，示不与天下共其利也。"[2] 可见唐、宋统治集团中人都很清楚地知道，货币是统治和剥削的重要手段，铸造、发行的权利必须完全垄断。事实上，他们正是这样做的。而这样做，不统一币制便难于控制全国市场，获致最大利益。为此，五代时南方诸国行用的各种铁钱、铅锡钱，宋统一后，按理自不能令其继续同时流通。可是要做到这一点，只有增加铜钱的一法，这在宋初是办不到的，当时铜钱普遍短缺，哪来那么多铜钱呢？宋平蜀、平广南、平江南、平福建之后都"听

---

① 《旧唐书·食货志》。
② 《宋史·食货志》。

仍用铁钱"，而且禁铜钱入两川等地。审情度势，实在是并非得已。这种状况，终宋太祖之世，迄未能有所改变。直到宋太宗继立，才改革江南的币制。《宋史·食货志》载：

> "太平兴国二年，樊若水言：'江南旧用铁钱，于民非便，今诸州铜钱当六七十万缗。虔、吉等州未有铜钱，各发六七万缗，俾市金帛轻货上供及博籴谷麦。于昇、鄂、饶等州产铜之地，大铸铜钱。铜钱既不渡江，益以新钱，则民间钱愈多，铁钱自当不用。悉熔铸为农器什物，以给江北流民之归附者。除铜钱渡江之禁。'从之。"

《长编》云："诏从其请，民甚便之。"[1] 从此，江南的铁钱渐被淘汰。真宗以后，铸钱监和钱数越来越增多，据《通考·钱币考》《宋史·食货志》所载，至道中岁铸铜钱八十万贯；景德中一百八十三万贯；天禧末一百五十万贯；到元丰中，竟高达五百六万贯。宋朝铸钱可谓极盛，历史上没有哪个朝代能出其右。但是，元丰行使铜钱的路分仍只局限于开封府界和京东西、河北、淮南、两浙、福建、江南东西、荆湖南北、广南东西等十三路。四川的成都府、梓州、利州、夔州四路始终专行铁钱。陕府西路和河东路则铜铁钱兼用[2]。彭信威说："一般通史家都认为赵宋是一个中央集权的封建帝国，这点在币制上丝毫看不出来。在币制上，两宋只有比其他朝代更分散。虽说铜铁钱兼用，但又不是各区都兼用铜铁钱，因此造成一种割据的局面。"[3] 应该指出，这种"割据"和唐末五代的割据不同。宋代铜铁钱的铸造、发行和流通，还是统一集中在王朝手中的。铜铁钱分路行使，和食盐的分界销售相类，是由王朝划分，而不是自行其是。当然，其所以如此划分，并非出自主观的随意性，而是由于不得已。从这一点而论，说它是统一没有能够廓清的割据残存，也是可以的。

---

① 按：此事《续资治通鉴长编》卷一八系于太平兴国二年二月壬辰。"若水"作"若冰"，时为本道转运使。

② 《通考·钱币考》引元丰中毕仲衍所进《中书备对》。

③ 《中国货币史》第五章第一节。

　　宋朝为了中央集权无所不用其极，为什么不能统一这一大片王土上的货币制度呢？原因是显而易见的，主要是由于铜钱严重不足。从本文以上所述可以看到，自唐朝闹钱荒以来，铜钱一直没有充裕过，宋朝依然如此。虽大力鼓铸，仍不能适应全国市场的需要。因为造成唐代钱荒的那些因素，到宋代不唯继续存在，而且加剧了。尤其是外流现象，更不知比唐代严重多少。这时，北方辽、夏行使的，全是宋朝的铜钱①。它们不断用特产，甚至仿铸铁钱，易铜钱出塞。南方岭南和沿海，自来是铜钱的漏卮。宋"自置市舶于浙、于闽、于广，舶商往来，钱宝所以由泄"②。流出的数量很巨。同时，铜器是内地民间和塞外海外都需要的商品，而宋朝禁铜甚严，人们只得消铸铜钱以为器，所以铜钱旋铸旋毁，大量退出了流通过程。上面提到神宗时铸钱最多，因此便解除铜禁和边关钱禁。张方平极谏说："自太祖平江南，江、池、饶、建置炉，岁鼓铸至百万缗。积百年所入，宜乎贯朽于中藏，充足于民间矣。比年公私上下，并苦乏钱。百货不通，人情窘迫，谓之钱荒。不知岁所铸钱，今将安在？夫铸钱禁铜之法旧矣，令敕具载。而自熙宁七年颁行新敕，删去旧条，削除钱禁，以此边关重车而出，海舶饱载而回。闻沿边州军钱出外界，但每贯收税钱而已。钱本中国宝货，今乃与四夷共用。又自废铜禁，民间销毁无复可辨。销熔十钱得精铜一两，造作器用获利五倍。如此则逐州置炉，每炉增数，是犹畎浍之益而供尾闾之泄也。③"哲宗继位，恢复铜钱阑出之禁，可是阑出如故。苏辙说："沿边禁钱条法，虽极深重，而利之所在，势无由止。本朝每岁铸钱以百万计，而所在常患钱少，盖散入四夷，势当尔也。"④由此可见，熙丰以前或以后，不论禁与不禁，铜钱都是外流不绝的。销熔也同然，禁铜使铜价高于铜钱，销熔自无法禁止。宋朝农业和手工业的小商品生产更为发展，小生产者依赖交换的程度更甚，因而市场上对铜钱的需要更为增加，这就使矛盾更尖锐。因此宋朝统治者无力把铜钱流通领域扩及全国，不得不把一些地区划作专行铁钱的范围，以减轻行使铜钱地区的钱荒压力。四川，因其地理环

云南文库·学术名家文丛

---

① 事见《宋史·食货志》《通考·钱币考》所载郑价、苏辙之言。

② 《宋史·食货志》。

③ 《宋史·食货志》。

④ 《文献通考·钱币考》。

境特殊的缘故，自孟蜀覆亡之始，就被宋朝划为铁钱地分，终宋之世都没有改变。陕西、河东，则因介于铜钱铁钱行使地区之间，于是成了铜铁钱并用的地分。

宋朝划四川为铁钱流通区域的过程，大略见《宋史·食货志》，移录如下：

> "蜀平，听仍用铁钱，开宝中，诏雅州百丈县置监冶铸，禁铜钱入两川。太平兴国四年始开其禁，而铁钱不出境；令民输租及榷利，铁钱十纳铜钱一。时铜钱已竭，民甚苦之。商贾争以铜钱入川界与民互市，铜钱一得铁钱十四。明年，转运副使张谔言：川峡铁钱十，直铜钱一，输租即十取二。旧用铁钱千，易铜钱四百。自平蜀，沈伦等悉取铜钱上供，及增铸铁钱易民铜钱，益买金银装发，颇失裁制，物价滋长，铁钱弥贱。……"

> "转运副使聂詠、转运判官范样皆言：民乐输铜钱，请岁递增一分，后十岁则全取铜钱。诏如所请。詠、样因以月俸所得铜钱市与民，厚取其直。于是增及三分，民益以为苦。或发古冢，毁佛像器用，才得铜钱四五。坐罪者甚重。知益州辛仲甫言其弊。……七年，遂令川峡输租榷利勿复征铜钱。詠、祥等皆坐罪免。既而又从西川转运使刘度之请，官以铁钱四百易铜钱一百，后竟罢之。"

可见，宋朝的政策是，令四川尽用铁钱。有时虽也除铜钱入川之禁，但铁钱却不许出境。结果是铜钱入不敷出，且为铁钱所逐，行使的还是只有铁钱。

宋朝也在别的地方禁过铜钱流通，如平江南前就禁过铜钱渡江。可是万里长江，防不胜防。四川不然。东西川和中原的交通只有两条孔道：一是沿长江，出夔门而东；一是循栈道，经剑门而北；两者都不是康庄坦途。李太白说："蜀道之难，难于上青天。"顾祖禹说："夫剑阁、瞿塘，三尺童子皆知其险也。"这样的地理环境，使四川天然自成一个经济区。宋朝只要控扼了剑阁、栈道和夔门、峡路，便能够禁铁钱之出、铜钱之入。

因而铜铁钱地分的强制划分能够维持长久。这一事实若不从地理因素考虑，是难得其解的。

在上述情况下，假如四川像江南那样，有若干铜冶可资鼓铸，那么，也可以摆脱缺乏铜钱的困窘。可是，在这个问题上，天府之国却得天独薄。铜冶只梓州有一务[①]。《通考·钱币考》据毕仲衍《中书备对》，备举北宋"铜钱逐监钱数"，四川无一焉。与四川壤地相接、属宋叙州羁縻的乌蒙地区，有著名铜矿（即今东川铜矿），但也无助于四川铸钱问题的解决。太平兴国五年，上面提到的那个转运副使张谔曾建言："旧市夷人铜，斤给铁钱二百。望增为千，可以大获，因复铸铜钱。民租当输钱者，许且令输银及绢。俟铜钱多，即令渐输之。"但宋廷"诏许市夷人铜，斤止给钱五百。然卒难得铜"[②]，铸铜钱仍然无望。情况若此，四川除了行使铁钱外，别无他法。

宋代四川的商品经济，在此前的基础上，更加发展。它的手工业和农业所出产的商品，由于全国统一和平的原因，占有很广阔的市场。一方面，大量地输往开封、江陵等地；同时向北、向西、向南流通到少数民族地区。它的小商品生产和建立于其上的商业资本是非常活跃的。宋朝统治者不唯借此以征取巨额商税，而且以之作为政治手段，羁縻少数民族（即所谓的"番、戎、蛮、夷"）。因为今陕甘青海西藏滇黔等地和四川的经济联系已相当强固，这些地区的茶叶市场一直为四川独占。不言而喻，茶叶以及其他商品的交换、集散、运输……相应地需要大量的货币流通，而且需要铜钱那样的货币。以茶为例，《宋史·食货志》（《通考》同）说："初，蜀之茶园皆民两税地，不植五谷，唯宜种茶。……民卖茶资衣食，与农夫业田无异。"又载时人之言曰："川蜀茶园皆百姓己物。""而园户皆细民。"这和上文所讲的唐代情况无异，仍然是小私有生产者的商品交换，没有铜钱之类的货币是不行的。最近有人考证：当时蜀茶的总产量较江淮有过之而无不及[③]。这究竟需要多少钱币才足以供流通，虽难以考究，但为数之巨可想而得。为此，商人及其资本必须把巨额钱币调来调去，也是不说自

---

① 《宋会要辑稿》食货33之1"坑冶"，《长编》卷九七，天禧五年末，《通考》卷一八；《宋史·食货志》。

② 《长编》卷二三，《宋史·食货志》同。

③ 贾大泉《宋代四川地区的茶业和茶政》，见《历史研究》1980年第4期。

明的。然而，现在流通的货币却是铁钱，铁钱与铜钱同重，而接通常比值，铁钱十才抵铜钱一。因之，同值铁钱的数量和重量都十倍于铜钱，从而对商业资本的运动也就增加了十倍的困难。这样，四川的货币流通就出现了严重的矛盾。

矛盾必须解决。解决的办法也已经现成地存在了。那就是唐代商人发明出来的飞钱便换。这个办法，到宋代已经形成一种制度。宋朝建立伊始，就在政府中设置了一个机构，叫作"便钱务"。《通考》《宋史》诸书皆载其事。《通考·钱币考》说：

> "太祖时，取唐飞钱故事，许民入钱京师，于诸州便换。……先是，许商人入钱左藏库，以诸州钱给之；而商旅先经三司投牒，乃输于库。所由司计一缗私刻钱二十。开宝三年，置便钱务，令商人入钱者，诣务陈牒，即日辇致左藏库，给以券。仍敕诸州：凡商人赍券至，当日给付，不得住滞，违者科罚，自是无复停滞。至道末，商人便钱一百七十余万贯。天禧末，增一百一十三万贯。"

又有所谓"交引"及"交引铺"。《通考·征榷考》载"鬻茶之法"说：

> "商贾之欲贸易者，入钱若金帛京师榷货务，以射六务十三场茶。给券随所射予之，谓之交引。……"

> "……〔西北〕入中者，非尽行商，多其土人。既不知茶利厚薄，且急于售钱，得券则转鬻于茶商或京师坐贾号交引铺者，获利无几。茶商及交引铺或以券取茶，或收畜贸易以射厚利。……"

《宋史·食货志》说：

> "……〔景祐中〕以北商持券至京师，旧必得交引铺为之保任，并得三司符验，然后给钱。以是京师坐贾率多邀求，三司吏稽留为奸。乃悉罢之，命商持券径趣榷货务，验实立偿之钱。……"

这是关于开封和南北州军铜钱流通地区的记载，和四川无直接联系。但是，四川铁钱流通所引起的矛盾比这个地区严重十倍。四川和开封之间的商品流通又是经常的、频繁的。不能说，四川的商人不会运用这种方式去解决他们的矛盾。显然，四川也有交引，只是简称"交子"罢了（大观元年改"交子"为"钱引"，改"交子务"为"钱引务"①，足见称"交"、称"引"，或合称"交引"，内容都无不同）。四川的交子和开封的交引，本来就是一物，都是飞钱一类的东西。《宋史·食货志》叙楮币，首明其渊源所自，谓"有取于唐之飞钱"。《通考·钱币考》先指出，京师便换系"取唐飞钱故事"，接着便述"蜀人以铁钱重，私为券谓之交子，以便贸易"的事实。这其间先后递嬗之迹很明晰，旧史中是有脉络可寻的。

当然，作为信用货币用的交子和作为汇票支票用的交引有差别。但那是交子已经进一步演化以后的事情。这一步演化并不难跨过，只要矛盾再进一步激化就行了。上引《通考》所说，入中的人，"急于售钱，得券则转鬻于茶商或坐贾号交引铺者，……茶商交引铺或以券取茶，或收畜贸易以射厚利"。这说明交引已经在开封市场上买卖流转。

四川，笨重的铁钱使矛盾更激化，因而交子首先在那里取得各种货币职能，完成货币形态。下面再录宋人言论两则，以见具体的演化过程。其一为吕祖谦之说：

> "蜀用铁钱，其大者以二十五斤为一千，其中者以十三斤为一千，行旅赍持不便。故当时券会，生于铁钱不便。缘轻重之推移，不可以挟持。交子之法，出于民之所自为；托之于官，所以可行。铁钱不便，交子即便。……"②

其二为李攸之说：

---

① 《通考·钱币考》。

② 《历代制度详说》卷七"钱币"，又见《通考·钱币考》。所云铁钱重量，非固定，此为较重者。

"始益州豪民十余户①连保作交子。每年与官中出夏秋仓盘量人夫，及出修麇枣堰丁夫物料。诸豪以时聚首，用同一色纸印造。印文用屋木人物，铺户押字。各自隐密题号，朱墨间错，以为私记。书填贯，不限多少。收入人户见钱，便给交子。无远近行用，动及百万贯，街市交易尽用之②。如将交子要取见钱，每贯割落三十文为利。每岁丝蚕米麦将熟，又印交子一两番，捷如铸钱。收买蓄积，广置邸店屋宇、园田宝货。亦有诈伪者，兴行词讼不少。或人户众、来要钱、聚头取索印，关闭门户不出；以至聚众争闹，官为差官拦约。每一贯，多只得七八百，侵欺贫民。……"③

据戴埴《鼠璞》所记，十六户联合主交子事是景德中张詠知益州时授权给他们的。李攸所说乃天禧末寇瑊、张若谷、薛田等人任蜀中大吏时的情况。当时，寇瑊主张将成都以及外县的交子铺全部关闭，废止交子；张、薛则认为，铁钱太重，"街市买卖至三五贯文，即难以携持。自来交子之法，久为民便"，不能废止；"合是交子之法，归于官中"，建议设置交子务。宋廷同意张、薛的意见，遂从天圣二年（公元1024年）二月起首书放第一界交子。交子票面钱数分一贯、十贯两种，形式及出纳手续，一依十六户之旧。至此，交子取得了法定货币的地位，和铁钱相权而一同流通。楮币发展的序幕于是宣告结束，钱楮并用的时代遂正式展开。

（原载《宋史研究论文集》，上海古籍出版社，1982年出版）

---

① 原作"十余万户"，万字衍，今删。
② 原无"尽用之"兰字，依日野开三郎校补增入。
③ 《宋朝事实》卷一五。

北宋楮币史述论

大约是公元10世纪末叶，四川成都市场上出现所谓"交子铺"，发行楮币——交子。1023年冬，即宋仁宗天圣元年十一月，宋廷诏置"益州交子务"，统归官中发行。这是我国历史上，也是世界历史上，初有纸币之始。其所以始于此时此地，已有拙文陈述管见[①]。现在拟进而考究一下，益州交子务建置的经过，它的制度，以及北宋百余年间交子钱引发行和流通的状况。

一、从交子铺到交子务

交子铺始于何时，史无明文。据杨仲良《通鉴长编纪事本末》卷十一淳化二年十一月己巳条[②]所载，可知盖始于公元10世纪末叶。它说：

> "宗正少卿赵安易尝使蜀，见铁钱轻而物价踊，市罗一匹，为钱二万。'请如刘备时改铸大钱，十当百。臣愿得专其事。不二三年，民得轻货，物益贱，有大功利'。诏集三省官议。吏部尚书宋琪等咸以为：刘备时患钱少，因而改作；今安易之请，乃

---

① 关于交子的起源，我写过两篇论文。一篇是《北宋楮币起源考》，刊于《浙江大学文学院集刊》，1943年。此文未能从商品经济立论，所以1980年又写了第二篇《从钱帛兼行到钱楮并用》，提交宋史研究会成立会讨论，旋于1982年刊于上海古籍出版社出版的《宋史研究论文集》。

② 今本《续资治通鉴长编》（以下省称《长编》）脱此条。

患钱多。若以多改制，必不久。……"

铁钱二万，据李攸《宋朝事实》①，重达一百三十斤，实甚不便。交子之成为货币，就是因为铁钱重不便而产生的"质剂之法"。由安易使蜀所见，淳化二年（公元991年）时这一矛盾已很尖锐。他建议铸大钱以解决矛盾，而未及交子，可见这时尚无交子，即虽有之，也还不足以引起他的注意。不过，矛盾既如此尖锐，即使是以后才有，也只是指顾间的事了。可以断言，交子或交子铺的出现必在此时或稍后。

《长编》卷五九，景德二年二月庚辰条②说，王小波李顺起义失败后已有交子：

> "先是益、邛、嘉、眉等州岁铸钱五十余万贯，自李顺
> 作乱遂罢铸。民间钱益少，私以交子为市。奸弊百出，讼狱
> 滋多。……"

下文继云，因此乃复铸钱。按，王小波、李顺起义于淳化四年（公元993年）二月。上距赵安易使蜀，为时一年有三月；下距景德二年（公元1005年）二月复铸钱，为时十二年。在此期间，交子已"奸弊百出，讼狱滋多"，显然不是才开始作为货币流通的情况。它出现必在这以前，或这以前不久。说它出现于公元10世纪末叶应是最为恰当的。

景德复铸的钱叫作"景德大铁钱"，贯重二十五斤八两。九年之后，即大中祥符七年（公元1014年），减轻为十二斤十两③。但这并不能缓和商品贸易中的矛盾。宋人吕祖谦说：

---

① 此书卷一五"财用"录张若谷、薛田天圣元年奏云："川界用铁钱，小钱每十贯重六十五斤。"淳化时尚未铸大钱，只行小钱。二万为二十贯，故知重一百三十斤。

② 此条说交子起于钱少，不可取。宋人论及交子起因者，均谓起于患铁钱重。本书卷一○一，天圣元年十一月戊午条亦然。景德二年复铸钱后，情况并无变化，交子依然流通，可见非钱少之故。说详旧作《北宋楮币起源考》。

③ 大铁钱的这两个重量，前者见上引《长编》卷五九景德二年二月庚辰条，后者见《长编》卷八二大中祥符七年二月癸酉条，亦见费著《楮币谱》及《宋史·食货志》。

"蜀用铁钱。其大者以二十五斤为一千。其中者以十三斤为一千。行旅赍持不便。"①

《宋朝事实》也说:"街市买卖,至三五贯文即难以携持。"因此交子不因铸大铁钱而停止。吕祖谦又说:

"故当时之券会生于铁钱不便。缘轻重之推移,不可以挟持。交子之法出于民之所自为,托之于官,所以可行。铁钱不便,交子即便。"

由此可见,行用大铁钱后,矛盾并未缓和,因之作为解决矛盾手段的交子自然依旧流通。

这时期交子发行和流通的情况怎样呢? 记载有阙,已难详知。但钩稽考索,仍可见其梗概。元人费著《楮币谱》说:

"蜀民以钱重,难于转输,始制楮为券:表里印记,隐密题号,朱墨间错,私自参验,书缗线之数,以便贸易,谓之交子。凡遇出纳,本一贯取三十钱为息。其后富民十六户主之。……"②

这是"富民十六户主之"以前的状况。从这一简略的记述里,我们看不到有官府的干预,看不到有什么统一的或联合的组织,大概只是诸交子铺,依照市场上自然形成的惯例,各自印制出纳交子而已。这就难免"奸弊百出",从而"讼狱滋多",以致有所谓"富民十六户主之"的改革。这一改革是官置交子务以前,先后两个阶段的分界点,也是从分散的交子铺时期走向集中统一的交子务时期的重大一步。

那么,什么时候和什么人施行这一改革,把发行交子的特权授予十六

云南文库·学术名家文丛

---

① 见《历代制度详说》卷七"钱币"。《文献通考》(其下省称《通考》)卷九所引同。
② 引自《全蜀艺文志》卷五七。《蜀中广记》卷六七亦载之,与此同。唯"本"字作"季"并脱"自"字。当从《全蜀艺文志》。

户呢？好几种记载都说是真宗时益州的张詠。《宋史·食货志》说：

> "真宗时，张詠镇蜀，患蜀人铁钱重，不便贸易，设质剂之
> 法：一交一缗，以三年为一界而换之，六十五年为二十二界，谓
> 之交子。富民十六户主之。"①

按，张詠镇蜀凡两次。这是他景德初年再次知益州时的事。这则记载说交子为他所创设，与事实不符，是错误的。哪有可能一个人创设一种史无前例的货币，而且居然能令其流通，尽管他手中握有专制一方的大权。前引吕祖谦的话说："交子之法，出于民之所自为。"《长编》和《通考》都说："初，蜀民以铁钱重，私为券，谓之交子，以便贸易。"②这些说法最能得其实。实际应是这样：张詠把紊乱的交子市场整顿了一番，把发行交子之权有条件地授予富民十六户。《鼠璞》在上引"富民十六户主之"一语前面多一"使"字，意思比较明确。

张詠整顿以后的交子发行流通情况，《宋朝事实》记之最详。它说：

> "始，益州豪民十余户，连保作交子。每年与官中出夏秋仓
> 盘量人夫，及出修糜枣堰丁夫物料。诸豪以时聚首，用同一色纸
> 印造。印文用屋木人物，铺户押字。各自隐密题号，朱墨间错，
> 以为私记。书填贯，不限多少。收入人户见钱，便给交子。无远
> 近行用。动及万百贯。街市交易皆用之。如将交子要取见钱，每
> 贯割落三十文为利。每岁丝蚕米麦将熟，又印交子一两番，捷如
> 铸钱。收买蓄积，广置邸店屋宇园田宝货。"……③

李攸在这里告诉我们：（1）交子户连保负责；（2）交子户对官府负有义务，以为取得发行权的条件；（3）交子式样统一，大致与过去的相同；

---

① 章如愚《山堂考索》后集卷六二，戴埴《鼠璞》卷上"楮币源流"，并略同。
② 见《长编》卷一○一天圣元年十一月戊午条及《通考·钱币考》。
③ "十余户"，商务排印本作"十余万户"，"万"字衍，今删。"街市交易皆用之"，商务排印本夺"皆用之"三字。日野开三郎引文中有之，今据补。

（4）不是交子户付给存钱者利息，相反，是存钱者付给交子户利息；利率不论时间均为百分之三；（5）交子无固定面额和流通期限；（6）交子可以"无远近行用"；（7）诸豪利用收入的现钱投资，广置产业，赢利甚丰。

这些交子户是益州在城的。据下引寇瑊奏，"其余外县"也"有交子户"，但其具体情况不可考。可能也和益州在城相类，同经张詠的整顿。

张詠的整顿并不能持续很久。因为通货的膨胀和贬值，就像是它的天赋本能一样，曾不数年，交子便不能如数兑现，以致"争闹""争讼"，又成为严重问题。《长编》卷一〇一（《通考》《玉海》《楮币谱》皆同）说：

> "其后富者赀稍衰，不能偿所负，争讼数起。"

《宋朝事实》也说：

> "亦有诈伪者，兴行词讼不少。或人户众来要钱，聚头取索印①，关闭门户不出，以至聚众争闹，官为差官拦约。每一贯，多只得七八百。侵欺贫民。"

情形若此，官置交子务之议于是起。首倡其议的是薛田。上引《长编》继续写道：

> "大中祥符末，薛田为转运使，请官置交子务，以榷其出入。久不报。"

这是张詠整顿后大约十年的事。又拖了五六年，到天禧末，寇瑊竟悍然把交子废止了。《宋朝事实》说：

> "知府事谏议大夫寇瑊奏：'臣到任，诱劝交子户王昌懿等，令收闭交子铺，封印卓，更不书放。直至今年春，方始支还人户

---

① 此句疑有讹夺。

钱了当。其余外县有交子户，并皆诉纳，将印卓毁弃讫。乞下益州：今后民间，更不得似日前置交子铺！"①

寇瑊废交子后不久便去职离开四川，接替他的是薛田。因此关于交子废罢的问题，朝命薛田与转运使等议之。《长编》卷一〇一说：

"会瑊去而田代之，诏田与转运使张若谷度其利害。田、若谷议：'废交子不复用，则贸易非便。但请官为置务，禁民私造。'又诏梓州路提点刑狱官与田、若谷议。田等议如前。"

《宋朝事实》纪此事最详：

"奉圣旨：'令转运使张若谷、知益州薛田同共定夺。'奏称：'川界用铁钱，小钱每十贯重六十五斤，折大钱一贯重十二斤。街市买卖，至三五贯文即难以携持。自来交子之法，久为民便。今街市并无交子行用。合是交子之法，归于官中。臣等相度，欲于益州，就系官廨宇，保差京朝官，别置一务；选差专副曹司、拣掐子，逐日侵早入务；委本州同判，专一提辖。其交子，一依自来百姓出给者阔狭大小，仍使本州铜印印记。若民间伪造，许人陈告，支小钱五百贯；犯人决讫，配铜钱界。'"

"奉敕：'令梓州路提刑王继明与薛田、张若谷同定夺闻。'奏称："自住交子，后来市肆经营买卖寥索。今若废私交子，官中置适，甚为稳便。仍乞铸益州交子务铜印一面，降下益州，付本务行使；仍使益州观察使印记；仍起置簿历。逐道交子上书出钱数，自一贯至十贯文。合用印过，上簿、封押，逐旋纳监官处

---

① 此段中的"知府事"，当作"知州事"，因成都府于淳化五年（公元994年）降为益州，至嘉祐四年（公元1059年）始复为府。《宋史·薛田传》亦作"寇瑊守益州"。"支还人户钱"的"户"字，商务本作"上"，此处以意改。"今年春"当即天圣元年春。据《长编》卷一〇〇，天圣元年七月乙丑，瑊自蜀代还，黜知邓州。代之知益州者为薛田。瑊上此奏后即去蜀，故朝命田及张若谷度其利害以闻。

收掌。候有人户将到现钱，不拘大小铁钱，依例准折交纳，置库收锁。据合同字号，给付人户，取便行使。每小铁钱一贯文，依例克下三十文入官。其回纳交子，逐旋毁抹合同簿历。'"

这则记载，在宋代楮币史上，有很高价值。它使我们全面而具体地知道益州交子务的设置经过、组织条例、规章制度，以及交子的印制、式样和发行等。尤其是面值的固定划一及与铁钱的联系，使它和飞钱、便换、盐钞、茶引之类大异。（宋神宗说过："交子自是钱对；盐钞自以盐对。两者自不相妨。"[1]）它已经脱却活期存单的性质，而和近代银行兑换券无别了。它是铁钱的符号和代表，与铁钱具有同等的职能，它就是货币。这在世界货币史上是破天荒的创举，是值得大书特书的。

薛田等的建议，不久即得到朝廷的允许。《长编》说：

〔天圣元年十一月〕"戊午，诏从其请。始置益州交子务。"

从交子铺到交子务的过程，至此遂告结束。

由以上所述可以看到，在这一过程中，薛田是一个关键性的重要人物。《宋史》卷三〇一有他的传，但在官置交子务这一个问题上，事实却被颠倒了。它说："民间以铁钱重，私为券，谓之交子。而富家专之，数致争讼。田请置交子务，以榷其出入，未报。及寇瑊守益州，卒用其策，蜀人便之。"吕祖谦《历代制度详说》，戴埴《鼠璞》也说交子务是寇瑊守蜀创置的。依本文前面的论述，寇瑊本人根本反对行用交子，与官置交子务丝毫无涉。《宋史》薛田传和《鼠璞》等书都错了。为什么会造成这一错误呢？原来宋朝已有错误的记载。上引《长编》卷一〇一，李焘在注中指出：

"《实录》《食货志》皆云：寇瑊请官置交子务。按《薛田附传》，则置交子务乃田为转运使时所请建。瑊守蜀始用田议。然《成都记》载此事特详。瑊议盖欲官私俱不用交子，而田则始

---

[1] 语见《长编》卷二七二，熙宁九年正月甲申条注引吕惠卿《日录》。

终皆欲集私造官为主之。今置务实从田议，珹无与也。《实录》《附传》《正传》《食货志》俱误矣。"

读了《长编》这条注文，诸书关于这件事记载的歧异可以澄清了。

二、交子的兑界和回换制度

交子务的规章制度，上录薛田奏中已有规划。及交子务建立以后，具体措施又有些增益。从《楮币谱》中，我们还可以看到一些细则。如交子务的人员编制：主管者为监官（初为一人，后增至二人[①]），其下有"掌典十人，贴书六十九人，印匠八十一人，雕匠六人，铸匠二人，杂役一十二人，廪给各有差。"[②] 又如交子上的印记，"所铸印凡六：曰敕字，曰大料例，四背印，皆以墨。曰青面，以蓝。曰红团，以朱。六印皆饰以花纹。红团，背印则以故事。"[③] 又说，熙宁五年（公元1072年）戴蒙任监官时，增置抄纸场，"官自抄纸"。这类情况，对宋代楮币史的研究来说，并不是不重要的。但这里不能多谈，原因是文献无征。下面，让我们着重谈谈交子的兑界问题。

《宋史·食货志》下三"会子"一开卷的一段话，前已引过，现在再读一下：

"会子交子之法，盖有取于唐之飞钱。真宗时，张詠镇蜀，患蜀人铁钱重，不便贸易，设质剂之法：一交一缗，以三年为一界而换之，六十五年为二十二界，谓之交子，富民十六户主之。

---

① 《宋朝事实》说："景德三年（公元1006年）置监官二员轮宿。"《楮币谱》说："监官一员，元丰元年（公元1078年）增一员。"

② 此据《全蜀艺文志》中的《楮币谱》。《蜀中广记》所载同，唯"铸匠二人"作"六人"。

③ 《蜀中广记》脱"以蓝"二字。这些印的应用情况已不可考。可能是在用钞版印出的交子正反两面上加盖的。中国人民银行：《中国历代货币》（新华出版社1982年版）中有钱引、会子钞版拓片各一，可参看。

后富民赀少衰，不能偿所负，争讼不息。转运使薛田、张若谷请置益州交子务，以榷其出入，私造者禁之。仁宗从其议。界以百二十五万六千三百四十缗为额。"

《宋史》芜杂而多舛误，前人早有评说。这一段，说真宗时张咏创作交子，是一错误。说一交一缗，三年为一界，又是一错误。中间突然插入"六十五年为二十二界"一语，什么意思？是用以为例解释"三年一界"吗？这何待赘解。又何以特举六十五年和二十二界这两个数字？而且紧接着说"富民十六户主之"，岂这六十五年都是"十六户主之"吗？转运使下并列薛田张若谷，好像二人同时在那里官转运使，而薛田传却明说他那时是知益州。这些粗疏之处，势必造成难解的紊乱。好在本文前面所述，无异已对之有所驳正了；其还未谈及的是它的"一交一缗，三年为一界"之说。下面，我们将论述有关交子发行的问题，所以先讨论一下究竟几年一界。

益州交子务于天圣元年末开始筹建①，到翌年二月二十日首次书放交子。《宋朝事实》说：

"天圣元年十一月二十八日，〔诏〕到本州〔原作府〕。至二年二月二十日，起首书放〔原作旋〕。一周年，共书放第二界三百八十八万四千六百贯。"

读这一段可知，兑界这项制度是交子务一建立就定下的。在以前交子铺时代，根本无所谓兑界。那时"每岁丝蚕将熟，又印交子一两番"，"收入人户见钱，便给交子，书放无定时，无定数。人户如将交子要取见（现）

---

① 下引《宋朝事实》说："天圣元年十一月二十八日，〔诏〕到本府。"《长编》把"诏从其请"系于此月戊午。据《二十史朔闰表》，戊午即二十八日，二者为同一天。当时公文靠驿递，不可能在一天内便从开封送达成都。这月只二十九日，故到达时必已进入十二月；于公元，则已进入1024年了（公元1024年1月1日为天圣元年十一月十四日甲辰）。

钱，每贯割落三十文为利"，就付与。原无所谓兑界①。薛田请置交子务的奏中尚未提及兑界，建议"回纳交子，逐旋毁抹合同簿历"，似乎打算仍照十六户旧法出纳。到置务以后，具体规定新制时，这才定出兑界这项制度。兑界每界的年限，在整个北宋期间，是二年，而不是三年，有不少证据可以证明：（1）上引《宋朝事实》说：天圣二年二月书放后"一周年，共书放第二界……"因为第一界是从天圣元年起算②，所以一周年已到天圣三年，满了两年，合书放第二界。若三年一界，则不论从元年或二年起算，均未届期。（2）李心传《建炎以来朝野杂记》甲集卷一六"四川钱引"条说："四川钱引，旧成都十六户主之。天圣元年冬，始置官交子务。每四年两界，印给一百二十五万。"又卷"钱引兑监界"条（《两朝纲目备要》卷五"四川行对补钱引法"同）说："自天圣立川交子法，每再岁一易。"（3）费著《楮币谱》末附楮币式十道，界数自七十界至第七十九界，年代自绍兴三十一年至淳熙六年。每两道之间，相距均为二年。按：南宋宁宗庆元五年以前，四川交子钱引未曾改过兑界。这十道楮币式可为两年一界之确证。（4）近人朱偰按两年一界推算，核对宋代文献中某年某界的的纪载，适相吻合；按三年一界推算则相差太远③。综合这些论证，可以肯定，北宋四川的兑界是以两年为期的。在这个问题上，《山堂考索》后集（卷六二，"财用门楮币类"）、《鼠璞》（卷上，"楮币源流"）、王氏《续资治通鉴》（卷八）、毕氏《续资治通鉴》（卷三六）诸书和《宋史》一样，都错了。

谈到这里，应该考究一下：为什么要创立兑界？这问题，史无可稽，只能假设说以解释之。我以为可能的原因有二：（1）交子是楮制的，容易毁损而滋生赝伪，十六户交子铺时为此而兴行词讼不少。薛田等有鉴于此，

---

① 详见拙作《宋代四川交子兑界考》（载中国史学会编《史学》，刊于昆明《中央日报》1940年4月16日）。朱偰《交子之界分发行额及式样单位考》（载《东方杂志》第三五卷第十五号），谓"三年一界者，专指张咏镇蜀之时，富户主办交子，尚未归官办也。"拙作已指出其误。

② 宋代文献中论及交子界数者，皆云天圣元年第一界。如下引《建炎以来朝野杂记》即是其例。

③ 见本文注释①中朱文。

于是创立兑界，强制以旧易新，杜绝作伪纠纷。（2）到期全部回纳，可以多收取"纸墨费"之类。在十六户交子铺时，已有回纳交子要取现钱，"每贯割落三十文为利"之例。薛田置交子务时规定："每小铁钱一贯文，依例克下三十文入官"。这条例规，一直延续下去。前引《朝野杂记》说："自天圣立川交子法，每再岁一易，人户输纸墨费三十钱。"这项纸墨费，若按一百二十五万贯的界额计算，每界可得三万六千余贯。又有所谓"水火不到钱"①，其数不知多少。（这项钱最使边远小民吃亏，因为他们难于如期到换纳地点兑取新交。）此外还可能在换纳时，每贯有所附加。如南宋的"贯头钱"②，对人民是一项很沉重的负担，对官府却是一项巨大收入。（北宋有无待考，说不定末年已经有了。）这类钱都是利用兑界这一制度去聚敛的。兑界创立时未必是如此，但后来成了兑界所以长期存在的重要原因。（参看注②中所引《朝野杂记》。）

还有"本钱"问题，也和兑界有关。所谓本钱，近人多释为准备金。在交子铺期间，原是置以备人户要取现钱（即兑现）之用。置务以后，因仍不改。《通考·钱币考》说："大凡旧岁造一界，备本钱三十六万缗，新旧相因。"但是，这项本钱的作用已经不同了。它主要是用以"称提"（称提是当交子膨胀，购买力降低时，官府抛出铁钱和其他物资以收交子回笼之谓）。依照兑界制度，人户回纳交子必须俟界期届满之时，而易界之际，又多是以旧易新。这样，交子并不全部兑现，也就无须置备和书放额一样多的本钱。《通考·钱币考》说："天圣以来，界以百二十五万六千三百四十缗为额。"又说："大凡旧岁造一界，备本钱三十六万缗，新旧相因。"以本钱与界额相比，才当百分之三十四强。而这三十六万缗本钱还不一定全部兑尽，所以"新旧相因"，只要常备三十六万缗之数就行了。利用这项制度，宋朝国库，即使保持界额不变，

---

① 《楮币谱》说："其换纳不尽者曰水火不到钱"意即交子作废，钱归官府。
② 《朝野杂记》（上引条）和《两朝纲目备要》（卷五"四川行对补钱引法"）都载："庆元四年冬，丁端叔自四川茶马代还入见言：川交二年一兑，每引纳贯头钱八十三文足，民甚苦之。今计所多财，每界请展一年，永为定制。……明年春，有旨许之。……嘉泰二年，陈华晔〔《备要》无晔字〕总领，谢用光为帅，请之朝，复以二年一兑。盖军饷所需，不可复展矣。"（按：此条也是二年一界之证。）

不更增造交子，也无异凭空增加了一大笔岁入。加上前述的纸墨费之类，为利之厚是极可观的。庆历七年（公元1047年），即交子务创立二十三年之后，文彦博说："益州交子务所用交子，岁获公利甚厚。"① 而这时还是交子最稳定正常的年代。

关于兑界问题，就略论如上。

三、交子的发展和演变

天圣元年（公元1023年），始置交子务。二年，书放第一界交子。熙宁（公元1068—1077年）间，一度在陕西行交子，旋罢。崇宁间（公元1102—1106年）复行，并及淮南等路。大观元年（公元1107年），改交子为钱引，改交子务为钱引务。二年，书放第四十三界钱引。宣和七年（公元1125年），书放第五十二界钱引。翌年，北宋亡。下面大致依照这个时间顺序，看看交子发展演变的概况。

（一）仁宗英宗朝的四川交子

交子书放的方式，在交子铺时期是，"收入人户见钱，便给交子"。官置交子务之初，还是沿用这个方式，"候有人户将到现钱"，便将交子"给付人户"。大概第一第二两界就是这样书放的。依据这两界书放的贯数，天圣三年确定了每界的界额。

《楮币谱》说：

"自〔天圣〕二年二月为始，至三年二月终，凡为交子

---

① 见《文潞公集》卷一四。此系庆历七年因秦州借支交子事，彦博奏议中语。参看258页注释①。

一百二十五万六千三百四十贯。其后每界视此数为准。"①

这个界额正是市场所需的交子数。因此在正常的情况下，交子的价格有时竟超过它的票面价值。元祐时，苏辙曾说："旧日蜀人利交子之轻便，一贯有卖一贯一百者。"②

但是，交子务与交子铺不同。它是官置的，因之它还有一种书放方式——官府取用交子作为自己的支付手段和购买手段。这个方式，后来成了交子进入流通的主要渠道，而且使它不能不和国家财政同休戚、共荣枯，如影随形地相纠缠在一起。这在仁宗英宗两朝（公元1023-1068年）四十五年间还不甚严重，但已开其端了。

根据有关记载，首届交子书放后两周年，即天圣四年（公元1026年）三月，宋廷开始有把交子移充国用之举。及宋夏关系渐紧，宋须在沿边屯储粮草以为备。国用不裕，于是诏秦、延、渭、环、庆诸州及镇戎军客商入中粮草，得往益州支交子③。这次支用的交子数不详，也不闻因此有增造之说。大概是在界额内支用，为数不多，没有引起交子的膨胀。

庆历中，宋夏关系最为紧张。宋边储已罄，形势岌岌，又支用交子。《长编》一六〇载："〔庆历七年（公元1047年）二月〕己酉，诏取益州交子三十万，于秦州募人入中粮草。时，议者谓蜀商多至秦，方秦州乏军储，可使入中，以交子给之。"这次之外，据下引文彦博和田况的奏疏可知。还有一次，也是支用三十万，但不得其时日。文彦博奏疏说：

"今因秦州入中粮草，两次支却六十万贯交子。元未有封椿见钱，准备向去给还客人。深虑将来一二年间界分欲满，客

---

① 《通考》《宋史》《建炎以来系年要录》《建炎以来朝野杂记》《玉海》诸书述及界额时，均与此同。唯《宋朝事实》说："二年二月二十日起首书放。一周年，共书放第二届三百八十八万四千六百贯。"此数，即以两界均分之，一界书放数为一百九十四万二千三百贯，也多于《楮币谱》《通考》等书之数。由此处所引《楮币谱》"每界视此数为准"一语中的"数"字，《蜀中广记》作"界"；"为准"，《通考》《宋史》作"为额"。

② 见《长编》卷三六六，元祐元年二月癸未；亦见《栾城集》卷三六。

③ 《宋会要辑稿》食货三六之一九载此事。文多不录。

人将交子赴官，却无钱给还，有误请领，便至坏交子之法，公私受弊，深为不便。伏乞朝廷指挥本路转运司：于辖下诸司军内，每月须管共收积诸般课利钱三百万贯〔百字疑误〕，拨充益州交子务准备给还客人交子钱，免致向去坏却交子法，官私受弊。取进止。"①

宋朝这时的国家财政已到了捉襟见肘，挖肉补疮的景况，政治上又丛脞腐败、积重难返，文彦博的奏请自未能被认真施行。（请参看前此数年范仲淹上的《十事疏》！）延至皇祐，这六十万借支还没归还益州交子务。《宋朝事实》说：

"皇祐三年（公元1051年）二月三日，三司使田况奏：'自天圣元年薛田擘划，兴置益州交子务至今，累有臣僚讲求利害，乞行废罢。然以行用即久，卒难改更。兼自秦州两次借却交子六十万贯，并无见钱椿管，只是虚行印刷，发往秦州入中粮草。今来散在民间，转用艰阻，已是坏却元法，为弊至深。转运司虽收积余钱拨还，更五七年来得了当，却勒第十三届书造交子，兑换行用。凭虚无信，一至于此。乞今后更不许秦州借支！'奉圣旨：依奏。"

看来，这六十万倍支给秦州的交子，可能是另有合同字号的。它不是在四川界额以内。它的性质和盐钞相类：在秦州入中得到后，带到四川兑现，并不在秦州行使。四川无法兑现，只好增造第十三界交子收换。唯究

---

① 彦博此奏见《文潞公集》卷一四。文集原注谓：上于庆历六年。加藤繁指出其非是，云当在庆历八九年间。我认为两说俱误。据《长编》及《琬琰集删存》卷三《实录·文忠烈公彦博传》，彦博于庆历四年知益州；七年三月入为参知政事；八年正月出为河北宣抚使，赴贝州。而前引《长编》，诏支四川交子事系子七年二月。则彦博之奏必在借支诏下之后、去蜀入朝之前，即在七年二月间。此盖第二次借支，第一次当在这以前，否则彦博不得谓"两次支却……"云云。六年，尚未借支第二次，彦博亦不可能云"两次支却"，故文集注是错的。八年，彦博已出朝在贝州，庆历又是尽八年，无九年，所以加藤之说也不正确。

竟增造若干，收换结果如何，均无从查考。从熙宁中李承之的话看来，是未全数收换的。《宋会要辑稿》食货二四之六载：

> "〔熙宁〕七年正月二十四日，永兴、秦凤等路察访李承之言：'庆历皇祐中，秦州以盐钞川交子令民变卖，至今尚负钱万余缗。乞特蠲放，以宽边民！'从之。"

这则纪载也见于《长编》卷二四九。原来那些借支的交子，有的是强配给边民变卖的，到熙宁七年（公元1074年）还有万余缗未能清偿，拖延将近三十年之久。由是而言，第十三届增造的交子，用以收换的当不至六十万。这是交子的第一次膨胀，但膨胀有限，所以还未见有贬值现象。

庆历八年（公元1048年）夏，景宗元昊死，夏朝政局发生变化，对宋朝的威胁减轻。因之，宋西北沿边的军需不那么紧张，秦州借支交子的事也就不见于史了。从此直至神宗熙宁以前，交子的发行和流通没有出现什么大的波动。

（二）熙宁年间的陕西交子

然而时代一进入熙宁，交子的发展，就好像行将出峡的江水一样，也进入了一个新的阶段。宋神宗王安石锐意改革，不顾财政的困难，用兵熙河。这就使本来已不充裕的西北边储又紧张起来。用什么办法去解救呢？当时的一些臣僚提出利用交子。熙宁二年（公元1069年），宋廷果然这样办了。《长编纪事本末》卷四五说：

> "二年闰十一月壬寅，条例司言：'西京左藏库副使高遵裕等十一人各乞置交子。本司详交子之法，于成都路，人以为便。今河东苦运铁钱劳费，宜试如遵裕等议，行交子法。仍令转运司举官置务。'从之。"①

---

① 又见同书卷六六。今本《长编》脱此条。

《宋史》《通考》也载其事，谓"二年以河东公私共苦运铁钱劳费，诏置潞州交子务"。这个交子务是四川交子法的移植，但它自成一个系统，和益州交子务没有联系。

交子产生的根本原因是商品经济的发展和铁钱之间的矛盾。商品经济的发展是首要的前提，是矛盾的主要方面。没有这个前提，钱铁是不会引发交子的。河东的情况和四川大不相同。那里虽然也行使铁钱，但商品经济水平低得多，不具备流通交子的条件。经济条件比专制帝王更有权威，因此，尽管宋神宗下诏置潞州交子务，行交子法，结果不能不朝令而夕改。《长编》卷二一三说：

> "〔熙宁三年七月壬辰〕罢潞州交子务。以河东转运司言，
> 商贩缘边，以无回货，故入中粮草，算请矾盐。若交子法行，必
> 不肯中纳粮草。不惟有害边计，亦恐矾盐不售故也。"

看来，还未书放交子便中止了。

但是，财政艰窘这个幽灵总是折磨着宋廷君臣，而且折磨得越来越厉害。不得已，他们仍希望片楮交子可作降魔驱邪的符箓，于是，不久又行之于陕西。始行的年月不可考，大概是在熙宁三四年之间。《宋会要辑稿》食货二四之五（《长编》同）说：

> "四年正月二十四日诏：陕西已行交子，其罢永兴军收买盐
> 钞场。

观此可知，陕西始行交子是这年前不久的事。

河东交子方罢，紧接着又行之于陕西。殷鉴不远，有识者已知其不可。《长编》卷二二一说：

> "熙宁四年三月戊子，……〔文〕彦博又言行交子不便。上
> 曰：'行交子诚非得已。若素有法制，财用既足，则自不须此。
> 今未能然，是以急难无有不得已之事。'……"

宋神宗的坦率，一语道破了当时所以硬性强行交子的苦衷。这番苦衷，也许能博得时人的一些同情，但冷酷的现实却丝毫不为之迁就。因此才三个月，同样出于不得已，他又下诏作罢。《宋会要辑稿》食货二四之五说：

"三月十四日诏：永兴军依旧收买盐钞，罢行交子。"

《长编》卷二二二系此事于四月癸亥，纪载较详，说：

"诏罢陕西见行交子。先是陕西军兴，转运司患钱不足，沈起请限以半岁，令民尽纳铜铁钱于官，而易以交子。候三五岁，边事既息，复还民钱。宣抚司奏行之。知邠州张靖数言其不便。会李评、张景宪出使延州，因令访利害。评等奏请如靖言。景宪谓：交子之法，可行于蜀，不可行于陕西；将使细民流离失业，无以为生。故罢之。"

这一次，似乎也和河东一样，尚未书放便中止了。但三年之后，到熙宁七年（公元1074年），因救盐钞之弊，又再次推行。《长编》卷二五四说：

"〔七年六月壬辰〕中书省言：'陕西缘边，熙宁六年入纳钱五百二十三万余缗，给盐钞九十万二千七百一十六席。而民间实用四十二万八千六百余席，余皆虚钞。虽有条约须纳钱方给钞，以钱市籴粮草，缘官中阙钱，监籴之官务办年计，不免止以钞折兑粮草。虽有臣僚上言，乞复行交子，多云每年出钱可百万缗。此不知行交子之意。今若于陕西用交子，止当据官所有见钱之数印造。假入于边上入中万缗，却愿于某州军纳换，即须某州军纳换处有钱万缗，画时应副支给。如此则交子与钱行用无异，即可救缓急及免多出盐抄、虚抬边籴之弊。'诏永兴路皮公弼、秦凤路熊本并兼提举推行本路交子。仍以知邠州宋迪〔宋，原作朱，误〕提举永兴、秦凤两路推行交子。"

后二日，又诏熊本经制熙河路交子。《长编》同卷说：

> "〔甲午〕诏：熙河路蕃户近已向顺，事多就绪。其本路财
> 利出入，凡……交子盐钞等，委熊本经制。务节用生财，边备丰
> 衍，裁省冗官，并与王韶相度施行。"

这三路壤地相接，合起来自成一个"陕西交子"系统。它与川交子没有联系，自己又缺乏流通交子的传统，因此推行交子必须有充足的本钱，随时兑现，否则就难令其流通。这一点，当时的臣僚们是完全知道的，上引中书省之言已在事先指出了。可是由于财政支绌，宋廷不能待备足本钱之后才去推行。这就造成陕西交子的先天性缺陷和终致夭折的病根，同时也造成人民的损失和痛苦。为此，推行之初，朝中已有人提出严正批评。据《长编》卷二五六，这年九月丙辰，朝命"知同州度支郎中赵瞻管勾陕西制置交子"。据《宋史》，赵瞻实未就任。本传说："朝廷患钱重，议以交子权之，命瞻制置。瞻曰：'有本钱足恃，法乃可行。若多出空券，是罔民也。'议不合，移京西转运使。"赵瞻的批评是对的，那时筹措的本钱确乎有限。《长编》同卷载称：

> "〔九月辛酉〕诏永兴军路支折二钱二十万缗，付秦凤路转
> 运司市籴粮草及推行交子本钱。……"

这是命赵瞻制置后六天下的诏。二十万缗折二钱，又不能全数用以为本，不啻杯水车薪。翌年正月，皮公弼建请铸钱。《长编》卷二五九说：

> "〔正月丁巳〕权永兴军等路转运使皮公弼言：交子之法，
> 以方寸之纸飞钱致远。然不积钱为本，亦不能以空文行。今商、
> 虢、鄜、耀、红崖、清远铁冶，所收极广。苟即冶更铸折二钱，
> 岁除工费外，可得百万缗为交子本。"

这个建议，朝廷采纳了，并委公弼总制营办。但朝廷旋又下诏，制约鼓铸，而且另委熊本总制经办。《长编》卷二六一说：

"〔三月丁酉〕诏秦凤等路都转运司，相度所铸大铁钱，约补足所废监钱数及充交子本钱外，不须广铸。委熊本总制经办。"

其实这项制约完全是多余的。当时问题是鼓铸不足，而不是过多。交子本钱始终没有充裕过。那么，朝廷为什么那么害怕多铸呢？真实的原因是，宋神宗、吕惠卿之辈自始就立意行"空券""空文"，不欲备足本钱。《长编》卷二七二，熙宁九年正月甲申条下，李焘注引吕惠卿《日录》三则，暴露得很清楚。大意是，八年八九月间，宋神宗、吕惠卿和王安石议论陕西交子。安石以无本钱，"欲添盐钞，而废交子"。宋神宗、惠卿反对。其中有下面几句话：

"……石曰：'到了妨盐钞。'上曰：'交子自是钱对；盐钞自以盐对。两者自不相妨。'石曰：'怎得许多做本？'上曰：'但出纳尽使民间信之，自不消本。'金曰：'始初须要本，俟信后然后带得行。'余曰：'自可依西川法，令民间纳钱请交子，即是会子。自家有钱便得会子，动无钱谁肯将钱来取会子。'石曰：'终是妨盐钞。……'"

王安石的意见是较切实际的。神宗、惠卿则纯出于想当然。陕西不是西川，西川的例子怎么可以援引照搬呢。（西川的交子最初是"出于民之所自为"，而陕西则是出于官之所为。全不一样！）不久，事实就给他们做出了裁决。《长编》卷二七〇说：

"〔熙宁八年十一月甲戌〕永兴军等路转运司言：'诸州军籴买粮草，总五百余万。本司见阙乏，乞借钱三十万缗！'诏：'以交子本钱十万缗给。'上批：'永兴秦凤等路缘边出交子籴

买粮草，有折钱多处，交子毋得多出。’时以交子出多，而钱不
足给，致价贱亏官故也。”

这则记载说明：宋神宗、吕惠卿们在交子面前吃了败仗。他们本想
多出空券，解决边储，结果却是价贱亏官，欲益反损。沿边籴买粮草乞借
三十万缗（所需总数的十七分之一！），而朝廷只给交子本钱十万缗。不
唯不是用交子给，而且不许多出交子，可见情况已到了燃眉的程度。勿怪
乎过了旬日，赶快下诏紧急调查交子本钱。《长编》同卷又说：

"〔十一月辛未〕又诏契勘陕西铸钱监，见在折二铁钱及封
椿交子本钱确有若干贯。万速契勘进呈！"

调查结果如何不详，但可想而知，大概是和君臣们的愿望适相反
的。陕西交子至此已不可为，延至九年正月，只好宣布废罢。《长编》卷
二五六在推行交子之后写道：

"……既而交子无实钱，法不可行，遂罢。"①

卷二七二说：

"〔正月甲申〕又诏：陕西交子法更不行，官吏并罢，已支
交子委买盐官纳换。"
"先是措置财利孙回言：缘边交子价钱〔当作贱〕，商人自
永兴军载钱赴秦州以来买贩，多赢官钱。又永兴军秦州相去不远，
商人贪贩交子，不肯买钞，故钱〔疑钞之误〕价更减。今以秦州
脚户载钱，及百姓买卖交钞文字较重，官支交子，比般钱每千折

云南文库·学术名家文丛

① 李焘于此有注云："此墨本所书，朱本因之。九年三月二十七日乃罢交
子。"埏按："三月"误，当作"正月"。同书卷二六〇又有注云："九年正月二十七
日罢交子。"卷二七二正文系交子之罢于九年正月甲申。是月朔日为戊午，甲申适为
二十七日。故知"三月"是错误的。

钱二分以上。比未行交子以前，盐钞每席减一千以上。若出官钱
不已，则官折钱无穷。而朝廷初立法意，本以运钱费多及向来钱
贱〔？〕故用交子行钱，兼助钞法。今此运钱，既有损耗，又深
害钞价，只作以资兼并商贩之人。况熙河路将来年计未办，固宜
爱惜见钱。故有是诏。"①

孙回的这番话给王安石的"妨盐钞"之说作了具体有力的说明。这
样，陕西交子既无实钱，又妨盐钞，已成宋朝财政的一大漏卮，焉得不
罢。《宋会要辑稿》食货三九之二五有陕交罢后处分本钱的记载两则，附
录于下：

"〔熙宁九年〕三月十七日，诏三司将陕西交子务本〔原作
"本务"，显系倒置，今乙之〕，除约度留支还交子钱外，将已
支买钞钱五万贯均赐永兴秦凤路转运司籴买粮草。仍具已分定钱
数以闻。……"

"五月十八日，中书门下……又言：'陕西诸州军未般交子
本钱二十六万二千余贯，乞就近便处分擘与永兴秦凤两路转运司
应付收籴军粮。仍令今日以后铸到新钱，逐旋支充纳换交子钱等。'
从之。"②

至于何时全数纳换完毕，就不可考了。

（三）熙宁年间的四川交子

熙丰变法，国用增多，朝廷内外一时都出现财政紧张状态。四川虽素
称"天府"，也不能免。因此当陕西推行交子之时，四川的交子也有所膨胀。
《通考·钱币考》和《宋史·食货志》都说：

---

① 《宋史·食货志》系此事于熙宁五年，误，今不取。
② 此条文亦见《长编》卷二七五。"仍令今日"的"令"字，《宋会要辑稿》夺，
《长编》有之，今据朴。

"〔熙宁〕五年，交子二十二界将易，而后界给用已多。诏更造二十五界者百二十五万，以偿二十三界之数。交子之有两界自此始。"

"二十二界"的下一个"二"字，亡师张荫麟教授指出："当系三字之误"[①]。依此说，二十三界将易之前已给用的后界当为二十四界。按两年一界计算，易界时间当为熙宁二年（公元1069年）。也就是说，熙宁二年当以二十四界纳换二十三界，可是二十四界已经先期用了很多；延及熙宁四年书放第二十五界，换了二十四界，但不能纳换二十三界。因此下诏"更造二十五界者百二十五万，以偿二十三界之数"。"更造"即再造。因前一年（熙宁四年）已经造过二十五界，现在再造，故曰"更"[②]。这样，二十五界的数额膨胀了一倍，总数当为二百五十一万二千六百八十缗。

"给用"些什么呢？交子务的账册不存，已不可知。只是从《长编》等书中，还能窥见一斑。今将熙丰年间的几则逐录于下：

1.《长编》卷二一九：

"〔熙宁四年正月壬子〕赐提举成都府路常平司交子钱二十万缗为青苗本钱。"

2. 同书卷二二〇：

"〔同年二月戊辰〕赐交子十万缗为梓州路常平籴本。"

---

① 此系张教授在本文初稿上的批语，今尚存。当时我正从张教授受业学宋史，对此条纪载的界数有疑，尝请教之。张教授口授说：二十二界将易之年为治平四年（公元1067年）。若后界（即二十三界）当时给用已多，时猝不能收兑，何以二十四界书放时不偿其数，竟迁延到熙宁五年？若改为二十三界，则二十五界加倍印造，兼换二十三及二十四两界，说乃可通。

② 此朱偰之说，见前引朱文。

3. 同书卷二二一：

"〔同年三月戊戌〕诏成都府路转运司支交子十万缗为梓州路常平籴本。"

这两则殆即一事。

4.《楮币谱》云：

"祖额。每界以一百八十八万六千三百四十缗为额，以交子入陕西转用故也。"

这个界额不见于他书，与《通考》《宋史》《宋朝事实》等书所说皆不合。除《宋朝事实》外，诸书皆谓以一百二十五万六千三百四十缗为额。两相比较，《楮币谱》多六十三万缗。是否庆历秦州借支的六十万缗一直随界为额，迄未了结？若否，则何时又有交子入陕？会不会熙宁之初曾以川交入陕，因而有后界给用已多之事？当考。

5.《长编》卷二五八：

"〔熙宁七年十二月辛卯〕秘书省提举成都府利州路买茶公事蒲宗闵奏：'伏见成都府转运司每年应副熙河路交子十万贯。客人子熙河入纳钱四百五十或五百，支得交子一纸。却将回川中交子务，请铁钱一贯文足见钱。今来川中创置茶场，乞回本钱买银及交子盐钞等却充茶本。臣欲乞候茶场将来搬运茶到熙河永宁寨等处日，将合买回货本钱便于成都府交子务兑支上件交子十万贯，却勘会本处合买交子时价留充熙河路支用，关报川中茶场。其茶场只理会铁钱为课利数目。所贵两路并不差人往来管押搬运交子等，兼熙河交子迟缓，无人收买间不积压在彼，虚占钱数。'从之。"

从这则记载可见，不知从何时始，"成都府转运司每年应副熙河路交子十万贯"。这项交子，并不在熙河路行使，不过像钞引那样，将回川中兑现钱。在熙河，它的性质和作用与"便钱"（汇票）相类；回到川中才又成为货币。蒲宗闵的意见是，由于川中实行榷茶，这十万贯交子不再送往熙河，改由茶场向交子务直接兑支，同时按十万交子在熙河的时价，从卖茶所得中如数交给熙河路。这样，利归茶场而不归商客，交子也就不必运往熙河了。这是一种新办法。但是，不论是新办法抑是旧办法，交子务总是同样支出十万贯交子。（《长编》卷三〇八说：元丰三年九月壬戌，"经制熙河路边防财用司奏：乞以年额川交子一十万贯并支赴本司移用，更不兑卖与茶场。"又恢复旧制。）

6.《长编》卷三三〇：

"〔元丰五年十月乙丑〕梓州路转运司言：'泸州军兴及修造所费不少。乞于成都府路给交子一十万缗！'从之。"

熙丰年间的给用事实，恐不止以上几件。但大体看来，还算是有节制的。除第二十五界交子增造外，不闻有更多的膨胀。同时又能注意铁钱的流通量，使之与交子相权。《长编》卷二四五，熙宁六年五月丁卯条说："成都府路转运司言：'嘉、邛州罢铸钱累年，民间见钱阙乏。乞下三司详度，减半铸，与交子相权。'从之。仍令转运司岁终具所铸钱数，比较本息以闻。"当时铸造铁钱，因民间销镕之故，无利可图，而书造交子，则有厚利。宋廷能准许恢复半铸以权交子，对交子信用和购买力的保持，是重要的。交子的膨胀既不至于滥，铁钱的流通量又有所增加，这两个因素使交子的价值，终熙丰之世，常能与面值相近。《长编》卷三六六说：

"〔元祐元年（公元1086年）二月癸未〕右司谏苏辙言：蜀中旧使交子，惟茶山交易最为浩瀚。今官自买茶，交子因此价贱。〔原注〕旧日蜀人利交子之轻便，一贯有卖一贯一百者，近岁止卖九百以上。……"①

----

① 此条又见《栾城集》卷三六。前已引及。

苏氏所说的"近岁"指自"官自买茶"以迄他说这话的时候。"官自买茶"是从熙宁七年（公元1074年）榷蜀茶开始的。在这以前，蜀茶一直是通商，商品经济很活泼。这以后，茶业贸易受打击，种茶成为园户的一大沉重负担。他们哀叹说："地非生茶也，实生祸也！"（《宋史·食货志》载刘挚奏中语。）然而交子还能卖九百以上，贬值不算太甚。吕陶《净德集》卷一有熙宁十年奏疏，也述及当时交子价格。它说：

> "……在州〔彭州〕见在实直：第二十七界交子卖九百六十，茶场司指挥作一贯支用；第二十六界交子卖九百四十，茶场司指挥作九百六十支用。……"

据此，熙丰时期四川交子虽开始出现波动，但还未至泛滥。可是哲宗绍圣以后，情况就大不同了。

（四）绍圣政和间的交子和钱引

《宋史·食货志》说：

> "绍圣以后，界率增造，以给陕西沿边籴买及募兵之用，少者数十万缗，多者或至数百万缗。而成都乏用，又请印造。故每岁书放亦无定数。

《通考·钱币考》说：

> "绍圣元年（公元1094年），成都漕司言：'商人以交子通行陕西，而本路乏用，请更印制。'诏一界率增造十五万缗。是岁，通旧额书放百四十万六千三百四十缗。"

《楮币谱》说：

"绍圣元年增一十五万道。元符元年（公元1098年）增

四十八万道。"

川交给陕西，不知在何时，盖即绍圣元年。因为绍圣元年前的元祐，一切恢复旧制，采取收缩政策，不甚可能有这样的措置。这时供给陕西的交子是从四川界额内拨付的，所以使成都府路乏用。这就等于川交的流通区域扩大了。

哲宗朝之后，紧接而来的是北宋的黑暗时代——徽宗朝（公元1101-1125年）。在以独夫赵佶为首的群魔统治下，国计民生都陷于破产的境地。他们竭泽而渔，聚敛之方无所不用其极，交子这根一本万利的魔杖自然不能不大肆挥舞。这样，交子泛滥的洪峰便到来了。《通考·钱币考》说：

"崇宁元年（公元1102年），复行陕西交子。"

《宋史·食货志》说：

"崇宁三年（公元1104年），置京西北路专切管干通行交子所。傲川峡路立伪造法。"

《皇宋十朝纲要》卷一六说：

"崇宁四年（公元1105年）四月……庚辰，诏淮南许通行交子。六月己巳，诏交子并依旧法路分兼通行诸路"。

《宋史·食货志》（《通考》同，较略）说：

"崇宁四年，令诸路更用钱引，准新样印制。四川如旧法。罢在京并永兴军交子务。在京官吏并归买钞所。时，钱引通行诸路，惟闽浙湖广不行。赵挺之以为闽乃蔡京乡里，故得免焉。"

《楮币谱》说：

> "崇宁间，用兵陕西，开拓境土，通行引法，以助兵
> 费。元年增二百万。二年增一千二百四十三万五千。四年增
> 五百七万五千。大观元年增五百五十四万五千六百六十六。"

熙宁已经失败的故事，赵佶蔡京等不唯"邮而效之"，而且是"邮又
甚焉"。交子既复行于陕西，又扩及诸路，数额猛增，真是利令智昏，不
择手段了。崇宁尽五年，《楮币谱》没有五年的数目。这是因为这年二月，
蔡京罢相，代之者为其政敌赵挺之。挺之一反京之所为，一度罢行钱引。
《宋史·食货志》继续写道：

> "明年〔崇宁五年〕尚书省言：'钱引本以代盐钞，而诸路
> 行之不通，欲权罢印制。在官者，如旧法更印解盐钞；民间者，
> 许贸易，渐赴买钞所如钞法分数计给。'从之。"

但挺之为相期间，虽罢行钱引，却又创制一种"小钞"。原因是，崇
宁初小平钱不足，朝廷为了减铜省工，铸大钱一当十，称为"当十钱"①。
结果引起民间尽销镕小平钱以私铸当十钱，小平钱更少，买卖阻滞②。不
得已，只好以小钞代之。小钞也是一种楮币，单位自一百至十贯，行于京
师陕西两河以外的铜钱流通路分，至大观元年废止。（这种钞券与交子钱
引无涉。今将有关记载辑为本文附录，这里不具论。）

大观元年正月，蔡京复相。他停止小钞，恢复钱引。接着更进一步，
把四川交子也改为钱引。《皇宋十朝纲要》卷一七说：

> "〔大观元年五月甲午〕诏改四川交子为钱引。"

---

① 详见《宋史·食货志》及《通考·钱币考》。
② 《长编拾补》卷二六，崇宁五年正月甲辰条说："尚书省言：两浙路官司弛废，
容纵民间尽将小平钱销铸当十钱，致民间小钱数少，买卖阻滞，深为非便。……"

《通考·钱币考》（《宋史·食货志》略同）说：

> "大观元年，改四川交子为钱引。自朝廷取湟、廓、西宁，借其法以助兵费，较天圣一界逾二十倍，而价愈损。及更界年，新交子一乃当旧者之四，故更张之。成都漕司奏：'交子务已改为钱引务。欲以四十三界引准书放数，仍用旧印行之，使人不疑扰。自后并更为钱引。'从之。"

《楮币谱》也说：

> "比至换界，以新引一当旧引四。引法大坏。"

这是新钱引与旧钱引之比。钱引与快钱之比见《通考·钱币考》和《宋史·食货志》：

> "大观中，不蓄本钱面增造无艺。至引一缗，当钱十数。"

按，用兵陕西取湟、廓、西宁之事，始于崇宁二年（公元1103年）夏。主其事者为蔡京、童贯。从那时到大观元年（公元1107年），不过四载，而川引贬值已到如此程度，可谓一落千丈。上引《通考》说"较天圣一界逾二十倍"，《建炎以来系年要录》（卷一六，建炎二年六月乙卯条）中有确数可稽：

> "先是成都府钱引务每届书放钱引一百二十五万余缗。崇观间，西事既起，由是泛印，增多至二千六百万余缗，而引法大坏。……"

这就是我们所说的泛滥的洪峰，它到来了。

为什么短短几年，钱引就膨胀到如此程度，贬值那么厉害呢？主要原因是，它已经不复局限于四川，而是通行陕西河东了。前引《宋史》《通考》已说过，绍圣以后，因交子通行陕西，少者数十万，多者数百万，以致成都乏用，不得不"界率增造"。这里再从《宋史·食货志》里引录一条：

> "〔大观二年〕陕西河东皆以旧引入成都换易。故四川有壅遏之弊，河陕有道途之艰，豪家因得以损直敛取。乃诏永兴军更置务纳挽陕西河东引，仍遣大臣二人监之。"

这则史料说明：陕西河东的钱引就是四川的钱引，因此它能回流入川，到成都换易。同时也说明：崇宁元年的"复行陕西交子"和熙宁的行陕西交子不同。熙宁是仿照四川交子之法，在陕西另建一个交子系统；而崇宁则是扩大四川交子的流通区域，把陕西河东纳入四川交子的体系之内。这样，四川交子就不能不受陕西河东之累了。因为陕西河东的商品经济水平远低于四川，交子钱引在那里，实际和盐钞茶引相似，只能起支付手段的作用，没有流通手段的职能。它不流回四川，就要成为废纸。回流的数量多了，交子务又不蓄本钱，贬值自是势所必至。假若这样下去，商人还愿意入中粮草吗？四川还有人接受交子吗？为此，宋廷只得在永兴军置务纳换。但是，这时已经迟了。

《宋史·食货志》又载：

> "八月，知威州张持奏：'本路〔成都府路〕引一千者，今仅直十之一。若出入无弊，可直八百流通用之。官吏奉旧并用引，请稍给钱便用。'擢持为成都路转运判官，提举川引。后引价益贱，不可用，持复别用印押以给官吏。他无印押者皆弃无用。言者论其非法，持坐远谪。"

《通考·钱币考》亦载此事，和上引《宋史》有同异，今并录之：

> "知威州张特奏：钱引元价一贯，今每道只直一百文。盖必官私收受无难，自然民心不疑，便可递相转易流通，增长价例。

乞先自上下请给，不支见钱，并支钱引，或量支钱引〔'引'字
疑衍〕一二分，任取便行使，公私不得抑勒，仍严禁害法不行之
人。'从之。"

张某名"持"名"特"，未知孰是。他说："必官私收受无难"，钱引
才能流通，是完全正确的。可见当时连官司也拒绝收受了。他建议：上下
请给并支钱引，不失为挽救钱引信用的一项办法，但在"引价益贱，不可
用"的情况下，行得通吗？他还建议："严禁害法不行之人"，而他自己正
是那类人的典型。其坐远谪，不亦宜乎。这件事清楚地反映出，四川的市
场已多么混乱，钱引的崩溃是不可避免的了。

在这种情况下，行了九十年的易界纳换制度也不能执行了。《宋史·食
货志》(《楮币谱》略同）说：

"〔大观〕三年，诏钱引四十一界至四十二界勿收易。自后
止如天圣额书放。铜钱地内勿用。"

收缩流通区域，停止这两界的收换是必然的。因为钱引的价格已降低
到"一缗当钱十数"，至多"只直一百文"，还有谁肯交纳三十文的纸墨费
而去换取一道同样不能兑现的空券呢？而且数额如此之巨，即令按最小的
比率兑现，也必须大量本钱。当时国库已挥霍殆尽，这办得到吗？蔡京的
"豫大丰亨"虚妄口号破产了，只得不惜朝廷的威望和钱引的信用，不了
了之，让人民去唾骂了。

这年六月，蔡京在朝野舆论的压力下罢相，继之者为何执中。上录诏
书，大概就是何执中拜相后所采取的措施。其主要用意是，已往的已无术
收拾，尔后的依旧制重新开始。接着，便于次年下诏筹置本钱。《宋史·食
货志》说：

"四年，假四川提举诸司封桩见钱五十万缗为成都务本。侵
移者准常平法。"

政和元年（公元1111年），本钱筹足，成都运转司提出整饬办法。《宋史·食货志》接着说：

> "政和元年，户部言：'成都漕司奏：昨令输官之引，以十分为率，三分用民户所有，而七分赴官场买纳。由是人以七分为疑。请自今无计以三七分之数，并许通用，愿买纳者听。民间旧以本钱未至，引价大损，故州官官钱亦减数收市。今本钱已足，请勿减数，以祛民惑。又请四十三界引俟界满勿换给，自四十四界为改法之首。而户部详度：欲止行四十四界，其四十五界勿印。若通行及乏用，听于界内续增。其新引给换之余，如旧鬻之，或于给钱之所，易钱储以为本。移用者，如擅支封椿钱法。'诏可。"

成都漕司和户部拟议的这一办法，从当时的实际而言，是无办法中的办法。其中值得注意的是，四十三界也不收换了，"自四十四界为改法之首"，四十五界不再印，但可续增。这是和旧制不同的。唯从前后的界数推考，四十五界后来还是印了。

这场恢复旧法的更张是收到了效果的。《宋史·食货志》写道："及张商英秉政，奉诏复循旧法。宣和中，商英录奏当时所行，以为自旧法之用，至今引价复平。"按：张商英是何执中后的宰相。他于大观四年二月为中书侍郎；六月拜相，为尚书右仆射兼中书侍郎；政和元年八月罢相，出知河南府，居相位一年多。大观三年的诏书应该是何执中秉政时发布的，以后的才是他任内的事。大概是赵佶、蔡京辈所掀起的一场狂风恶浪终于平息下来了。但复行旧法的事并未全告结束，靖康元年（公元1126年）还有尾声。《宋史·食货志》说：

> "靖康元年，令川引并如旧，即成都府务纳换。以置务成都，便利岁久，至诸州则有料次交杂之弊。故有是诏。"

这一年，宋金战争的风暴席卷两河中原，秦凤形势顿形紧张。四川供应军需，支用浩大，于是又引起钱引的膨胀。但这是南宋楮币问题的开端，应留给南宋楮币史去叙述，本文就不涉及了。

综观上述熙宁以来交子的演变，可以概括地说，在北宋这个时期，它是不能越出四川的。统治者一再要在河陕推行它，可是每次都造成很大混乱，总以失败而告终。为什么呢？因为：四川交子是出于民之所自为，陕西交子则是出自官之所为，而创造交子的权力不在官而在民；四川交子是在商品经济的土壤里长出来的，陕西交子则是人工仿造的，二者貌似而实异；因此，四川交子是有生命力的，陕西交子则根本没有生命。熙宁崇宁君臣们的失败乃事所必至、理有固然。他们在史册上留下的形象是，虽然极有权势，但在经济规律面前，却显得多么愚昧、无知和缺乏力量。徽宗、蔡京之流无论矣，就是受史家称美的神宗和王安石，在这个问题上，也无足称。蜀茶的禁榷以及因而引起的交子贬值，尤其是陕交的推行，实不能说不是一项苛政。这也不奇怪，因为在那个以自然经济为主的封建社会里，统治阶级中只能产生讲求剥削方法的理财家，而不能产生探索社会经济的经济学家。从桑弘羊、孔仅等以至于刘晏、杨炎、王安石们都是如此。不宁唯是，在自然经济所产生形成的意识形态里，商品经济是一种可诅咒的事物。那些在历史上被誉为理财名臣的人们能不打击摧残商品经济的实在太少。像交子务刱置者薛田那样的人是不数数觏的。

附：

"小钞"的始末

小钞始于崇宁五年（公元1106年）。《皇宋十朝纲要》卷一六说：

"〔崇宁五年〕六月，内降札子：当十钱惟行于京师陕西河东北路，余路不行。令民于州县镇寨送纳，给以小钞，自二百十一贯止。并令通融行使，如川钞引法。"（按："自二百十一贯"有错讹，当从下引《通考》。）

《长编拾补》卷二六说：

"〔崇宁五年〕六月乙亥，诏：官所铸当十钱，已令诸路以少〔当作小〕钞换易。其私钱若不立法，使尽归官，须冒法私用，陷民深刑，朕甚悯焉。可令亦限一季内纳官，计铜价加二分，以小钞还之。如或隐藏不换，以私铸论。"

"七月壬辰，诏：已降指挥：当十钱行于三路，余路以小钞换易。若能悉力遵行，不致违戾，公私俱弊。深虑内怀顾望，沮丧灭迹，有害良法。可依下项：一、小钞与钱相为轻重。法行之初，虑民间未信，或有远慢欺弊，或奸猾强抑买卖，并觉施行。二、当十钱在京已听行用。其畿内目今行使。所有检点公举，并依京法。先次申明下畿内纳给当十钱换一小钱指挥，更不施行。"

"乙亥，诏：近当十钱指挥，可依下项：一、民间纳当十钱请钞者，访闻官司惮于书造，止给一贯小钞，至细民难于分擘行用。应以一贯请一百文小钞；十缗以下者听从便。……"

《长编拾补》于六月乙亥条下，注引：

"《文献通考》卷九云：'诏当十钱惟京师及陕西两河许行，诸路并罢，令民于诸县镇寨送纳，给以小钞，自一百至十贯止。令通用行使，如川钞引法。'"

"《宋史·食货志》：'纳换到者，输于元丰、崇宁库。而私钱亦限一季自致，计铜直增二分，偿以小钱〔当作钞〕，隐藏者论如法。'"

据以上诸条可知，小钞是用以收换当十钱，作小钱使用的。单位自一百文至十贯。书放行用仿四川交子法。流通地区是除京师陕西两河以外的铜钱流通诸路。四川不用铜钱，当然不在内。其所以要通行这种小钞，是因为小平钱多被销铸为当十钱，社会缺乏小钱之故。《长编拾补》卷二六说：

"〔崇宁五年正月〕甲辰，尚书省言：'两浙路官司弛废，容纵民间尽将小平钱销铸当十钱，致民间小钱数少，买卖阻滞，深为不便。'诏两浙路将供应小平钱并兑诸官司'御书通宝''当十至宝''当五大钱'，上供赴京。其小平钱仰留充本路买卖给散，仍仰本路铸钱监疾速依旧铸造小平钱行用。"

但铸造小平钱，数量有限，又缓不济急，所以发行小钞以代。这种情形，不独两浙路为然，小钞的流通也不以两浙路为限。它是临时性的权宜之计，宋廷本不欲长期行用。《长编拾补》又说：

"〔七月〕辛亥，诏已降指挥：当十钱给以小钞，候铸到小平钱渐次归还。可令东南钱监额外增铸小平钱，封椿以备将来给还之用。疾速措置施行。"

同书同卷又说：

"〔十二月〕癸酉，监察御史张茂直言：'被旨体量沿汴知县佐官容纵当十钱之人，具名闻奏。续又被旨体量淮浙监司，及措置止绝私铸盗贩，以救京畿三路钱法之弊者。臣契勘今年六月十一日敕，当十钱可于京师、陕西、河东、河北行用，余路不行，并限一季于州县镇寨送纳，当日给小钞还之。又准八月十九日敕，诸路纳换当十钱，限今来指挥到日展限两月。臣今体访得民所有当十、当五、当三钱，尚自靳惜，多不赴官送纳请钞，往往衷私就小钱贱价博易，以致转贩入京畿三路，或只依旧收藏在家。若以一州一县计之，为数不少。……"

次年正月，宋廷再申纳换之令。同上书卷二七说：

"〔大观元年正月〕丁未，尚书省勘会外路当十钱，诏不行使路分，民间私有当十、当五、当三钱，并限今来指挥到日，限一月纳换。除官铸钱以小钞给还外，其私铸钱，计小平钱二文足，或愿依中卖铜价者听，并以小钞给之。如限满不纳入官或限内私相交易者，依私铸钱法施行。"

结果民间仍不愿纳换，发行小钞的目的不能达到，遂不能不停止。《皇宋十朝纲要》卷一七说：

"〔大观元年〕三月……乙卯，罢小钞换民私钱。"
"〔大观三年〕八月丙子，罢福建路行小钞。"

小钞发行始末，大略如此。虽然为时甚暂，但也不无影响。可以说，它为尔后南宋大事发行交会开了先河。南宋谢采伯《密斋笔记》卷一载：

"崇宁五年敕节文：'小钞，知通监造；书押印造样号年限条禁，并依川钱〔引〕法；军人官员请给不同外，买卖仓场库务出纳，依见钱行用，三年为界。'大观二年第一料。其样与今会子略同：上段应准伪造钞已成流三千里，已行用者处斩，至庚寅九月更不用；中段印画泉山；下段平写一贯文省，守倅姓押子〔字？〕。此会子兆端也。绍兴十二年，户部张澄欲行会子，给事中胡霈然沮之而止。绍兴二十二年竟行之。今九十余年，其弊极矣。而大观小钞民以为便者，造之有限而换之有信也。"

至于谢氏"民以为便"之说，则似不尽然，观上引"多不赴官送纳请钞"之语可知。

（原载云南大学学报《思想战线》1983年第2、3期）

附录：北宋楮币起源考

一、引言

北宋楮币，始于四川益州（今成都）之"交子"。旧籍记其起源，多谓因患铁钱之重。日人加藤繁氏，更溯其渊源于"柜坊"（详下第四节）。加藤之说，固为创见；然犹未备也。按：宋初行铁钱之地域，四川而外，尚有江南、湖南、福建等地；而当时之柜坊，亦系普遍存在者（并详下）；何以交子不起于他处，独起于蜀？是必有其特殊之原因，而为四川所独异者。此特殊之原因为何？即宋廷对蜀之特殊货币政策与蜀中贵金属之缺乏是也。因于前者，故四川专行铁钱；因于后者，故无金银以"质剂"。以宋初四川商业之发达，势不得不更求其他较方便之交换媒介，于是，交子遂藉柜坊之信用基础而产生矣。本文之作，即欲就此诸因素而阐释交子之起源，非徒明其然，且欲明其所以然也。

二、四川之铜钱与铁钱

（一）铁钱之始

五代（公元907—959年）群雄割据。用度不足，颇有铸铁钱以为继者。《文献通考》卷九《钱币考》云：

> "……江南……铸铁钱，每十钱，以铁钱六权铜钱四而行。〔朱太祖〕乾德（公元963—967年）后，只以铁钱贸易，凡十当铜钱一（埏按：乾德时，江南犹未入宋）……西川、湖南、福建皆用铁钱，与铜钱兼行。湖南文曰'乾封泉宝'，径寸，以十当一。福建如唐制。（埏按：李焘《续资治通鉴长编》，《宋史·食货志》，刘恕《十国纪年》，陶岳《货泉录》，曾敏行《独醒杂志》，吴任臣《十国春秋》等书，并有五代诸国铁钱之记载。以非本文范围所及，故不备录。）"

四川之铁钱，始于孟蜀广政中。《宋史》卷四七九，世家二云：

"……时（广政中）……〔孟〕昶……用度不足，逐铸铁钱。禁境内铁，凡器用须铁为之者，置场鬻之，以专其利……"

《长编》卷二三（太平兴国七年八月）云：

"伪蜀广政中，始铸铁钱。每铁钱一千兼以铜钱四百。凡银一两，直钱千七百；绢一匹，直钱千二百。而铁工精好，殆与铜钱等……（埏按：《十国春秋》系蜀始铸铁钱于广政十八年）"

铜钱与铁钱兼行，铁钱殆止类似今日之辅币。足见当时孟蜀之铜钱，其数尚多。以视"只以铁钱贸易"之南唐，或犹过之也。然入宋后，因蒙不同之货币政策，其结果遂与江南异。

（二）宋对四川之货币政策

宋于江南钱币区处之策，为统一之于江北铜钱系统。《长编》卷一八（《宋史·食货志》略同）云：

"李煜旧用铁钱，于民不便。〔太宗太平兴国二年（公元977年）〕二月壬辰朔，〔樊〕若冰请置监于昇、鄂、饶等州，大铸铜钱。凡山之出铜者，悉禁民采，并取以给官铸。官所贮铜钱数，尽发以市金帛轻货上供，及博籴谷麦。铜钱既不渡江，益以新钱，民间钱益多，铁钱自不当用。悉铸为农器，以给江北流民之归附者。且除铜钱渡江之禁。诏从其请，民甚便之……（埏按：上一"渡江"，谓渡江而北，指上供也。下一"渡江"，谓渡江而南，指商旅赍持也。若冰，《宋史》作若水。）"

其于福建，虽并行铁钱，而不禁铜钱之入。《宋史·食货志》云：

"……是时（太平兴国八年，公元983年），以福建铜钱数少，令建州铸大铁钱并行。寻罢铸。而官私所有铁钱十万贯，不出州境。每千钱与铜钱七百七十等。外邑邻两浙者，亦不用……"

其于四川则不然。杨仲良《通鉴长编纪事本末》卷一一（今本《长编》所载与此同，惟脱"既平蜀……易民铜钱"等二十一字。又，《宋史·食货志》亦略同）云：

"……既平蜀，沈伦等悉取铜钱上供，及增铸铁钱易民铜钱，益买金银装发，颇失制裁，物价增长。寻又禁铜钱入川界，铁钱十乃直铜钱一……"

《长编》卷一一（《通考》，《宋史》并略同）云：

"〔开宝三年（公元970年）冬〕始命雅州（今四川雅安）百丈县（今四川名山县）置监铸铁钱。禁铜钱入川界。从唐州刺史曹光实请也（原注：此据《本志》及《会要》）。"此划川峡为"铁钱地分"之始也。

铜钱既有出无入，则其数量由减少以至于竭绝，实属必然之结果。以是，十年后开其禁时，川中已无铜钱。《长编》卷二三（《宋史·食货志》略同）云：

"……太平兴国四年（公元979年），始开其禁，令民输租及榷利，每铁钱十纳铜钱一。时，铜钱已竭，民甚苦之。商贾争以铜钱入川，与民互市。每铜钱一，得铁钱十又四。其明年，转运副使右赞善大夫张谔言：'旧市夷人铜，斤给铁钱二百，望增为千，可以大获，因复铸铜钱。民租当输钱者，许且令输银及绢。俟铜钱多，即渐令输之。诏许市夷人铜，斤止给钱五百。然卒难得铜。而转运副使右补阙聂咏，同转运秘书丞范祥皆言：'民乐输铜钱，请每岁递增一分，后十岁，即全取铜钱。'诏从其请。祥因以月俸所得铜钱市与民，厚取其直。于是增及三分，民萧然益苦之，或剟剥佛像，毁器用，盗发古冢，才得铜钱四五，坐罪者甚众……"

据此，四川当时产铜甚寡。其流通之铜钱，惟赖川外之输入。此时虽开其禁，然征榷从而夺取之，官吏从而剥削之，铜钱仍入不敷出，小民且得不偿失也。其窘缩之状，较开禁前，盖尤甚焉。四川钱币至是，实际已可谓专行铁钱矣。

（三）铁钱之不便

当开铜钱入蜀之禁时，并诏铁钱不得出境。《长编》卷二〇云：

"〔太平兴国四年九月〕丙申，诏曰：先是禁铜钱不得入剑南界，宜附（埏按：当作罢）之。自今两川民许杂用铜。铁钱即不得出他境，缘边戒吏谨视之，犯者论如法。"

同时，川中复置铁钱监，鼓铸不已。除雅州钱监已见上引《长编》外，同书卷五九又云：

"……先是，益、邛、嘉、眉（原注：本志无眉州有雅州）等州，岁铸，钱五十余万贯，自李顺作乱，逐罢铸……"

按："李顺之乱"，作于太宗淳化四年（公元993年），是四年之前，诸监皆鼓铸不辍也。

铁钱一方面不得出境，一方面又源源增加，不数年后，其购买力减损矣。《长编纪事本末》卷一一（今本《长编》脱此条）云：

"淳化二年（公元991年）十一月己巳，宗正少卿赵安易尝使蜀，见铁钱轻而物价踊。市罗一匹，为钱二万。'请如刘备时，改铸大钱十当百。臣愿得专其事。不二三年，民得轻货，物益贱，有大功利。'诏集三省官议。吏部尚书宋琪等，咸以为刘备时患钱少，因而改作。今安易之请，乃患钱多。若以多改制，必不久……"

"市罗一匹，为钱二万"！铁钱价格之低落，与夫移转之不便，均于此可见。若更一察"二万"之重量，则益足明铁钱所以为蜀患之故。李攸《宋朝事实》卷一五《财用》录张若谷薛田天圣元年（公元1023年）所上奏云：

"……川界用铁钱，小钱每十贯，重六十五斤，折大钱一贯，重十二斤……"

按：安易，初倡铸大钱之议者也（见上引文）。其上请时，犹无大钱。以小钱计之，二万当重百三十斤。如此重量，虽壮夫亦难负荷，况用于日常交换乎。

试再以与同价值之铜钱较：铜钱与铁钱，通常比值一当十。铁钱二万，折铜钱得二贯。铜钱贯重五斤（此据《宋史·食货志》），二贯共重十斤，轻于铁钱至十有三倍。市罗一匹，若以铜钱则妇孺皆可致；以铁钱，则非常人所能为也。市罗如此，市他物亦可想而知。

淳化以后，因李顺暴动，铁钱罢铸及十年。真宗景德二年（公元1005年）复铸，铸大钱，贯重二十五斤八两（见下第五节引《长编》卷五九），视小钱已轻倍许。大中祥符七年（公元1014年），复减为十二斤十两（见《长编》卷八〇，《宋史·食货志》略同），更轻，然钱重之患，并不于此即去。吕祖谦曰（见所撰《历代制度详说》卷七《钱币》，《通考》卷九所引同）：

"……蜀用铁钱。其大者，以二十五斤为一千。其中者，以十三斤为一千。行旅赍持不便。……"

《宋朝事实》亦云：

"……街市买卖，至三五贯文，即难以携持。……""难以携持"，"赍持不便"，则必须有所以质剂之法。交子即因应此需要而生。祖谦又曰（见同上）：

"……故当时之券会，生于铁钱不便。缘轻重之推移，不可以挟持。交子之法，出于民之所自为，讬之于官，所以可行。铁钱不便，交子即便……"

《长编》卷一〇一（《通考》同）亦云：

"初，蜀民以铁钱重，私为券，谓之交子，以便贸易。……"

综观以上所述，可见铁钱不便，实为交子兴起之直接原因。《长编》《通考》及吕氏所记，信不诬也。

三、四川之金银

依货币发展之理言：贱金属货币不能适应交换时，贵金属货币当继之而起；及贵金属货币亦感不便时，乃有信用货币之发生。今四川既患铁钱重，于理自可代之以金银；何以不循此演进，而一跃即行用交子？按之史实，此盖由于当时四川金银之量，不足以供流通之故也。试就生产与输入两方面观之。

（一）生产状况

四川金银之不足，主因在其产量之少。此虽史无明文，然亦可自坑冶、土贡等记载中推得之。

1. 坑冶：按：宋代于金属矿产，类皆由政府统治。凡有金坑银坑之地，俱置冶，岁依额取其所出。《宋会要稿》（食货三三之一，坑冶），《长编》（卷九七，天禧五年末），《通考》（卷十八，坑冶），《宋史》（《食货志》，坑冶）诸书，皆备列当时坑冶之数目及分布，然无一及川峡四路者。

2. 土贡：按：宋制，诸州于朝廷，岁例有土贡。土贡者，就其所产而贡之之谓也。据《宋会要稿》（食货三三之七），《元丰九域志》，《宋史·地理志》诸书所载，四川不贡银。虽有数州贡金，然总计才数十两。兹举《会要》所载为例，以见一斑：

眉州　　土贡麸金五两

嘉州　　土贡麸金六两

雅州　　土贡麸金五两

简州　　土贡麸金五两

资州　　土贡麸金五两

昌州　　土贡麸金五两

利州　　土贡五两

而《长编》又谓其不产。卷六三云：

　　"〔景德三年（公元1006年）六月〕戊寅，诏东西两川商税盐酒课利所纳一分金，宜罢之……上（真宗）闻其地或不产，故有是命。"

观此，则眉、嘉诸州所产之金，盖亦微乎不足道者。

据以上二则而推之，四川真可谓无金银之产矣。

（二）输入输出

出产既乏，则供给惟赖输入。然金在有宋一代，普遍咸感不足。加藤繁氏曰："宋代黄金之总量，比之社会之需要，相去甚远（见东洋文库论丛《唐宋时代た于はろ金银の研究》页五七一）。"其说引据甚博，考核亦精，颇可信。今更举加藤氏所未及记载一则，以示大概。《宋史》卷二九六《杜镐传》云：

　　"……太宗……又问：'西汉赐予悉用黄金，而近代为难得之货，何也？'镐曰：'当是时，佛事未兴，故金价甚贱。……'"

帝王富有四海，且叹为"难得之货"，则民间情形，不问可知。中原尚感不足，则欲其西流入蜀，不亦更难乎。

次言银：

宋代银之总量，较金为多。其流入四川之迹亦可见。《会要》
食货三七之一○云：

"〔天圣〕五年（公元1027年）四月，三司知益州薛奎言：
'川界诸州军监盐酒场务，并是衙前公人买扑勾当。其年额钱
内，有分数折交送纳：䌷绢每匹六千五百，铤银□（每？）两五
贯五百。缘诸州元无出银坑冶，自来准（疑当作唯）望客人将川
中匹帛，往内地州军破卖，收买到银送纳。今缘益州街市，每两
见卖小铁钱二十千足。若将比附盐酒□折变，约是增长三倍以来，
及问得添长因依，盖为客人在内地兴贩铤银入川，须经兴利三泉
县，三处官场每十两抽买一两，每两支小铁钱十一贯三百文足。
因兹客旅更有一重销折艰难，致铤银得到川中，价例增长。又勾
当场务公人，就大价收买，趁限送纳，甚是不易。欲乞指挥利州
路转运司，兴利州三泉县住行抽买铤银，却将逐年买银钱，收买
䌷绢，上京送纳。'省司相度，欲依所请施行，从之。"

细读薛奎此奏，可得要点三：（1）四川不产银。税额折变所需，全赖
对外贸易之回货；（2）利州路住行抽买过境铤银，即只得代以䌷绢，利州
市场乏银；（3）"勾当场务公人，就大价收买"，而"趁限送纳"，亦"甚
是不易"，是益州银亦奇紧。

利州益州，皆四川经济中心，且窘阙乃尔，可知天圣（公元1023—
1031年）时，四川市场流通之银，其量甚不丰也。

然此所指者，乃天圣初年之情形，其能举以概其前乎？考之史实，天
圣以前盖较此犹甚也。缘蜀自入宋，迄初有交子记载之时，曾被大兵祸三：
一者，宋平蜀之役，自太祖乾德二年（公元964年）迄五年（公元967年）
春，为时三载。二者，王小波、李顺暴动，自太宗淳化四年（公元993年）
春初起，迄至道二年（公元996年）末尽平，为时四载。三者，王均之乱，
自真宗咸平三年（公元1000年）正月，迄四年（公元1001年）十二月，为

时二载。方战争进行之际，蜀人迷死且不遑，安有余力复事对外贸易。即战争既终之后，元气不能立即恢复，对外贸易势亦不能立即继起。对外贸易既断，铤银入川自绝，此固可想而得之事也。

若更自另一方面观之，则乱平前后，不唯无铤银入川，且复有大量外流。如孟蜀既平，"其重货铜布，即载自三峡而下，储于江陵，调发舟船，转运京师。轻货纹縠，即自京师至两川，设传置，发卒负担，每四十卒所荷为一纲，号为日进。不数年，孟氏所储之诸物，悉归于内府"（见《长编纪事本末》卷一三，今本《长编》脱此）。其于民间蓄藏，则将帅暴敛，士卒剽劫，随"王师"而俱东者，岂可胜计（如王全斌、崔彦进、王仁赡平孟蜀，王继恩平李顺，皆纵士卒抢掠，散见《长编》《宋史》，不具录）。他若官吏邀功，"益买金银装发"（如沈伦，见上第二节引《长编》）；税租折变送纳，岁及亿万（据《会要》食货三七所列数字统计，川峡四路租赋、税收、上供岁入之银共一八四·一六两，其文似有脱略，实际当不止此也），又不因劫后残破，而稍有所减免。准是而言，则宋初三十余年中，四川银之数量，当不致较已休息二十余年后之天圣犹多也。而天圣之初，"公人收买"且"甚是不易"，其时欲流通之于市场，理应更难。难，则不能救铁钱之不便，而交子不能不起矣。

反之，江南、福建虽亦曾行铁钱，然一则铜钱未竭，二则富于金银（此可于税收、上供之数字见之，据《会要》，《宋史》，《九域志》所载，当时岁入金银之数，福建居首，江南次之），故铁钱为患不若四川之甚，因而亦不需楮币为之质剂也。

四、飞钱便钱与柜坊

铁钱之不便与金银之不足，虽已构成交子发生之条件矣，然如无飞钱柜坊等为之前驱，则交子仍不能凭空而坠。盖交子之流通，有待于社会之信用；社会之信用，不能突然建立，而必以渐。《宋史·食货志》叙此演进之迹曰："会子交子之法，盖有取于唐之飞钱。"加藤繁氏曰：交子铺乃柜坊之发展。二说皆是事实。

（一）飞钱便钱

按：飞钱之法，颇类似今日之汇兑。唐宪宗之世已有之。《新唐书·食货志》云：

> "宪宗（公元 806—820 年）以钱少，复禁用铜器。时，商
> 贾至京师（长安），委钱诸道进奏院及诸军诸使富家，以轻装趋
> 四方，合券乃取之，号飞钱。"

观此，可知当时飞钱之法，甚为普遍。经营之者，不独有官府之"进
奏院及诸军诸使"，且有私人之"富家"。

飞钱又名"便换"，其券或称"牒"。《唐会要》卷五九云：

> "〔懿宗〕咸通八年（公元 867 年）十月，户部判度支崔彦
> 昭奏：'当司应收管江淮诸道州府，今年以前，两税榷酒诸色属
> 省钱，准旧例商人投状便换。自南蛮用兵以来，置供军使；当司
> 在诸州府场院钱，犹有商人便换，赍省司便换文，至本州府请领，
> 皆被诸州府称：准供军使指挥占留。以此商人疑惑，乃至当司支
> 用不充。乞下诸道州府场监院，依限送纳及给还商人，不得讬称
> 占留。'从之。"

《因话录》卷六亦有云：

> "有士鬻产于外，得钱数百缗。惧以川途之难赍也，祈所知
> 纳钱于公藏，而持牒以归，世所谓便换者。"

飞钱便换，在免见钱之难赍，此与后日之交子及下述之柜坊，皆具有
共同之作用也。

此法发展至宋，称为便钱，政府且专置一务以掌之。《长编》卷一一云：

> "〔开宝三年（公元 970 年）五月〕丁巳，京师始置便钱务。"

同书卷八五云：

　　"〔大中祥符八年（公元1015年）闰六月丙戌〕，国初，取唐朝飞钱故事，许民入钱京师，于诸州便换。先是，商人先经三司投牒，乃输左藏库，所由司计一缗私刻钱二十；开宝三年置便钱务，令商人入钱者诣务陈牒，即日辇致左藏库，给以券，仍敕诸州俟商人赍券至，即日如其数给之，自是无复留滞……"

又卷八八云：

　　"〔大中祥符九年〕十一月甲辰，三司言：'诸州欠商贾飞钱，欲罢来年官市缯绢以偿之。'诏发内藏钱二十万缗，以给其费。（埏按：此下《长编》卷八九及九七尚有记载，今不具录。）"

　　此皆政府所营便换之情形，其民营者，不可得闻，臆测之，当亦甚盛也。（古代官办事业，多在民营已盛之后。）

　　然飞钱之为用，止于免却两地搬转见钱之烦而已；及乎商业益盛，交换益繁，即同一地方，亦有感觉现货移转之不便；因应此需要而兴起者，即为柜坊。

　　（二）柜坊

　　柜坊者，代人存钱之营业也。唐时长安西市有之。《太平广记》卷二〇〇，窦义条云：

　　"……义方闲居，无何，〔胡〕亮且至，谓义曰："崇贤里有小宅出卖，直还二百千文，大郎速买之"！义西市柜坊镶钱盈余，即依直出钱市之……"

同书卷三〇〇，三卫条云：

　　"开元初……三卫入京卖绢。买者闻求二万，莫不嗤骇，以为狂人。后数日，有白马丈夫来买，直还二万，不复踌躇，其钱先已镶在西市……三卫得钱，数月货易毕。"宋初，汴京亦有之。
《长编》卷三二云（《会要》刑法二之四同）：

> "〔淳化二年（公元991年）闰二月〕己丑，诏：京城无赖
> 辈，相聚蒲博，开柜坊，屠牛马驴狗以食，销铸铜钱为器用杂物；
> 令开封府戚坊市谨捕之，犯者斩，匿不以闻及居人邸舍俶与恶少
> 为柜坊者，同罪。"

此但禁恶少之柜坊，良民者，未尝禁也。

京师之外，凡"司县"所到之处，亦多有之。《居家必用事类全集》
中《为政九要》之第八条云：

> "司县到任，体察奸细盗贼、阴私谋害不明公事，密问三姑
> 六婆。茶房、酒肆、妓馆、食店、柜坊，马牙解库、银铺、旅店，
> 各立行老。察知物色名目，多必得情，密切报告，无不知也。（据
> 加藤氏推断，此指五代或宋初之情形。）"

以柜坊与"茶房、酒肆、妓馆、食店"并列，且令之"立行老"，其
发达普遍可知。四川自唐以降，均为商业繁盛之区，当时亦必有之无疑也。

柜坊之业务，既系代人保存现钱，则下列数事，可以推知：（1）入钱
与取钱之时间，必系一依存户之需要而定，如今之活期存款；（2）业柜坊
者，不能纯尽义务，必向存户割取相当息钱；（3）入钱之时，柜坊必予存
户以一种文据，以为他日兑取之凭证；其上注明所入钱数、月日，及自己
题号押字……

此种文据，初不过一活期之存款凭单而已。及硬币之不便益甚，存户
或用之以代现钱支付，亦属可能。此与初期之交子，情形几为一致，《宋
朝事实》记初期之交子云：

> "始益州豪民十余万（万，衍文）户，连保作交子……同用
> 一色纸印造，印文用屋木人物，铺户押字，各自隐秘题号，朱墨
> 间错，以为私记。书填贯，不限多少。收入人户见钱，便给交子，

云南文库·学术名家文丛

无远近行用，动及万百贯。街市交易尽用之（此三字据日野开三郎氏所引补）。如将交子要取见钱，每贯割落三十文为利。每岁丝蚕米麦将熟，又印交子一两番……"

入现钱，"便给交子"；"将交子"，即可"要取现钱"；"书填贯"，亦"不限多少"；此亦与一活期存款凭单无异也。意者，交子之初，即为四川柜坊所出文据之名称，原亦只用以"要取现钱"；及宋平蜀后，金、银、铜钱益少，铁钱益不便，于是渐有用之以代现钱，以免移转铁钱之烦者。行用既久，普遍之社会信用确立，人皆乐受不拒，遂"无远近行用"矣。同时，柜坊之主要业务，转为发行交子（存款反成附庸），其名亦为交子所掩，故只见有"交子铺"之称，而不复见柜坊之记载。

交子之性质至是变，楮币之史亦至是揭其初页。

（注）此一小节，大体取加藤繁氏之说，而增损之。加藤之文《交子の起源に就いて》见《史学》第九卷第十二号。

五、旧说之考证

交子之起源既明，更进而一察旧史之记载。

旧史之记载，概括之，可得不同之说三：（1）交子起于钱少说。《长编》卷五九（景德二年二月庚辰）云：

"先是，益、邛、嘉、眉等州（原注：本志无眉州有雅州），岁铸钱五十余万贯。自李顺作乱逐罢铸，民间钱益少，私以交子为市，奸弊百出，讼狱滋多，乃诏知益州张咏，与转运使黄观同议，于嘉邛二州铸景德大铁钱，如福州之制：每贯用铁三十斤，取二十五斤八两成，每钱直铜钱一，小铁钱十，相兼行用，民甚便之。（埏按：此说独见于《长编》，他书不载。）"

（2）蜀民患铁钱重而私为交子说。《长编》卷一〇一天圣元年十一月戊午下）《通考》卷九，《玉海》卷八〇并略同）云：

"初，蜀民以铁钱重，私为券，谓之交子，以便贸易，富民十六户主之……"

（3）张咏患蜀铁钱重而为创交子说。《宋史·食货志》（章如愚《山堂考索》后集卷六二；戴埴《鼠璞》卷上《楮券源流》;《续通鉴》等书并略同）云：

"真宗时，张咏镇蜀，患蜀人铁钱重，不便贸易，设质剂之法：一交一缗，以三年为一界而换之，六十五年为二十二界，谓之交子。富民十六户主之。（埏按：《鼠璞》作"使富民十六户主之"，多一"使"字。）"

此三说中，以（2）说为是，而（1）说（3）说盖非。（加藤氏亦如此说，但未加考证。）

（1）说之所以不可信者，不独以其与本文第二节（四川之铜钱与铁钱）所述牴牾，亦因其记载本身有可疑者。按：李焘作《长编》，考核精审。于每相关联之二事下，俱各注"某年、某月某日可考"；于可疑之事下，则注"当考"。今焘以（1）说与（2）说并存，而注不相关照，亦不注"当考"，岂焘一时之疏漏耶？再视焘于（2）说之下，曾注明其所取资者，有《实录》《食货志》、薛田《附传》《正传》《成都记》诸书，并于诸书歧异之处，详为辨证，于（1）说下则并无。是焘于（2）说曾严加考订，于（1）说，则不过因叙景德大铁钱而连类及之耳。如是言之，两说虽同见于一书，而（2）说之史料价值，实高出于（1）说。不仅如此，《通考》《玉海》二书，亦成于宋代，两作者亦俱具史识；然皆取（2）说，则当代史家，咸有同见。职是之故，吾人今亦不取（1）说。

然（1）说中，亦不无可取之处。其谓交子在李顺事变后，"奸弊百出，讼狱滋多"者，则事实也。据此，可知李顺事变后，即太宗（公元976—997年）之末年，交子已用为货币矣。

次再言（3）说（张咏创作之说）之误。根据本文第二节及第四节所考，可知交子之演为货币，其来也渐。又根据本节上文，可知在李顺事变后，民已私用交子为市。则交子之不待张咏制作，已明显可见。况衡以货币发展之理，亦未有以个人之力，而能创始一种货币者。

然《鼠璞》谓咏"使豪民十六户主之"一语，则又可信。缘诸书但谓益州交子，"富民（或作豪民）十六户主之"，未言富民十六户，何由得而主之也？十六户只是富民而已，苟无官府之予与特权，岂能独占益州之交子？若以《鼠璞》所云，与《长编》谓咏镇蜀时，交子"奸弊百出，讼狱滋多"，二者合观，则蛛丝马迹，不无消息泄露。意者，交子之演变为货币，当在李顺暴动之前；及暴动罢铸，钱少，其需要逐大增，一般交子铺，因投机膨胀为利。然利之所在，伪亦随之，于是"奸弊百出"而"讼狱滋多"矣。咏再镇益州，目睹市场紊乱之状，乃收在城交子营业之特权，畀之富民十六户，以固社会信用，并杜其他诈伪者。此后，遂一直延致寇瑊之废交子而未变。

旧史三说，如是加以去取诠释，则不惟不相牴牾，且可以互相补充。

六、结　语

综合以上诸节所述，可为交子之起源简述如下：

> 蜀既入宋，专行铁钱，铁钱价贱，十乃当铜钱一；又甚重，至三五贯文，即难以携持。蜀人患之，相率以柜坊所出文据——交子——为市。淳化李顺暴动，蜀中诸钱监罢铸，民间钱少，交子益盛。人竞趋其利，于是奸弊百出，讼狱滋多。景德间，知州张咏乃使富民十六户主之，罢其余者。

据《宋朝事实》所引寇瑊奏"其余外县，有交子户"之语，可知在真宗（公元998—1020年）末年，即咏使富民主益州交子后十余年，外县尚自有交子户；此时所收者，只限于益州在城而已。

（原载《浙江大学文学院集刊》第十集，1943年出版）

宋代四川交子兑界考

一

《文献通考》卷九《钱币考》二（《宋史》卷一八一《食货志》略同）云：

"（徽宗）大观元年（公元1107年）改四川交子为钱引。自朝廷取湟廓西宁，借其法以助兵费，较天圣一界逾二十倍，而价愈损。及更界年，新交子一乃当旧者之四，故更张之。成都漕司奏：交子务已改为钱引务，欲以四十三界引准书放数，仍用旧印行之，使人不疑扰。自后并更为钱引。从之。"

据此，四川交子改为钱引，止于名称变更。二者实际并无殊异。以是，本文所考证者，并包交子及钱引之兑界。

二

《宋史》卷一八一《食货志》（《山堂考索》后集）卷六二"财用门·楮币类"，《鼠璞》卷上"楮券源流"，王氏《续资治通鉴》卷八，毕氏《续资治通鉴》卷三六，并略同）云：

"……真宗（公元997—1022年）时，张咏镇蜀，患蜀人铁钱重，不便贸易，设质剂之法：一交一缗，以三年为一界而换之，六十五年为二十二界，谓之交子……"

按：交子兑界，宋代主要史籍如《宋会要稿》《续资治通鉴长编》《文献通考》诸书皆不载。《宋史》《山堂考索》及《鼠璞》并载之。谓为三年一界，实未与史实尽符。两《续通鉴》并沿其误。近人有疑之者：朱偰先生在其《交子之界分发行额及式样单位考》（见《东方杂志》第三十五卷第十五号）一文中，考证之为"二年一界"；并谓"三年一界者，专指张咏镇蜀之时，富户主办交子，尚未归官办也"。朱氏此说，得失参半。虽有所见，而实末尽然。其所推论，亦末与史实尽符。今试另为考证之。

三

《宋史》"三年为一界"与朱氏"二年一界"之说，俱有一部分与史实相符而不尽符，盖皆误于以偏概全也。至朱氏谓"三年一界"为"专指张咏镇蜀之时"，则尤误。其说纯属臆测，毫无根据。请先证之。

《宋朝事实》（以下省称《事实》）卷一五"财用"，记官置交子务（天圣元年，公元1023年）以前之情形云：

> "始益州豪民十余万（万，衍文）户，连保作交子……书填贯，不限多少。收入人户见钱，便给交子。无远近行用，动及万百贯。街市交易，如将交子要取见钱，每贯割取三十文为利。每岁丝蚕米麦将熟，又印交子一两番，捷如铸钱。……"

按：置务以后，每交面值（Face value）有定数，收兑书放有定期（即兑界）；而此则"书填贯，不限多少"；入现钱，"便给交子"；取利后，即付现钱；每岁且得增印一两番。两相比较，前后迥然有殊。因知：置务以前，实无所谓"兑界"。兑界之有，乃置务以后事也。

置务后之兑界，为"二年一界"。朱氏曾举四例以为证，摘要录于后：

1. 《宋史·食货志》："神宗熙宁九年，交子二十二界将易，而后界给用已多，始更造二十五界者百二十五万，以偿二十三界之数。交子有两界自此始。"

（朱按）：神宗熙宁五年（公元1072年）上距仁宗天圣元年（公元1023年）不过五十年，而交子发行，已至二十五界。若果三年为一界，则熙宁四年（公元1071年）始至十七界，安来二十五界以上之数？今若以二年为一界推之，则仁宗天圣元年

（公元 1023 年）为第一界……神宗熙宁四年为二十五界……（次年再造）故曰"更造二十五界百二十五万"……

2.《宋史－食货志》："徽宗大观元年，诏改四川交子务为钱引务……以四十三界引准书放数，乃用旧印行之，使人不疑扰……"

（朱按）：徽宗大观元年（公元 1107 年），上距仁宗天圣元年（公元 1023 年），凡八十五年，交子发行，已至四十三界。若果三年为一界，则大观元年始至二十九界，与四十三界相差甚远。若以二年为一界推之，则适为四十三界……

3. 曹学佺《蜀中广记》"交子"一篇，附有交子式十二片，皆著界分年号，列举如下：

第七十界　辛巳，绍兴三十一年
第七十一界　癸未，隆兴元年
第七十二界　乙酉，乾道元年
第七十三界　丁亥，乾道三年
第七十四界　己丑，乾道五年
第七十五界　辛卯，乾道七年
第七十六界　癸巳，乾道九年
第七十七界　乙未，淳熙二年
第七十八界　丁酉，淳熙四年
第七十九界　己亥，淳熙六年

（朱按）：若衡以三年一界之说，则自仁宗天圣元年（公元 1023 年）至高宗绍兴三十一年（公元 1161 年），仅一百九十三年，当仅四十七界，与《蜀中广记》完全冲突。若以二年一界推之则完全吻合。按曹学佺《蜀中广记》，根据元代费著，其所附交子式，亦必出于费著。元去南宋不远，或尚有交子流散民间，其说当较为可微也。

（埏按）：《全蜀艺文志》卷五七载费著《楮市谱》，末附楮币式，均与《蜀中广记》所载同，足见确系出于费氏，而二书转录之耳。又，交子式中每两界相距年数，皆为二年，亦足为二年一界之证。

4.《蜀中广记·交子》又云："绍熙二年（公元 1191 年），有旨将八十三界钱引展一界行使。"

（朱按）：交子二年为一界，则光宗绍熙二年当为八十五界，时两界并行，当以八十五界收回八十三界，故有旨将八十三界展一界行使也。

按：以上朱氏所举四例，诚为"二年一界"之明证。然犹惜其引征未博，止于按年推断而已。兹更举较明确而直接之证据三则以补充之：

《事实》（卷同上）云：

……"天圣元年（公元 1023 年）十一月二十八日（置交子务诏）到本府，至二年（公元 1024 年）二月二十日起首书旋（疑当作放）。一周年，共书放第二界三百八十八万四千六百贯……"

（按：本府，指成都府，当作益州。成都自淳化五年（公元 994 年）降为益州，至嘉祐四年（公元 1059 年）始复为府，见李焘《长编》。又，此处所记贯数疑有误。

诏到时，已近晚岁，时蹙不及书放第一界，故延至次年二月始为之，然计界犹自元年始也（各书论及蜀楮，均云天圣元年第一界）。苟三年为一界，则二周年乃可书放第二界，而此"一周年"即书放之，其为二年一界明矣。又，《建炎以来朝野杂记》（以下省称《杂记》）甲集卷十六"四川钱引"条云：

"四川钱引，旧成都豪民十六户主之。天圣元年（公元 1023 年）冬，始置官交子务（原注云："十一月戊子"。埏按：戊子当作戊午）。每四年两界，印给一百二十五万……"

同书同卷钱引兑监界〔《两朝纲目备要》，（以下省称《备要》）卷五《四川行对补钱引法》同〕云：

> "自天圣立交子法，每再岁一易……"

合以上《事实》《杂记》《备要》所云，及朱氏所举四例而观之，四川交子自天圣置务以后之兑界，为"二年一界"，彰彰明甚，可无疑义矣。然则，又何谓《宋史》"三年一界"之说，有一部分与史实相符耶？欲决此疑，须知宁宗庆元五年（公元1199年），兑界尝一改。《杂记》甲集卷一六"钱引兑监界"（《备要》略同）云：

> "……庆元四年（公元1198年）冬，丁端叔（《备要》作丁逢）自四川茶马代还入见，言：川交子二年一兑，每引纳贯头钱八十三文足，民甚苦之。今计所多财，每界请展一年，永为定制……明年春，有旨许之（原注：三月戊申）……嘉泰二年（公元1202年）陈晔晔（《备要》作陈晔。晔字疑衍）总领，谢用光（《备要》作谢源明）为帅，请之朝，复以二年一兑。盖军饷所需，不可复展矣。"

按：《杂记》著者李心传氏，"长于史学，凡朝事国典，多所谙悉"（《四库全书》本书提要语）。此所记极为明确，不俟赘解。惟嘉泰二年（公元1202年）"复以二年为一兑"一事，则似未尽碻。同书乙集卷一六"四川收兑九十界钱引本末"条云：

> "嘉定元年（公元1208年）冬，四川总领所收兑四十界钱引（原注云：元年十一月二日），先是，四川钱引……至嘉泰（公元1201—1204年）末，两界书放……"

《续宋中兴编年资治通鉴》卷一四云：

> "（戊辰）嘉定元年……十一月，川收兑九十界钱引。"

按：庆元五年（公元1199年）改兑界为"三年一界"时，适届八十九界（天圣元年至庆元五年，即公元1023—1199年，共百七十七年）。故三年一界之兑界，自此年始。以后兑界，有如下表。

公 元	年 母	兑 界	
1195年	庆元元年	八十七界	二年一界
1196年	二年		
1197年	三年	八十八界	
1198年	四年		
1199年	五年	八十九界	三年一界
1200年	六年		
1201年	嘉泰元年		
1202年	二年	九十界	
1203年	三年		
1204年	四年		
1205年	开禧元年	九十一界	
1206年	二年		
1207年	三年		
1208年	嘉定元年	九十二界	
1209年	二年		
1210年	三年		
1211年	四年	九十三界	
1212年	五年		
1213年	六年		

嘉泰二年（公元1202年）为九十界，开禧元年（公元1205年）为九十一界，嘉定元年（公元1208年）为九十二界。当时"两界书放"，故九十界及九十一界至嘉定元年犹在民间，而同年书放九十二界时，乃收兑九十界也。若嘉泰二年已改复为"二年一兑"，则九十一界应在嘉泰四年（公元1204年），九十二界应在开禧二年（公元1206年），至嘉定元年时已书放之两界当为九十一界与九十二界，当收兑者为九十一界而非九十界。盖九十

界应于书放九十二界时（即开禧二年，公元1206年）已收兑；不然，则有三界兼行矣。由是推之，嘉定元年时钱引之兑界，仍是三年一界，嘉泰固未尝改也。此后至淳祐九年（公元1249年）犹然。《续文献通考》卷七（《宋史·食货志》略同，但"九年"之上无年号）云：

> "淳祐九年九月，四川制置使余玠请交引以十年为界。从之。玠言：川引每界旧例，三年一易。自开禧军兴，用度不给，展年收兑，遂至两界三界通使。然率以三年界满，方出令展界，以致民听惶惑。今欲以十年为一界，著为定令，则民不复怀疑。从之。"

余玠制置四川，据实上奏朝廷，其言必可据；且又与三年一界之按年推算相符，益可判其为事实，然心传（公元1165—1243年，据《宋史》本传），光宁时人，记其同时之事，亦不应致误，岂"二年一兑"之请，朝廷虽许而实未行，或既行而旋即罢欤？

淳祐九年（公元1249年）改为"十年一界"后，至宝祐四年（公元1256年）又复改。《宋史·食货志》云：

> "宝祐四年，台臣奏：川引艰会之弊，皆因自印自用，有出无收。今当拘其印造之权归之朝廷，仿十八界会子造四川会子，视淳祐之令，作七百七十陌，于四川州县公私行使，两料川引并毁，见在银会姑存。旧引既清，新会有限，则楮价不损，物价自平，公私俱便矣。有旨从之。咸淳五年（公元1269年）复以会板发下成都运司掌之，从制司抄纸，发往运司，印造毕功，发回制司用总所印行使，岁以五百万为额。"

而十八界会，当时已无兑界。同书云：

> "（淳祐）七年（公元1247年），以十八界与十七界会子，更不立限，永远行使。"

四川会子仿十八界而造，"更不立限，永远行使"，故"岁"以五百万为额，而不似前之"界"以若干为额矣。兑界至是不再改，更数年，遂与宋偕亡焉。

四

综观上节所述，宋代四川交子之兑界，凡有五期之不同：

1. 自交子初起讫仁宗天圣元年官置务之间（公元？—1023年），无兑界。

2. 仁宗天圣元年迄宁宗庆元五年之间（公元1023—1199年），为二年一界。

3. 宁宗庆元五年迄理宗淳祐九年之间（公元1199—1249年），为三年一界。

4. 理宗淳祐九年迄宝祐四年之间（公元1249—1256午），为十年一界。

5. 理宗宝祐四年迄于国亡（公元1256—1279年）不立限界。

1940年春于昆明

（原载1940年4月昆明《中央日报·史学》）

学术年表

1940年

《宋代四川交子兑界考》，载《中央日报》1940年4月16日。

1943年

《北宋楮币起源考》，载《浙江大学文学院集刊》第4集，1943年。

1945年

翻译《云南梵文石刻初论》，收入《新纂云南通志》卷93。

1947年

《宋初秦陇竹木》，载《民意日报》1947年4月8日。

《钱宾四先生生平经略》，载《民意日报》1947年11月27日。

1948年

《元昊和宋》，载《民意日报》1948年3月30日。

《欧史徐注纠谬》，载《民意日报》1948年4月13日。

《补〈廿二史札记·西南番盐〉条》，载《民意日报》1948年6月15日。

《高平学案》，载《民意日报》1948年12月21日。

1949年

以"盘"为笔名，多次为云南地下党办刊物《新云南》撰稿。

《论高小和初中的历史教材》，载《教育与科学》1949年10月第2卷第

8期。

1953年

《我们怎样摸索着绘制历史参考地图》，载《人民教育》1953年第10期，署名"云南大学文史系中国史、世界史教研小组"。

1955年

《论"中国历史文选"的教学方法》，载《高等教育通讯》1955年第13期。

1956年

《论我国的"封建的土地国有制"》，载《历史研究》1956年第8期。

1957年

《滇越铁路半世纪》，载《云南日报》1957年4月12日。

1958年

《〈水浒传〉中所反映的庄园和矛盾》，载《云南大学学报（人文科学杂志）》1958年第1期。

《译名质疑两则》，载《云南大学学报（人文科学杂志）》1958年第1期。

《〈云南用贝作货币的时代及贝的来源〉一文中所表现的外因论观点》，载《云南大学学报（人文科学杂志）》1958年第3、4期。

1959年

《扁担"销钉"给我的教育》，《云南日报》1959年4月7日。

《"良丁"与"丁牛"》，载《史学月刊》1959年第9期。

1960年

参加云南大学历史系组织的调查组，到四川大凉山做彝族调查。

1961年

《试论殷商奴隶制向西周封建制的过渡问题》，载《历史研究》1961年第3期。

1962年

《梅花、元宝和马——读〈武则天〉札记三则》，载《学术研究》（云南）1962年第5期。

《唐太宗的"以人为镜"》，载《云南日报》1962年7月23日。

《汉宋间的云南冶金业》，载《学术研究》（云南）1962年第11期，署名李述方。

1963年

《漫谈创业与守成》，载《云南日报》1963年3月14日。

《读诸葛亮〈诫子书〉》，载《云南日报》1963年3月21日。

《谈"满盈"》，载《云南日报》1963年5月9日。

《龙崇拜的起源》，载《学术研究》（云南）1963年第9期。

1964年

《略论唐代的"钱帛兼行"》，载《历史研究》1964年第1期。

1966年

"文化大革命"爆发。因与吴晗先生的师生关系，以"吴晗在云大的代理人"遭到批斗。与张德光、江应樑教授一起被打成"云大三家村"，后连同尤中教授被定为"云大四家店"。

1975年

《北宋方腊起义》，云南人民出版社1975年10月出版，署名延之、千里。

《开滇的庄蹻应即起义的庄蹻》，载《思想战线》1975年第5期。

《试论历史局限性》，载《思想战线》1975年第6期。

1977年

《论周公旦的历史地位》，载《光明日报》1977年12月1日。

1978年

10月，参加《历史研究》《社会科学战线》编辑部等在长春召开的"中国古代史分期问题学术讨论会"，提交论文《试论中国古代农村公社的延续和解体》。

1979年

受聘兼任北京经济学院研究员。

担任云南大学文科学术委员会委员。

5月，在全省经济科学规划会议上，做《重视云南经济史的研究》发言，引起反响。发言稿刊载于《云南日报》1979年7月27日。

《试论中国古代农村公社的延续和解体》，载《思想战线》1979年第3期。

1980年

被评为教授，开始招收专门史（唐宋经济史）硕士研究生。

2月，"中国宋史研究会"成立大会在上海召开，当选为理事，并提交论文《从钱帛兼行到钱楮并用》。

1981年

兼任陕西师范大学唐史研究所研究员。

《心丧忆辰伯师》，载《思想战线》1981年第6期。

1982年

《从钱帛兼行到钱楮并用》，载《宋史研究论文集》，上海古籍出版社1982年1月。

《缪鸾和同志及其遗著》，载《西南古籍研究》1982年第2期。

《学习历史要重视图表》，载《云南电大通讯》(文科版)1982年第3期。

同年12月，创建全国第一个"中国封建经济史研究室"。

1983年

《我爱公孙树》，载《云南大学校刊》1983年1月4日。

3月，赴京参加中国史学会成立大会。会后应邀赴山东曲阜参加孔子讨论会。

《北宋楮币史述论》，载《思想战线》1983年第2、3期。

《经济史研究中的商品经济问题》，载《经济问题探索》1983年第3期。

10月，发起"中国封建地主阶级研究学术讨论会"，会议由云南大学历史系、《历史研究》编辑部、南开大学历史系联合举办，于10月14日—10月24日在昆明召开。

1984年

《谈谈指导研究生的三个问题》，载《云南高教研究》1984年第2期。

1985年

《中国最早的金属铸币》，载《云南日报》1985年1月25日。

《千年田换八百主》，载《云南日报》1985年5月17日。

夏至次年春，受云南老年大学之聘，为该校学员讲授"中国史话"课程。

《为真正做到"为人师表"而奋斗》，刊于九三学社云南省委员会编《云南社讯》1985年10月21日第4期。

1986年

春，云南大学经济史学科被批准为省级重点学科，担任学科负责人。

《龙的传人》，载《云南老年大学》1986年1月24日第1期。

《我国历史上第一位女企业家》，载《云南日报》1986年2月7日。

《预备期的回顾》，载《云南大学校刊》1986年5月4日。

《忆张德光同志》，载《云南画报》1986年第4期。

《"耕作半径"浅说》，载《云南日报》1986年8月15日。

8月，被国务院学位委员会批准为专门史（唐宋经济史）博士生导师。

9月，被评为云南省教书育人先进个人。

《教书育人，为人师表》，刊于云南大学工会编《工会情况》1986年

10月5日第12期。

12月，赴河北廊坊参加中国经济史学会成立大会，并在闭幕式上发表讲话，提出经济史研究要"对外开放，对内搞活"。

《张荫麟先生传略》，载《史学论丛》第2辑，云南人民出版社1986年12月，后收入《中国史学家评传》续编。

《再论我国的封建的土地国有制》，载《史学论丛》第2辑，云南人民出版社1986年12月。

1987年

《日中为市》，载《云南日报》1987年1月12日。

3月21—3月22日，主持倡导召开"1253—1987：云南商品经济"学术讨论会，创建中国经济史学会云南分会，任理事长。

《中国封建经济史研究》，云南人民出版社1987年6月。

《中国封建经济史论集》，云南教育出版社1987年7月。

同年秋，应邀讲学于贵州民族学院，被聘为该校兼任教授。

《"元"乎？"充"乎？"讫"乎？——吐鲁番出土的唐朝高昌县给田文书中 字作何解释的问题》，载《思想战线》1987年第6期。

1988年

春，召集并组织"中国土地国有制度史学术讨论会"烟台会议。

《关于中国封建地主阶级的几个问题》，载《中国封建地主阶级研究》，中国社会科学出版社1988年3月。

《关于导师工作的几点意见》，载《中国高等教育》1988年第2期。

《记闻一多先生在昆华中学》，载《云南日报》1988年11月30日。

1989年

任云南大学学术委员会副主任、文科教师任职资格评定委员会主任委员。

任云南省钱币学会副会长。

被聘为云南省社会科学院历史所名誉所长。

《石林掌故二则》，载《史与志》1989年第3期。

《〈滇云历年传〉校点本前言》，载《云南社会科学》1989年第4期。

《〈云南历史货币〉序》，云南人民出版社1989年11月。

1990年

《建议与呼吁》，载《古籍整理研究》1990年第1期。

《至公堂怀古》，载《史与志》1990年第2期。

5月，应邀赴英国伦敦大学、牛津大学、剑桥大学进行学术访问，并专程拜访李约瑟博士。

《马援安宁立铜柱辨》，载《思想战线》1990年第3期。

7月，组织并主持在昆明召开的"中国封建土地国有制史研讨会"。

《〈中国经济史研究〉前言》，云南人民出版社1990年11月。

《见贤思齐，莫让前修专美——访李约瑟博士有感》，载《云南教育报》1990年8月2日。

1991年

《孟子的井田说和分工论》，载《社会科学战线》1991年第1期。

《熊迪之先生轶事》，载《云南文史丛刊》1991年第3期，后收入《熊庆来纪念集》，云南教育出版社1992年9月。

《薪尽火传 继长增高——书〈中国民族史〉后》，载《云南社会科学》1991年第4期。

《昔年从游之乐，今日终天之痛——敬悼先师钱宾四先生》，载《社会科学战线》1991年第4期，后收入《钱穆纪念文集》，上海人民出版社1992年4月。

《〈张冲将军评传〉序》，云南人民出版社1991年5月。

《〈东陆学林〉第1辑序》，云南大学出版社1991年7月。

《〈云南地方官僚资本简史〉序》云南民族出版社1991年10月。

1992年

《北宋西北少数民族地区的生熟户》，载《思想战线》1992年第2期。

《宋初秦陇竹木》，载《云南社会科学》1992年第4期。

《滇云历年传》校点本，云南大学出版社1992年6月。

9月，云南大学在至公堂隆重举行纪念李埏教授从事学术活动五十周年大会，来自省内外的各界领导、专家、学者300余人出席会议。

1993年

《张荫麟先生传》，载《史学史研究》1993年第3期。

《〈秉烛集〉序》，云南大学出版社1993年10月。

《〈云南历史文化新探〉序》，云南人民出版社1993年12月。

1994年

《论南宋东南会子的起源》，载《思想战线》1994年第1期。

6月，赴成都参加中国宋史研究会第六届年会。

11月，在先生的倡导和主持下，"云南大学宋史研究丛书"由云南大学出版社出版发行。首批丛书包括吴晓亮、林文勋主编的《宋代经济史研究》、林文勋著《宋代四川商品经济史研究》、龙登高著《宋代东南市场研究》等。

1995年

《西南联大的选课制及其影响》，载《云南高教研究》1995年第4期。

《〈徐规教授从事教学科研工作五十周年纪念文集〉序》，杭州大学出版社1995年10月。

《〈志说〉序》，云南民族出版社1995年12月。

1996年

《宋金楮币史系年》（与林文勋合撰），云南民族出版社1996年1月。

《三论中国封建土地国有制》，载《思想战线》1996年第1期。

《孟子的"井田说"与"恒产论"浅析》，载《云南学术探索》1996年第2期。

9月，中国宋史研究会第七届年会在昆明举行。会上，先生被推选为中国宋史研究会副会长。

1997年

《中国古代土地国有制史》（主编），云南人民出版社1997年1月。

《评辛著〈禹贡新解〉》，载《云南民族学院学报》1997年第3期。

《夏、商、周——中国古代的一个历史发展阶段》，载《思想战线》1997年第6期。

《〈美丽的彩虹〉序》，云南民族出版社1997年6月。

《宋史研究论文集》（与漆侠教授共同主编），云南民族出版社1997年12月。

《〈中国传统市场发展史〉序》，人民出版社1997年12月出版。

《〈贝币研究〉序》，云南大学出版社1997年12月。

1998年

《〈史记·货殖列传〉札记》，载《云南教育学院学报》1998年第1期。

1999年

《教泽长存哀思无限——悼念方国瑜先生》，载《云南文史丛刊》1999年第1期。

《〈史记·货殖列传〉时代略论》，载《思想战线》1999年第2期。

《〈史记·货殖列传〉引〈老子〉疑义试析》，载《历史研究》1999年第4期。张岱年先生读到该文后，1999年11月10日从北京致函说："您关于《史记·货殖列传》引老子语的大作，读后甚受启发，大作分析深切，结论正确，我完全同意。太史公引老子语，确系表示赞同。过去一些论者不能理解太史公深意，以致误解，今大作加以纠正，我表示赞同！"

2000年

《论中国古代商人阶级的兴起：读〈史记·货殖列传〉札记》，载《中国经济史研究》2000年第2期。

《读〈史记·货殖列传〉札记三篇》，载《思想战线》2000年第2期。

《〈中国七大古都名胜与文化〉序》，云南大学出版社2000年9月。

《石林县彝族（撒尼）传统文化的特征》（与昂智灵合撰），载何耀华主编《石林彝族传统文化与社会经济变迁》，云南教育出版社2000年8月。

2001年

《〈唐宋茶业经济研究〉序》，社会科学文献出版社2001年1月。

《不自小斋文存》，云南人民出版社2001年11月。该文集分九个门类，较为集中地反映了先生治学的观点和思考，是先生数十年来从事学术研究的重要著述合编。

2002年

《太史公论庶人之富——读〈史记·货殖列传〉札记》，载《思想战线》2002年第1期。

《〈史记·货殖列传〉研究》，云南大学出版社2002年5月。

2003年

《〈经济史论丛〉序》，广西人民出版社2003年6月。

2008年

5月12日，因病医治无效，在昆明医学院第一附属医院与世长辞，享年九十四岁。

5月15日，先生遗体告别仪式在昆明油管桥殡仪馆举行。

图书在版编目（CIP）数据

李埏学术文选：中国封建经济史论集 / 李埏著.
—昆明：云南人民出版社，2016.1
（云南文库·学术名家文丛）
ISBN 978-7-222-14237-4

Ⅰ. ①李… Ⅱ. ①李… Ⅲ. ①封建经济－经济史－中国
—文集 Ⅳ. ①F129.3-53

中国版本图书馆CIP数据核字（2016）第007970号

出　品　人：刘大伟
统筹编辑：马维聪
责任编辑：马维聪　肖功川　李继孔
装帧设计：郑　治
责任校对：李继孔　王　丽
责任印刷：洪中丽

书名　　**李埏学术文选——中国封建经济史论集**
作者　　李埏　著
出版　　云南人民出版社　云南大学出版社
发行　　云南人民出版社　云南大学出版社
社址　　昆明市环城西路 609 号
邮编　　650034
网址　　www. ynpph. com. cn
E-mail　ynrms@ sina. com
开本　　787mm×1092mm　1 / 16
印张　　20
字数　　310千
版次　　2016 年 1 月第 1 版第 1 次印刷
印刷　　昆明卓林包装印刷有限公司
书号　　ISBN 978-7-222-14237-4
定价　　75. 00元